Hans Jörg Schmidt

CO_2: Fakten-Check zum Klimawandel

Eine Übersicht zum Klimawandel, dessen Ursachen
und den in Deutschland erzielbaren Ergebnissen zum Klimaschutz.

Hans Jörg Schmidt

CO_2: Fakten-Check zum Klimawandel

Eine Übersicht zum Klimawandel, dessen Ursachen und den in Deutschland erzielbaren Ergebnissen zum Klimaschutz.

J.K.Fischer Verlag

Originalausgabe
10/2019

© J-K-Fischer Versandbuchhandlung Verlag und
Verlagsauslieferungsgesellschaft mbH
Im Mannsgraben 33
63571 Gelnhausen Hailer
Tel.: 0 60 51 / 47 47 40
Fax: 0 60 51 / 47 47 41

Besuchen Sie uns im Internet unter
www.j-k-fischer-verlag.de

Die Einschweißfolie besteht aus PE-Folie und ist biologisch abbaubar.
Dieses Buch wurde auf chlor- und säurefreiem Papier gedruckt.

Übersetzungen und Lektorat: Marion Schimmelpfennig
Layout, Satz/Umbruch, Bildbearbeitung:
Heimdall Verlagsservice, Rheine, www.lettero.de
Druck & Bindung: FINIDR, s.r.o.
ISBN 978-3-941956-85-8

Inhalt

Inhalt

Einleitung

Wir werden alle sterben! Das ist die zentrale Botschaft, die derzeit durch die Medien geistert. Wenn wir jetzt nichts tun, ist es zu spät und wir sind alle verdammt! Die Betonung liegt auf »jetzt«!

Früher kannte man so etwas nur von den Zeugen Jehovas oder anderen Sekten, die sich zahlreicher apokalyptischer Prophezeiungen bedienten, um möglichst viele der armen umherirrenden Schafe zum Lichte zu führen. Und jeder, der sich in die Fänge von Dogmatikern und Sektenführern begibt, weiß heute, dass dieses Licht umso heller strahlt, je mehr Geld in die Kasse gespült wird.

Diese Sekten hatten jedoch schon immer ein zentrales Problem: Der prophezeite Weltuntergang musste möglichst noch zu Lebzeiten der zu Bekehrenden stattfinden, ansonsten blieb die Gefolgschaft der Schafe aus, die sich zu Recht dachten, dass ein Weltuntergang in ferner Zukunft kaum jemanden interessiert.

Und so kam es dazu, dass der Weltuntergang immer wieder verschoben werden musste, weil er ansonsten schon mehrfach in der Vergangenheit gelegen hätte und sich die zahlreichen Schafe (zumindest die etwas helleren unter ihnen) zu Recht gefragt hätten, wie das nun angehen kann mit einem Leben nach dem Weltuntergang.

Jede Religion braucht das Böse. Und das Böse ist laut vieler Religionen in uns allen, und jeder muss fleißig Buße und Abbitte leisten, um das Böse wenigstens einigermaßen im Zaum zu halten, damit man einen Platz im Himmel ergattert – wer will schon Höllenqualen unter der Erde erleiden.

In einer säkularen Welt, in der die Religionen zurückgedrängt werden, suchen sich die Menschen eine Ersatzreligion. In unserer angeblich so aufgeklärten Zeit sind das die holden Wissenschaften. Die Hohepriester der Wissenschaften sind die Forscher. Und ein jeder verstummt, wenn sie zu ihrem Singsang ansetzen. Besonders dann, wenn ihre Namen mit Prof. Dr. Dr.

beginnen. Schon Stanley Milgram wusste um diese Tatsache und hatte sie für Untersuchungen zur menschlichen Psyche ausgenutzt. Denn die Männer in den weißen Kitteln sind Autoritätspersonen, und niemand würde es wagen, ihr Wort anzuzweifeln. Suchen Sie einfach nach dem Stichwort »Milgram Experiment«, und Sie werden fündig werden und in die Abgründe der Seele blicken. Haben Sie sich noch nie gefragt, warum im Werbefernsehen selbst Waschmaschinenmechaniker weiße Kittel tragen und ominöse Zwei-Phasen-Tabs empfehlen, ganz zu schweigen von den zahlreichen Ärzten, die die neueste Zahnbürstengeneration mit linksdrehenden Karozickzackborsten anpreisen?

Wir Menschen sind darüber hinaus soziale Wesen. Kooperation hat unsere Evolution entscheidend beeinflusst. Denn die Kooperation der in Gruppen umherziehenden Nomaden hat unsere Vorfahren die gesamte Steinzeit hindurch geprägt. Niemand konnte es sich leisten, aus der Reihe zu tanzen. Wenn man es sich mit der Gruppe verscherzt hatte und ausgeschlossen wurde, kam das einem Todesurteil gleich. Denn rein körperlich sind wir und waren unsere Vorfahren vielen Raubtieren gnadenlos unterlegen. Unter all den evolutiven Selektionsfaktoren waren Kooperation und selbstverständlich der Erfindungsgeist ganz wichtige Elemente, die zum Überleben der Spezies Mensch beigetragen haben.

Wir tragen heute noch die Veranlagung unserer Vorfahren in uns und erfühlen so geradezu die Mehrheitsmeinung in unserer eigenen sozialen Gruppe. Und wir passen notfalls unsere Meinung und unser Verhalten der Gruppe an, um nicht aus der Reihe zu tanzen. Das wissen wir spätestens seit dem Konformitätsexperiment von Solomon Asch von 1951.

Was rede ich da, und was in Gottes Namen hat das alles mit Klimawissenschaft zu tun? Nun, eine ganze Menge. Die neue Ersatzreligion ist die der Klimasekte, und das hat Hans Jörg Schmidt im vorliegenden Buch sehr schön erkannt. Diese Klimasekte erfüllt alle Kriterien für eine sehr erfolgreiche Bewegung, die Massen mobilisieren kann. Die Schafe (also wir alle) werden mit dem nahenden Weltuntergang konfrontiert, der angeblich alles

Leben, wie wir es kennen, zerstören wird. Und das stimmt auf jeden Fall, denn das sagen ja Wissenschaftler. Sie wissen schon, die Typen mit den weißen Kitteln. Das sind die neuen »Regenmacher«.

Der neue Teufel sei der »Klimakiller« CO_2 (die Bild-Zeitung titelte so), das sprichwörtlich in uns wohnt und ständig unseren Mund verlässt, wenn wir reden oder auch nur atmen. Noch viel schlimmer sei das CO_2, das aus der Verbrennung von fossilen Energieträgern stammt und welches wir massenhaft in die Umwelt blasen.

Das Kohlenstoffdioxid (CO_2) habe einen Einfluss auf das Klima, so lernen wir in den Mainstream-Medien von den Hohepriestern der »Wissenschaft« in weißen Kitteln. Es wird immer wärmer. Es gibt einen direkten Zusammenhang zwischen CO_2 und Temperatur, das hat man in den Eisbohrkernen der Antarktis festgestellt. Und noch nie war das CO_2 so hochkonzentriert wie heute in der Luft, und noch nie war die Temperatur der letzten Jahre so hoch wie jetzt.

Wissen Sie, was das Schlimmste an allem ist? Wenn Sie mich jetzt fragen, ob dieses Aussagen wahr sind, müsste ich wahrheitsgemäß antworten: Ja, sie sind es. Und doch sind die Aussagen einfach nur falsch und teilweise schlicht gelogen. Ein Widerspruch in sich? Nein, ganz und gar nicht. Der Physiker und Klimatologe Prof. Kirstein spricht in diesem Zusammenhang schon von postnormaler Wissenschaft, um diese von der normalen Wissenschaft abzugrenzen.

Wissenschaft hat die Verpflichtung zur Wahrhaftigkeit. Und eben um diesem Ziel gerecht zu werden, gibt es in den einzelnen Wissenschaftsdisziplinen Regeln und Verfahren, um sicherzustellen, dass wissenschaftliche Veröffentlichungen so nah an der Wahrheit sind, wie es irgendwie geht. Leider gibt es Politiker, die in diese Prozesse manipulativ eingreifen, sei es durch Drohungen oder einfach durch das Lenken von Geldströmen. Eine ganze Reihe an sogenannten Wissenschaftlern spielt da mit oder verfolgt ganz offenbar andere Ziele als eine wertneutrale Forschung. Oder aber die Akteure hängen so dogmatisch an ihrem Weltbild, dass dieses auch nicht durch den stärksten Hebel aus den Angeln gehoben werden kann. Da wird gepfuscht, getrickst, geschickt ausgelassen, und Daten werden »massiert«, damit sie besser ins gewollte Bild passen.

Am Beispiel der Temperatur kann man das sehr gut verdeutlichen. Sie werden eventuell den Satz gehört haben: »Seit Beginn der Wetteraufzeichnungen war es noch nie so warm wie heute«. Oder aber »In den letzten 80.000 Jahren war es noch nie so warm wie heute«. Je nach Bezug sind diese Aussagen sogar korrekt. Leider ist es gleichzeitig der totale Nonsens. Panik soll geschürt werden, wo eigentlich niemand in Panik geraten müsste.

Ich könnte auch morgens um 9 Uhr behaupten: »In den letzten 10 Stunden war es noch nie so hell wie jetzt, und es wird immer heller! Rette sich, wer kann!« Zu Recht würden Sie sagen, dass da jemand nicht alle Nadeln auf der Tanne hat, denn vor mehr als 16 Stunden war es mit Sicherheit schon einmal genauso hell.

Und genauso verhält es sich mit der Temperatur. Die auf den ersten Blick so chaotischen Temperaturverläufe zeigen Zyklen, also sich wiederholende Strukturen (siehe z. B. Luedecke, Hempelmann, Weiss: Multi-periodic climate dynamics: spectral analysis of long term instrumental and proxy temperature records, Clim. Past 9, 447–452 [2013]). »Seit Beginn der Klimaaufzeichnungen« bedeutet, wir reden von einem Zeitpunkt in der Vergangenheit, der um das Jahr 1800 herum liegt. Zu einem Zeitpunkt also, an dem wir hier in Europa aus der kleinen Eiszeit herausgegangen sind und seitdem die Temperaturen stetig gestiegen sind.

Die »kleine Eiszeit« hatte ihre kältesten Temperaturen in etwa um 1600. Dem vorausgegangen war eine Phase der mittelalterlichen Warmzeit, in der es in Europa mindestens genauso warm wie heute, wenn nicht sogar (je nach Quelle) um bis zu 2 °C wärmer war. Da solche Daten die arme Schafherde nur verwirren – man könnte sich ja fragen, welche fossilen Energieträger in Massen um 1200 herum verbrannt wurden, um die Temperatur mittels CO_2-Emissionen zu steigern – wird die mittelalterliche Warmzeit gerne verschwiegen oder aber, wie in Al Gores Film »Eine unbequeme Wahrheit« geschehen, deutlich kühler dargestellt. Irgendeine Messreihe findet sich immer, aus der so etwas hervorgeht.

Auch der Zeitpunkt 80.000 Jahre ist geschickt gewählt, denn zu dieser Zeit sackten die Temperaturen immer weiter in eine bitterkalte globale Eiszeit ab, und es war in vielen Gegenden im Jahresdurchschnitt nicht selten mehr als 7 °C kälter als heute (siehe Eisbohrkerndaten vom Lake Vostok, Petit et al.: Climate and atmospheric history of the past 420,000 years from the Vostok ice core, Antarctica. Nature 399: 429–436. [1999]). Wenn man jedoch zwischen 125.000 und 130.000 Jahre in die Vergangenheit geht, findet man die letzte interglaziale Phase. In der kurzen Wärmeperiode zwischen zwei langen Eiszeiten war es mehrere tausend Jahre 2 bis 3 Grad wärmer als heute (siehe ebenfalls Petit et al. von 1999).

Panikmachende Aussagen wie »seit Beginn der Klimaaufzeichnungen« sind also wahr und dennoch gelogen. Denn der Wissenschaftler, der eine derartige Aussage von sich gibt, weiß um seine Verpflichtung, die Öffentlichkeit wahrheitsgetreu und umfassend zu unterrichten, und er tut es dennoch nicht. Dieses Weglassen von wichtigen Bezugsdaten zieht sich wie ein roter Faden durch die Veröffentlichungen im Zusammenhang mit dem »menschgemachten Klimawandel«. Nur zur Klarstellung: Kein ernstzunehmender Wissenschaftler zweifelt eine menschliche Beeinflussung des Klimas an. Ja, und auch das CO_2 hat einen Einfluss auf das Klima. Es wird lediglich darum gestritten, wie hoch dieser Einfluss ist. Und warum redet niemand vom Wasserdampf? Verglichen mit dem Wasserdampf und vor allem kondensiertem Wasser in Form von Wolken hat CO_2 einen verschwindend geringen Einfluss auf die Temperaturen auf dieser Erde. Vielleicht redet kaum jemand darüber, weil man Wasserdampf nicht mit der Besteuerung von Brennstoffen verkoppeln kann? Nur so eine Idee von mir …

Da die meisten Menschen diese Botschaften nicht hinterfragen, haben wir im Ergebnis nun eine wissenschaftsgläubige Gesellschaft, die bereitwillig alles hinnimmt, um ihr Seelenheil zu retten. Sie erinnern sich? Das Ding mit dem Weltuntergang. Dagegen muss man natürlich etwas tun! Die Hysterie geht inzwischen so weit, dass Schulen wenigstens indirekt ihren Schülern erlauben, an einem 20. September 2019 für ihre angeblich bedrohte Zukunft zu demonstrieren und dem Unterricht fernzubleiben. Man signalisiert, dass das Fernbleiben vom Unterricht unter bestimmten Voraussetzungen nicht weiter geahndet wird. Oh wie nett! Organisiert wurde dieses Massenereignis u.a. vom B.U.N.D. Ich bin sicher kein Hellseher, wenn ich dem »Bund für Umwelt- und Naturschutz« eine Nähe zur Partei »Bündnis90/die Grünen« attestiere. Und auf diesem medial perfekt inszenierten Ereignis jubeln dann alle Schüler, wenn CO$_2$-Steuern von mindestens 180 € pro Tonne ausgestoßenem CO$_2$ gefordert werden. Wer hat den Schülern eigentlich eingeredet, dass dadurch das Klima gerettet würde? Hans Jörg Schmidt erkennt hier vollkommen zu Recht einen Ablasshandel mit einer Geldumverteilung von unten nach oben.

Und hier sind dann die Fragen, die sich mir als Lehrer zwangsläufig stellen: Haben Schulen nicht eine Verpflichtung zur politischen Neutralität? Unterliegen Schüler nicht einer Schulpflicht und dürfen nicht einfach so unentschuldigt vom Unterricht fernbleiben? Warum schreitet das Ordnungsamt nicht mit Hilfe der Polizei ein und überführt die Schulschwänzer zurück in die Schulen?

Würden die Schulen auch so wohlwollend über Gesetze und Verordnungen hinwegsehen, wenn die Schüler einem Aufruf der »Von-Hayek-Gesellschaft« folgten und auf eine Demonstration gingen, auf der der Klimawandel nicht ganz so apokalyptisch dargestellt würde? Würde das Ordnungsamt einschreiten? Wäre für die Schulen dann relevant, dass die Von-Hayek-Gesellschaft eine Nähe zur AfD hat? Würde von den politisch zur Neutralität verpflichteten Schulen hier eventuell mit zweierlei Maß gemessen werden? Luise Witt hat sich in diesem Buch ähnlichen Fragen gewidmet, lesen Sie mehr dazu im Kapitel »Mein Lehrerstudium: Haltung, Haltung über alles«.

Die Schüler haben keine Ahnung, wofür oder wogegen sie demonstrieren. Machen Sie die Probe aufs Exempel und fragen Sie bei Ihren demonstrierenden Heranwachsenden nach. Ca. 97 % sind sich einig, dass etwas getan werden muss. Warum, wofür, wogegen, weiß kaum jemand. Immerhin wissen drei Prozent, dass man gegen das Klima demonstriert, und Mikroplastik in den Ozeanen hätte auch irgendetwas mit Klima zu tun (das war mir komplett neu, und ich suche dazu bis heute verzweifelt nach wissenschaftlich haltbaren Veröffentlichungen). Und dass das Klima irgendetwas mit CO_2 zu tun hat, wissen auch einige. Noch dazu schätzt eine ganze Reihe an Schülern den CO_2-Gehalt der Atmosphäre auf ca. 10 %. Und wenn man dann sagt, dass es eigentlich 0,04 % sind, bekommt man zu hören: »Was? So wenig?«, »Aber 97 % der Wissenschaftler sind sich doch einig, dass …« Als ob Wissenschaft eine Demokratie wäre … Aber als angewandtes Solomon-Asch-Experiment eignet sich die 97-prozentige Zustimmung immer.

Man wäre ein bisschen beruhigt, wenn 97 % der Schüler wenigstens halbwegs wüssten, warum sie auf der Demonstration sind. Ich hätte auf Nachfrage gerne zumindest das Glaubensbekenntnis gehört:»Ich glaube, dass ein sehr großer Anteil der 0,04 % CO_2 vom Menschen erzeugt wurde und aufgrund der gestiegenen CO_2 -Konzentration von 0,028 % auf 0,04 % die globalen Durchschnittstemperaturen immer weiter steigen.« Wobei die Angabe der globalen Durchschnittstemperaturen in etwa so sinnvoll ist wie eine globale Durchschnittstelefonnummer. Aber wenigsten sollten Demonstranten über das Thema, für das sie auf die Straße gehen, Bescheid wissen.

Ich frage mich, ob es auch möglich wäre, mit der richtigen medialen Unterstützung diese ahnungslosen Demonstranten dazu zu bewegen, eine weltumfassende Bücherverbrennung zu fordern. Alleine das Stellen dieser Frage macht mir wirklich Angst. Hat sich wirklich etwas verändert, haben wir aus der Geschichte gelernt, oder sind wir immer noch oder schon wieder mitten im düstersten Mittelalter? Eine große Portion Aufklärung bringt Ihnen dieses Buch. Ich stimme nicht in allem dem Autor zu, z. B. gehe ich bei seiner Meinung über Atomkraftwerke so gar nicht mit. Auch halte ich erneuerbare Energien schon aufgrund der damit einhergehenden Dezentralisierung und Entmonopolisierung des Strommarktes für sehr sinnvoll. Aber das ist okay, man muss nicht in allem gleicher Meinung sein. Auch hätte ich mir einen weniger aufgeregten Tonfall und viel mehr Fußnoten und Quellenangaben gewünscht, damit der geneigte Leser die Informationen nachprüfen kann.

Wenn Sie aber in lockerer Atmosphäre Antworten auf die Frage suchen, wer oder was für das Klima verantwortlich ist und welche PR-Strategien hinter den Fridays-For-Future-Demos oder blaugelockten YouTubern stehen, dann sollten Sie unbedingt in dieses Buch hineinschnuppern. Mich haben an dem gelungenen Rundumschlag zum Thema Klimahysterie besonders die Aufdeckungen der vielen kleinen Geschichten und Skandale rund um frisierte Datenreihen, Korruption beim Weltklimarat (IPCC) oder einzelnen Klimainstituten regelmäßig zum Schmunzeln gebracht. Denn wenn Sie erst einmal hinter die saubere Fassade dieser angeblichen Klima-«Wissenschaft» geblickt haben, dann stellen Sie fest, dass davon vieles einfach nur grotesk ist.

Vorwort

Wie schwierig es sein kann, ein Buch zum Klimawandel bereits auf den ersten Seiten richtig zu positionieren, zeigt sich allein darin, dass dies nun der vierte Versuch ist, ein wirklich treffendes Vorwort für dieses Buch zu formulieren.

Als Diplom-Ingenieur für Chemische Verfahrenstechnik musste ich mir über solcherlei Floskeln wenig Gedanken machen, denn für den Ingenieur zählt nur das Ergebnis in der erforderlichen Qualität bei minimalem Aufwand. In diesem Fall jedoch gilt es, Sachlichkeit und Fakten in ein mittlerweile sehr kontrovers und emotional diskutiertes Thema zu bringen, was beliebig schwierig sein kann. Klimaschützer und Klimaskeptiker stehen sich vermeintlich unvereinbar gegenüber, und ich muss zugeben, im Verlauf dieses Buches auch selbst nicht immer emotionslos geblieben zu sein. Doch dafür sind wir Menschen und nicht kalte Steine im Wasser.

Mit einem Buch zum Thema Klima hat man also beste Chancen, von einem der beiden Lager gefeiert oder verrissen zu werden – je nachdem, welche Positionen im Buch bedient werden. Noch viel wichtiger ist es jedoch, den Leser nicht bereits auf den ersten Seiten zu verlieren, denn dann hat dieses Buch nicht nur keinen Wert für den Leser gehabt, sondern ist auch seiner Zielstellung der Wissensvermittlung nicht gerecht geworden. Die wichtigste Botschaft dieses Vorworts ist also: Bleiben Sie am Ball, lassen Sie sich nicht durch Glauben und ideologische Denkmuster zum Narren halten und bauen Sie Kompetenz in diesem so heiß diskutierten Thema unserer Zeit auf.

Vor dem Hintergrund einer sich überschlagenden Klimahysterie, den »Fridays for Future«-Demonstrationen, gefakten YouTubern und zig Milliarden investierter finanzieller Mittel kommt man aktuell nicht umhin, sich zu fragen, wohin genau dies alles führen soll. Eine ganze Generation wird zu Klimafundamentalisten umfunktioniert, ohne auch nur die geringste Ahnung zu haben, welche Konsequenzen hinter den Hochglanzprojekten

CO$_2$-neutraler Energie und Elektromobilität stecken. Keiner dieser jungen Menschen hat je etwas über die Hintergründe und Details zum Klimaschutz erfahren, aber es klingt irgendwie logisch, und wissenschaftlicher Konsens besteht ja sowieso – oder etwa nicht?

Mein ganz persönliches Problem als Autor dieses Buches besteht darin, dass allenfalls ein Bruchteil all dieser Aktivisten über ausreichende Kenntnisse verfügt, um tatsächlich ernsthaft über Klimawandel diskutieren zu können, und das ist angesichts der Komplexität des Themas auch nicht despektierlich gemeint. Jeder der Teilnehmer dieser Aktionen tut dies nach bestem Wissen und Gewissen, in der Überzeugung, für das Richtige einzustehen. Doch gehen Sie auf eine solche Demonstration und fragen Sie die Teilnehmer nach der aktuellen CO$_2$-Konzentration, fragen Sie nach den drei grundlegenden Mechanismen für den Wärmeaustausch, und wer auch das noch beantworten konnte, darf nach den Fraunhofer'schen Linien gefragt werden. Sollten Teilnehmer eine Frage nicht beantworten können, müssen diese die Veranstaltung verlassen. Ich gehe jede Wette ein, dass im Mai 2019 nach einer solchen Maßnahme kaum noch ein einziger Demonstrant auf dem Invalidenmarkt in Berlin gestanden hätte.

Das zentrale Anliegen dieses Buches besteht deshalb darin, die komplexen Zusammenhänge in unserer Atmosphäre so zu vermitteln, dass auch der interessierte Laie mit nur diesem einen Buch ausreichende Grundkenntnisse erlangen kann, die bereits deutlich über heutiges Schulwissen hinausgehen.

Als Autor verfüge ich hierbei über den ingenieurtechnischen Hintergrund zu allen in diesem Kontext wesentlichen Mechanismen der Wärmelehre oder auch Thermodynamik. Diese Grundlagen werde ich auf das notwendige Maß beschränken, so dass letztlich ein gut erklärbarer Zusammenhang entsteht. Es ist darüber hinaus zu betonen, dass es sich bei den behandelten Themen in erster Linie um meine persönliche Sicht auf dieses gesamte Sachgebiet handelt und nur in wenigen Bereichen auf Quellenmaterial oder Zitate zurückgegriffen wird.

Kohlenstoffdioxid hat eine absolut zentrale Bedeutung in unserer Biosphäre, welche wohl leider nur unzureichend bekannt ist. Eine Klarstellung der Bedeutung des CO_2 in unserem Leben ist von essenzieller Bedeutung, denn dieses Gas ist für das Leben auf diesem Planeten – so wie wir es kennen – von elementarer Wichtigkeit und ist direkt nach Licht und flüssigem Wasser zu nennen.

Im Alltag haben wir heute einen Punkt erreicht, an welchem es bereits um persönliche Nachteile geht, sobald man sich offen den Klimaskeptikern zuwendet, eine Situation, in welcher man hierzulande Personen schon als anrüchig und leugnerisch bezeichnen darf, zumal ja in den offiziell anerkannten wissenschaftlichen Gremien weitgehend Einigkeit über den menschengemachten Klimawandel besteht. Auf der Pressekonferenz nach der Europawahl wurde doch glattweg die Frage gestellt, ob ein Herr Meuten (AfD) ein Klimaleugner sei. Es geht hier nicht um die Frage, was Herr Meuten ist oder nicht ist, sondern um den Fakt, dass es bereits einen gesellschaftlich akzeptierten Begriff zur Brandmarkung und Diffamierung der in der Klimafrage skeptischen Mitmenschen gibt – ähnlich, wie es im Mittelalter die Ketzer gab. Es war einfach nur erschreckend zu sehen, wie ein ernsthafter Journalist eine solche Frage auf einer derart hochkarätigen Pressekonferenz stellen konnte und damit auch noch ernst genommen wurde.

Dabei ist dies sicherlich nicht die erste und auch nicht die letzte wissenschaftliche Auseinandersetzung, in welcher klar werden wird, dass Wissenschaft nicht durch Mehrheitsbeschlüsse charakterisiert ist, sondern durch eine methodische Herangehensweise, welche darin gipfelt, dass sich die Theorie an der Praxis messen können muss.

Im konkreten Fall des Klimaschutzes wurde das Problem der globalen Erwärmung auf einen sogenannten Treibhauseffekt zurückgeführt, welcher durch einige wenige folgerichtig so bezeichnete Treibhausgase verursacht werden soll. Hierbei wurde vor allem Kohlenstoffdioxid als Hauptschuldiger identifiziert, begleitet von weiteren gemeingefährlichen Helfern wie Methan (Erdgas) oder Wasserdampf. Zum Leidwesen aller an einer ernsthaften wissenschaftlichen Diskussion beteiligten Fraktionen muss man feststellen, dass, gemessen an den heutigen Möglichkeiten, die Grundlagenforschung zum energetischen Verhalten dieser Gase eben erst stattfindet und neueste Erkenntnisse aus Forschungslaboren still und heimlich dokumentiert und interpretiert werden. Das ist auch der Grund, weshalb für das CO$_2$ bisher von einer gewissen Klimasensitivität gesprochen wird, deren Wert immer wieder neu geschätzt und doch als nicht zutreffend befunden wurde, sobald neue Rechenmodelle sich an der Realität messen mussten. Es gibt kein einziges wissenschaftliches Experiment, das je die für das Klima schädliche Wirkung von CO$_2$ bewiesen hätte. Dieser Fakt wird auch von unseren deutschen Medienvertretern der Klimawissenschaft bestätigt, und man beruft sich auf die Erde und den aktuellen Klimawandel, welcher ja Beweis und Experiment zugleich wäre.

Als Leser dieses Buches werden Sie mit allen relevanten Fakten und Zusammenhängen vertraut gemacht, sodass Sie sich jederzeit ein eigenes Bild von der tatsächlichen Lage verschaffen können.

Ein letzter Kommentar betrifft den generellen Inhalt des Buches, welcher hin und wieder scheinbare Wiederholungen enthält. Das ist leider nicht zu vermeiden, denn wenn man sich mit Klima befasst, stellt man schnell fest, dass alles miteinander gekoppelt ist, und kaum ein Teilgebiet kann separat betrachtet werden. Es liegt mir auch nichts daran, Sie vom Lesen des Buches abzuhalten, aber die zu verarbeitende Informationsdichte hängt doch auch sehr stark von vorhandenem Vorwissen ab. Wenn Sie also nicht gerade Techniker oder Geologe sind, empfiehlt es sich, das Buch Kapitel für Kapitel zu lesen und zu durchdenken. Ansonsten besteht Gefahr, nicht mehr zu wissen, was in den vorherigen Kapiteln überhaupt behandelt wurde. Aus diesem Grund habe ich in einem der letzten Kapitel auch eine Zusammenfassung der Punkte erstellt, welche in diesem Buch vermittelt werden sollen.

Ich wünsche Ihnen beim Lesen möglichst viele Aha-Erlebnisse.

Internet-Blog zum Buch:
https://www.klimafaktencheck.de

Begrifflichkeiten

Eigentlich ist es üblich, zu verwendeten Begriffen ein Glossar am Ende eines Buches anzulegen, was mir jedoch widerstrebt, denn ich würde solch ein Buch doch gern flüssig lesen können. Schon im Vorwort konnte ich nicht auf den einen oder anderen Fachbegriff verzichten und gelobe, dass all dies im weiteren Verlauf des Buches im Detail erläutert werden wird. Aus diesem Grund beginne ich mit ein paar knappen Erläuterungen, welche von physikalisch noch gut informierten Zeitgenossen auch gerne übersprungen werden können.

Starten möchte ich mit dem Fakt, dass Wärme eine Form von Energie ist. Wärme – oder auch Wärmeenergie – kann zwischen Medien ausgetauscht oder auch in andere Energieformen umgewandelt werden. In der Physik nennt man diesen Wissensbereich Wärmelehre oder auch Thermodynamik. Im Buch werden die grundlegenden Mechanismen erläutert und deren Anwendung auf unsere Atmosphäre beleuchtet. Auch unsere Atmosphäre – also die Gashülle unserer Erde – ist so ein Begriff, denn diese Gashülle ist im wahrsten Sinne des Wortes vielschichtig und bei weitem nicht so dünn, wie uns so mancher glauben machen möchte. Auch hier finden sich später genauere Erläuterungen.

Wenn wir über Klima reden, dann müssen wir uns davon trennen, dieses mit dem heutigen Wetter gleichzusetzen – Klima ist per menschlicher Definition das durchschnittliche Wettergeschehen der letzten 30 Jahre. Klima ist also bei weitem nicht so schwankend (man sagt auch volatil) wie die Witterung der letzten Jahre – obwohl auch die recht stabil war. Beim Klimawandel stehen wir vor einem Phänomen der Interpretation, denn jegliche von der schädlichen Wirkung von CO_2 überzeugten Zeitgenossen verstehen darunter genau den vom Menschen verursachten Klimawandel. Man spricht in diesem Zusammenhang auch vom »Anthropogenen Klimawandel«. Die andere Gruppierung, also die Leugner und Skeptiker, verstehen unter Klimawandel einen Prozess, der diesen Planeten vom ersten Tag an begleitet hat und welcher eventuell auch von menschlichen Einflüssen überlagert sein kann. Wenn also in diesem Buch nicht ausdrücklich vom menschlich verursachten Klimawandel gesprochen wird, dann ist immer der ganz natürlich ablaufende Prozess des sich ändernden Klimas gemeint.

Energie kann verschiedener Natur sein. Brennstoffe enthalten chemische Energie, in einer Rohrleitung fließendes Wasser besitzt Strömungsenergie, und eine Batterie liefert elektrische Energie. Es gibt sogar Theorien, wonach letztlich alles aus Energie besteht. Wir finden diesen Zusammenhang in Einsteins berühmter Formel wieder: $E = mc^2$. Energie ist also das Produkt aus Masse und Lichtgeschwindigkeit zum Quadrat.

Uns soll genügen, zu verstehen, dass Energie nicht neu erschaffen oder vernichtet werden kann. Energie kann nur in andere Energieformen umgewandelt werden. Aus unserer menschlichen Aufwand-Nutzen-Sicht sind diese Umwandlungsprozesse nie verlustfrei, obwohl diese Verluste auch wieder nur andere nicht genutzte Energieformen sind. Wir sprechen in diesem Zusammenhang auch vom Wirkungsgrad betrachteter Umwandlungsprozesse. Dieser Wirkungsgrad beschreibt, wieviel Prozent der eingesetzten Energie letztlich für meinen Zielprozess zur Verfügung stehen. Darüber hinaus gibt es die Energieerhaltung, welche in verschiedenen Formelsätzen für die unterschiedlichen Energieformen als Energieerhaltungssatz formuliert ist. Für Festkörper haben wir die Newtonschen Axiome, strömende Medien wurden von Bernoulli beschrieben, und in der Elektrotechnik kennen wir die Kirchhoffschen Gesetze. All diese physikalischen Definitionen (Naturgesetze) stehen für den Fakt, dass die einem statisch stabilen System zugeführte Energie genau gleich der aus dem System abfließenden Energie ist. Statisch stabil bedeutet hier, dass es in einem physikalischen System auch zu verzögerten Reaktionen kommen kann. Stellen wir uns eine Gasleitung vor, die in einen Zwischentank mündet, und von dort eine weitere Leitung, die Gas an Verbrauchsstellen führt. Wird über die erste Leitung Gas zugeführt, so füllt sich erst einmal der Tank, bis Gas mit gleichem Druck und gleicher Strömungsgeschwindigkeit auch wieder über die zweite Leitung austritt. Die Energiebilanz über die beiden Rohrleitungen ist also scheinbar zeitlich verzögert wieder gültig. Um diese Zwischenzeit energetisch erfassen zu können, müsste man die sogenannten Systemgrenzen anders definieren, nämlich nur bis zum Tank, in welchem sich Druck und Füllstand ändern.

Energie ist also keine einfache Sache, und die Physik dahinter teils hoch kompliziert, sobald der Faktor Zeit ins Spiel kommt. Selbst einfachste Vorgänge der Wärmeleitung wie das Härten von Stahl erfordern das Lösen der sogenannten Fourierschen Wärmeleitgleichung, welches eine Differentialgleichung zweiter Ordnung ist. Mit dieser mathematischen Herangehensweise lässt sich das Temperaturprofil zu einem gewünschten Zeitpunkt nach dem Beginn der Erwärmung bestimmen – und somit auch die optimale Zeit für diesen energieintensiven technologischen Vorgang. Wenn also bereits die Dynamik eines solch einfachen Vorgangs höherer Mathematik bedarf, wie soll das erst in einem Gasgemisch mit sich ständig ändernden Parametern aussehen? Es ist schlicht und ergreifend nicht möglich, dies mit Modellen zu simulieren. Mehr als ein empirischer Modellansatz kann unmöglich gelingen, denn dazu ist die Physik auf der Ebene des molekularen Energieaustauschs in Gasgemischen viel zu kompliziert. Berechnungsmodelle sind übrigens auch kein gültiger Beweis für irgendetwas. Zu beweisen ist immer das zugrundeliegende mathematische Modell.

Hinsichtlich der Mathematik gilt es einen weiteren Begriff zu klären, der gerne missverstanden und daher auch falsch benutzt wird. Es handelt sich dabei um den Begriff der Korrelation, welcher nichts anderes besagt, als dass zwischen betrachteten Eingangsparametern und einem Ergebnis ein Zusammenhang besteht. Dieser Zusammenhang kann linear sein, denn dann gibt es zwischen den betrachteten Größen ein immer gleiches Verhältnis, also einen sogenannten Proportionalitätsfaktor. Man spricht dann auch von Proportionalität. Genauso kann der Zusammenhang aber auch anderen elementaren mathematischen Zusammenhängen folgen und damit beispielsweise quadratisch, exponentiell oder was auch immer sein. Die Korrelation wird in aller Regel durch einen Korrelationsfaktor zwischen 0 und 1 angegeben, der als Maß für die Wahrscheinlichkeit eines Zusammenhangs angesehen werden kann.

Auch Absorption und Emission gehören zum allgemeinen Sprachgebrauch im klimawissenschaftlichen Umfeld und müssen daher bekannt und verstanden sein. Während der Vorgang der Absorption den Vorgang des Aufnehmens von Energie, Strahlung oder auch stofflichen Komponenten beschreibt, ist Emission das genaue Gegenteil, nämlich das Abgeben von Energie, Strahlung oder sonstigen Stoffen. So absorbiert eine schwarze Fläche Sonnenstrahlung auf besonders effiziente Weise, sodass man zum Beispiel in entsprechenden geografischen Breiten Eier auf einer schwarzen Motorhaube braten könnte. Beispiele für Emissionen sind Radiowellen einer Antennenanlage, das Licht eine Glühlampe oder aber auch die aus einer Verbrennung resultierenden Gase, wie das allseits bekannte Kohlenstoffdioxid.

Mit dem Begriff Klimaschutz kommen wir nun in einen politischen Bereich, denn hier spricht man aktuell so gut wie ausschließlich über die Vermeidung von Kohlenstoffdioxid, dessen Strukturformel auch als CO$_2$ bekannt ist. Dem liegt ein wissenschaftlicher Konsens zugrunde, welcher in der Emission (Erzeugung und Abgabe) von CO$_2$ die Hauptursache für die beobachtete Veränderung des Klimas sieht. Genau diesem Umstand haben wir auch das Entstehen dieses Buches zu verdanken.

Unsere Umwelt

Bevor wir in alle Fragen zum Thema Klima, Klimaschutz und Treibhausgase eintauchen, ist es wichtig, den generellen Kontext zur Umwelt und zum Umweltschutz herzustellen. Es kann natürlich keinen Zweifel darüber geben, dass unsere Atmosphäre und die darin herrschenden klimatischen Bedingungen ein elementarer Bestandteil unserer Umwelt sind. Der Schutz dieses gesamten Systems ist so bedeutend, dass zum Teil ganze Arten und Nahrungsketten von dessen Beachtung abhängen können.

Der Schutz der Gewässer vor Unrat und chemischer Verunreinigung ist dabei ein erster wichtiger Punkt, zumal unsere Frischwasserreserven auf diesem Planeten natürlich begrenzt sind. Wasser ist eines der absolut zentralen Elemente in der gesamten Biosphäre, und jegliche wissentlich in Kauf genommene Verunreinigung ist ein Vergehen an den auf unserem Planeten lebenden Arten. Es ist nicht hinnehmbar, dass es in unseren Ozeanen mittlerweile mit Plastikmüll bedeckte Flächen von der Größe des Saarlands gibt. Fische und Seevögel verenden zunehmend mit Mägen voller Plastikmüll. Während wir in den entwickelten Industrienationen einen bereits sehr guten Gewässerschutz erreicht haben, gilt dies nicht für Schwellenländer oder Länder der sogenannten »Dritten Welt«.

Abfälle und Müll landen einfach da, wo ein schneller Abtransport gesichert ist, frei nach dem Motto »Aus den Augen, aus dem Sinn«. Auf den Ozeanen ist es gang und gäbe, dass der Müll und Ballast der heutigen Handelsflotten einfach im Meer verklappt wird. Das führt nicht nur zu verseuchtem Wasser, sondern auch zur Verbreitung invasiver Arten, die so lokale Lebensräume vollständig vernichten können. Schiffshavarien und Bohrplattformen verseuchen die Meere und deren Küsten mit Schweröl und Erdöl. Im letzten Jahrhundert war es auch durchaus normal, radioaktive Abfälle im Meer zu verklappen. All dies geht einher mit einer intensiven Überfischung und der oft damit verbundenen Zerstörung ganzer Unterwasser-Biotope. In Südamerika ruinieren Goldsucher ganze Flüsse, indem giftiges Quecksilber ohne Sinn und Verstand in die Gewässer eingeleitet wird. Am indischen Technologiestandort Bangalore werden Seen komplett verseucht und abgetötet, indem die Abwässer der Stadt vollständig ungeklärt eingeleitet werden – dort leben ja eigentlich keine Idioten. Wer in Ägypten die Küstenstraße von Safaga nach Hurghada bereist, könnte meinen, eine nicht endende Müllkippe vor sich zu haben, denn genauso sieht die Wüste dort aus. Ganzen Völkern und Bevölkerungsgruppen fehlt jegliches Umweltbewusstsein – es ist nicht Teil ihres Selbstverständnisses.

Ein weiterer Aspekt zum Thema Umweltschutz sind unsere Wälder, welche im Kohlenstoffkreislauf dieses Planeten neben den Ozeanen eine ganz zentrale Rolle spielen. Knapp ein Drittel der Landfläche der Erde ist mit Wäldern bedeckt. Wälder sind wichtig für die Biodiversität, bieten Schutz vor Erosion und Überschwemmungen und regulieren den Wasserhaushalt. Wälder speichern laut WWF außerdem etwa die Hälfte des auf der Erde gebundenen Kohlenstoffs. Die tropischen Regenwälder sind dabei von besonderer Bedeutung: Sie bedecken zwar nur sieben Prozent der Erdoberfläche, beherbergen aber nach Schätzungen mindestens 50 Prozent aller Tier- und Pflanzenarten weltweit und speichern deutlich mehr Kohlenstoff als Wälder außerhalb der Tropen, denn sie sind ein kontinuierlicher CO$_2$-Konsument und produzieren auf Basis der Photosynthese ganzjährig Biomasse.

Trotz dieser Umstände wird Tropenholz zu Rekordpreisen gehandelt, und großflächige Rodung schafft Raum für den Anbau von Sojabohnen und die Rinderhaltung. Dem nachhaltigen Schutz der tropischen Regenwälder sollte also besondere Beachtung geschenkt werden, zumal dies mit einem sehr positiven Effekt auf den Artenschutz verbunden ist.

In Kanada werden riesige Waldflächen dem Erdboden gleichgemacht und in eine giftige schlammige Wüste verwandelt, um die dort vorhandenen Ölsande abzubauen und an das darin gebundene Erdöl zu gelangen. Google Earth erlaubt einen Blick auf die Gegend, indem man »Fort Mc Murray« als Suchbegriff eingibt. Riesige Tagebaue zieren Braunkohleabbaugebiete, und neben anderen Erzen und Mineralien gelangen mit dem Thema Elektromobilität und erneuerbare Energien weitere Rohstoffe wie Lithium, Kobalt und seltene Erden in den Fokus einer scheinbar nie zufriedenen menschlichen Gesellschaft.

In diesem Kontext muss über einen generell sinnvollen und nachhaltigen Einsatz der verfügbaren Ressourcen dieses Planeten nachgedacht werden, denn in diesem wichtigen Punkt haben unsere Umweltaktivisten Recht: Wir haben nur diesen einen Planeten! Unsere derzeitigen ökonomischen Grundsätze ignorieren diesen Fakt standhaft und propagieren weiterhin das Märchen vom unbegrenzten Wachstum. Wir Deutschen haben soeben am 5. Mai 2019 unseren jährlichen Anteil an den Ressourcen dieser Welt aufgebraucht. Das sieht bei allen entwickelten Industrienationen ganz ähnlich aus und geht natürlich in Summe zu Lasten derer, die sich einen solchen Lebensstil nicht leisten können. Auch das ist eine der wesentlichen Ursachen für Fluchtbewegungen und die vielgescholtenen Wirtschaftsflüchtlinge, für die das Märchen vom Schlaraffenland gar nicht so weit hergeholt ist.

Es bleibt die Hoffnung, dass vor dem Fällen des letzten Baumes die Einsicht reift, dass man Geld nicht Essen kann. Andernfalls wird es uns ergehen wie den netten kleinen Hefepilzen im Weinfass, die auch emsig Zucker zu Alkohol umsetzen, bis dessen Konzentration schließlich dem munteren Treiben ein schnelles Ende bereitet. Mit einem kleinen Seitenblick auf mein anderes Buch »Das Pippi Langstrumpf Syndrom« muss ich jedoch zweifeln, ob derzeitige geopolitische Erwägungen überhaupt Raum für derartige Gedanken lassen. Eventuell haben wir uns vor dem Fällen des letzten Baumes auch allesamt die Schädel eingeschlagen. Aber selbst das würde dem Leben, wie wir es kennen, auf dem Planeten Erde nicht lange helfen. Wir werden im weiteren Verlauf darauf kommen, dass CO_2 eine der zentralen Grundlagen des heutigen Lebens auf diesem Planeten ist und sogar die Gefahr bestanden hätte, dass dieses so lebenswichtige Spurengas beinahe vollständig aus der Atmosphäre verschwunden wäre.

Zu welchen Schlussfolgerungen die folgenden Kapitel hinsichtlich des Klimaschutzes auch immer kommen, Umweltschutz ist und bleibt ein überlebenswichtiges Kernthema der menschlichen Gesellschaft. Aus deutscher Sicht müssen wir dies auch um das Thema Ressourcen-Schutz erweitern, denn klar ist, dass gerade Deutschland von Importen abhängig ist, da wir – abgesehen von Braunkohle – über keine nennenswerten Rohstofflagerstätten verfügen.

Die Erdatmosphäre

Wenn wir uns zum Thema Klimaschutz Gedanken machen wollen, ist es unerlässlich, den Aufbau der Erdatmosphäre zu verstehen, denn bereits mit diesem Wissen können grundlegend falsche Aussagen über zum Beispiel eine reflektierende Schicht von Treibhausgasen als völliger Mumpitz entlarvt werden. Es gibt auch Darstellungen, die unsere Atmosphäre als vergleichsweise extrem dünne und verletzliche Schicht darstellen, um daraus die abwegigsten Katastrophenszenarien abzuleiten. Aber solcherlei Alarmismus ist für uns nur ein weiterer Grund, eine gesicherte Faktenlage als Basis aller Betrachtungen in diesem Buch zu verwenden. Wenn wir also unsere Atmosphäre nehmen, sind folgende Parameter wirklich wichtig:

- Höhe: ca. 500 km
- Masse: 5.150 Billionen Tonnen

Wir reden also in Summe über 5.150 (Fünftausendeinhundertfünfzig) Billionen Tonnen Erdatmosphäre. Die jährlichen CO_2-Emissionen betragen derzeit ca. 30 Milliarden Tonnen – das sind 0,00058 Prozent der Erdatmosphäre. Diese Zahl von 30 Milliarden Tonnen CO_2 ist in den Medien übrigens recht beliebt, einfach weil sie riesig erscheint, solange man keine Relation zur Gesamtmasse der Atmosphäre zur Hand hat. Selbst das Zehnfache dieser weltweit 30 Milliarden Tonnen CO_2 pro Jahr hätte nur einen lächerlich niedrigen Einfluss auf die Zusammensetzung unserer Atmosphäre. Wir wären dann bei 0,0058 Prozent pro Jahr, was jedoch – gemessen an den insgesamt noch verfügbaren fossilen Brennstoffen – als schwieriges Unterfangen betrachtet werden darf, da eine Verzehnfachung des Abbaus und Verbrauchs realisiert werden müsste. Auch dem Thema des vom Menschen in die Atmosphäre abgegebenen Kohlendioxids sind damit natürliche Grenzen gesetzt.

Aber das ist auch gar nicht das von der Wissenschaft betrachtete Szenario, sondern hier interessiert man sich für die Frage, was denn eine Verdoppelung der Konzentration von CO_2 für die Temperatur bedeuten würde. Als Basis dient dabei die von der Klimawissenschaft angenommene Konzentration von 280 ppm vor der Industrialisierung, und der doppelte Wert hiervon beträgt demnach 560 ppm. Derzeit liegen wir bei ungefähr 408 ppm. Dabei ist ppm eine einfach zu verstehende Größe, denn sie gibt die Anzahl von Teilchen auf eine Gesamtmenge von einer Million Teilchen an – also im Englischen sind das dann »parts per million«, kurz ppm genannt. Wissenschaftler fragen sich also, welche globale Temperaturänderung bei 560 ppm CO_2 in unserer Luft zu erwarten ist. Diesen Zahlenwert nennen unsere genialen Klimaforscher die CO_2-Klimasensitivität und benutzen diesen Wert als eine wichtige Grundannahme in ihren Berechnungsmodellen.

Unsere Atmosphäre ist also eine vergleichsweise flache Gashülle der Erdkugel, die in ca. 500 km Höhe in den Weltraum übergeht. Zum Vergleich beträgt der Durchmesser der Erde ungefähr 12.700 km. Wichtig ist der vertikale Aufbau, den man sich wie ineinander übergehende Schalen vorstellen kann, der einen wesentlichen Einfluss darauf hat, wie Wetter- und Klimaprozesse ablaufen. Von unten nach oben gliedert sich die Atmosphäre in die »Stockwerke« Troposphäre, Stratosphäre, Mesosphäre, Ionosphäre und Exosphäre.

Weitere Details zum Aufbau der Atmosphäre finden sich im Anhang, Abbildung 1.

Klimatisch bedeutsam sind allerdings nur die beiden unteren Stockwerke, Troposphäre und Stratosphäre, da sich hier 99 Prozent der Masse der Luft befinden. Ein wichtiger Grund ist die rasche Abnahme der Luftdichte nach oben. Sie beträgt am Boden 1,225 kg pro m3, an der Tropopause, der Grenze zwischen Troposphäre und Stratosphäre, nur noch 0,36 kg pro m3. Entsprechend nimmt der Luftdruck von 1013 hPa am Boden auf 226 hPa an der Tropopause und 1 hPa an der Stratopause, der Obergrenze der Stratosphäre, ab.

Neben dem auch von der Gravitation beeinflussten Luftdruck kommt hinzu, dass die Moleküle in unserer Luft auch ein unterschiedliches Gewicht – eine sogenannte molare Masse besitzen. Diese molare Masse ergibt sich aus den Atommassen – also dem Gewicht eines einzelnen Atoms – und einer definierten Anzahl von Molekülen, welche man als 1 mol bezeichnet, und für dieses eine mol gilt, dass es 6,022*1023 Teilchen (also in unserem Fall Moleküle) enthalten muss. Es handelt sich hier also um Milliarden von Billionen Teilchen – ein nach heutigen Maßstäben noch nicht in Geld auszudrückender Betrag (aber was nicht ist, kann ja noch werden). Unser Geldsystem ist hierbei deutlich leichter zu durchschauen als das Klimageschehen.

Um also bei den Grundbausteinen unserer Atmosphäre zu bleiben, haben die Komponenten der Umgebungsluft folgende molare Massen:

Die Atome:

Element	PSE	Molare Atommasse
Wasserstoff	H	1,00794 g/mol
Kohlenstoff	C	12,0107 g/mol
Stickstoff	N	14,0067 g/mol
Sauerstoff	O	15,9994 g/mol

Nun ist es natürlich so, dass in unserer Luft nicht einzelne Atome herumfliegen, sondern die Atome verbinden sich zu chemisch stabileren Verbindungen, den sogenannten Molekülen. Man spricht bei den Atomen auch oft von elementarem Wasserstoff, Sauerstoff und so weiter, während bei den eigentlichen Komponenten der Luft umgangssprachlich immer die Moleküle gemeint sind. Überdies fehlt in unserer Betrachtung das aus drei Sauerstoffatomen bestehende Ozon, welches jedoch in der Strahlungsbilanz für die untere Atmosphäre (Troposphäre), in welcher sich das Klima ausbildet, erst einmal keine Rolle spielt, denn was nicht als energiereiche Strahlung in der unteren Atmosphäre ankommt, kann auch nicht wieder abgegeben werden. Der Physiker würde hier von den betrachteten Systemgrenzen sprechen, über welche beispielsweise Energie bilanziert werden soll.

Für die aus Atomen zusammengesetzten Moleküle ergeben sich damit die folgenden molaren Massen:

Molekül	Formel	Molare Masse
Wasserstoff	H$_2$	2,01588 g/mol
Methan	CH$_4$	16,043 g/mol
Wasser	H$_2$O	18,01528 g/mol
Stickstoff	N$_2$	28,013 g/mol
Sauerstoff	O$_2$	31,9988 g/mol
Kohlendioxid	CO$_2$	44,01 g/mol

Es genügt eigentlich ein kurzer Blick, um festzustellen, dass sich CO$_2$ aufgrund seiner molaren Masse eher nicht in der oberen Atmosphäre ansammelt, um dann dort wie eine Käseglocke zu verharren. Auch wenn die ansonsten sehr geringen Massen zu einer homogenen Durchmischung der unteren Luftschichten (Troposphäre und Stratosphäre) führen, sinkt CO$_2$ eben letztlich doch nach unten und wird vor allem von den Ozeanen aufgenommen – aber eben nur sehr langsam. Wenn man hier auf Wikipedia vertraut – was nicht immer empfehlenswert ist –, werden in die Wasseransammlungen wie Meere oder Seen etwa 92.000 Milliarden Tonnen Kohlenstoff pro Jahr eingelagert und zirka 90.000 Milliarden Tonnen wieder freigesetzt. Damit absorbieren die Ozeane und Meere jährlich ungefähr 7300 Milliarden Tonnen CO$_2$, da ja noch von Kohlenstoff auf CO$_2$ umgerechnet werden muss.

So steht es jedenfalls auf Wikipedia und kann unmöglich stimmen, da CO$_2$ ansonsten mit beängstigender Geschwindigkeit aus der Atmosphäre verschwinden würde. Auch dieses Buch bezieht Zahlen und Daten aus verschiedenen Quellen, deren Stimmigkeit auch immer überschlägig geprüft wurde, aber Garantien gibt es im Umfeld des Themas Klima für nichts.

Klima – ein gedankliches Modell

In unseren Medien hören wir tagtäglich vom Klimawandel, ohne dabei zu wissen, dass dieser Begriff vor nicht allzu langer Zeit umgedeutet wurde und als »menschengemachter Klimawandel« zu lesen ist. Um hier ganz korrekt zu sein, müsste ich den englischen Begriff »climate change« verwenden, welcher eigentlich nur für Klimaänderung steht. Was genau ist aber dieses Klima? Wird es durch die Niederschlagsmengen im letzten Jahr oder durch besondere Wettervorkommnisse gekennzeichnet? Nein – aktuelle Temperaturen, normale Tage, kalte Tage, Stürme und Schneefall gehören allesamt zum Oberbegriff »Wetter«. Betrachten wir hingegen das durchschnittliche Wetter der letzten 30 Jahre, dann reden wir nach menschlichen Maßstäben von Klima, wobei die gültige Wissenschaft unsere Erde in Klimazonen unterteilt, welche vereinbarten Kriterien genügen. Die einfachsten dieser Unterteilungen sind die Beleuchtungsklimazonen, wobei diese jedoch zum Teil wenig mit den tatsächlich am Boden herrschenden Bedingungen hinsichtlich Temperatur und Niederschlägen zu tun haben. Wichtiger sind die physischen Klimazonen, welche neben der Strahlungsbilanz auch Faktoren wie Temperatur und Niederschlag berücksichtigen.

Wegen der zentralen Bedeutung der Lufttemperatur sei an dieser Stelle auch noch einmal kurz erwähnt, nach welcher Definition diese messtechnisch zu erfassen ist:

Als Lufttemperatur wird die Temperatur der bodennahen Luft bezeichnet, die weder von Sonnenstrahlung noch von Bodenwärme oder Wärmeleitung beeinflusst ist. Die genaue Definition in Wissenschaft und Technik ist unterschiedlich. In der Meteorologie wird die Lufttemperatur in einer Höhe von zwei Metern gemessen, wofür häufig weiß gestrichene Wetterhäuschen in freier Umgebung dienen. Dass die genannten Einflüsse natürlich trotzdem vorhanden sind und auch die relative Luftfeuchtigkeit eine wichtige Rolle spielt, sollten wir an dieser Stelle zumindest einmal gehört haben.

Klima fasst also die Witterungserscheinungen einer zeitlich definierten längeren Betrachtung in einem Begriff zusammen. Klima ist ein von Menschen erfundenes Gedankenmodell, um die zu erwartende Witterung in einem bestimmten geografischen Gebiet mit passenden Kategorien beschreiben zu können. Wir kennen dabei Begriffe wie arktisch, tropisch, subtropisch, gemäßigt und so weiter, welche allesamt für diese vom Menschen eingeführten Klimakategorien stehen. Das aktuelle Wetter ist hingegen Thema der Meteorologie, welche auf Grund der immer besseren Technik mittlerweile recht verlässliche Vorhersagen für die kommenden zwei bis drei Tage erstellen kann. Dabei ist die Meteorologie – genau wie die Klimaforschung auch – noch eine vergleichsweise junge Wissenschaft, deren technische Möglichkeiten erst mit der Raumfahrt den begrenzten Rahmen lokaler Messungen verlassen konnten. Unser Gedankenmodell zum Klima lässt sich natürlich auch auf jeden anderen Himmelskörper mit einer Gashülle übertragen, und so existiert Klima auf diesem und jedem anderen Planeten mit einer Atmosphäre seit der Entstehung dieser Himmelskörper.

Was jedoch mit Bezug auf unsere Erde noch weit wichtiger ist: Dieses Klima war auch stets Veränderungen unterworfen – ganz unabhängig davon, ob Menschen zu den betreffenden Epochen auf unserem Planeten anwesend waren oder nicht. Diese Veränderungen waren dabei weit größer als jeglicher heute prognostizierte katastrophale Klimawandel. Es stellt sich also die Frage nach den Übeltätern, die hier lange vor unserer Zeit am Werk waren und die Erde in einen perfekten Schneeball oder ein einziges Tropenparadies verwandelten, denn mit dieser Variationsbreite haben wir es hier zu tun.

Für einen Techniker wie mich ist der zentrale Punkt bei einer solchen Betrachtung immer Energie, welche in diesem Fall in Wechselwirkung mit der Gashülle unseres Planeten steht und diesen mal mehr und mal weniger erwärmt. Wenn man also der Frage nach der Herkunft dieser Energie nachgeht, so findet man drei mögliche Quellen. Ganz offensichtlich spielt die Sonne mit ihrer Strahlung eine zentrale Rolle, denn allein der Fakt der täglichen Änderung der Temperaturen bei Tag und Nacht zeigt auf beeindruckende Weise, welchen Einfluss unser Zentralgestirn hat. Darüber hinaus finden wir auch noch Vulkanismus, der erheblichen Einfluss auf die Abschirmung der Sonnenstrahlung haben kann. Große Eruptionen verteilen ein feines Aerosol aus schwefeliger Säure bis in die Stratosphäre, wo es für unseren Planeten wie eine riesige Sonnenbrille wirkt und Strahlung zum Teil reflektiert. Der letzte und glücklicherweise auch seltener auftretende Fall ist ein Meteoriteneinschlag, welcher in seiner Wirkung mit der Eruption eines Supervulkans zu vergleichen ist. Die bei einem derartigen Ereignis freigesetzten Energien entsprechen weit mehr als dem Millionenfachen der Energie der ersten Atombomben. Neben diesen energetischen Einflüssen gibt es auch noch die langfristigen Einflüsse, welche sich zum Beispiel aus der zeitlichen Änderung der chemischen Zusammensetzung der Atmosphäre ergeben. So bestand unsere Atmosphäre vor ca. 600 Millionen Jahren noch zu 16 Prozent aus Kohlendioxid und nur 0,5 Prozent waren Sauerstoff. Heute besteht unsere Atmosphäre zu 21 Prozent aus Sauerstoff und enthält nur noch 0,038 Prozent Kohlendioxid. War es also vor 600 Millionen Jahren 421-mal wärmer auf der Erde, weil damals 421-mal mehr CO_2 in unserer Atmosphäre war als heutzutage? Natürlich nicht. Die Bedingungen waren auch damals für einfaches Leben geeignet, welches in aller Regel Temperaturen unter 42 Grad Celsius benötigt. Oberhalb dieser Temperatur beginnen Aminosäuren zu gerinnen. Man kann sogar so weit gehen zu sagen, dass gemessen an der mutmaßlichen anfänglichen Konzentration des CO_2 dieses Gas nach heutigen Maßstäben zu 99,7 Prozent verschwunden ist.

Historische Entwicklung von N_2, O_2 & CO_2 in den letzten 1.000 Millionen Jahren siehe Diagramm im Anhang, Abbildung 3.

In Anbetracht unserer heutigen Bemühungen, den Anstieg der CO_2-Konzentration in Grenzen zu halten, fragt man sich, wo all das CO_2 unserer frühen Atmosphäre geblieben sein könnte. Darüber hinaus stellt sich auch die Frage, welche Konsequenzen ein weiteres Absinken der CO_2-Konzentration wohl gehabt haben könnte. Diese Katstrophe wäre sehr wahrscheinlich weit größer gewesen als jegliche sogenannte Klimasensitivität, denn ein Ende der Photosynthese beendet automatisch auch den größten Teil des Lebens auf diesem Planeten – so wie wir es heute kennen.

Was wir anhand von Forschungsdaten klar belegen können, ist, dass sich unser Klima aufgrund all der genannten Faktoren schon immer geändert hat und dies auch weiterhin so ist. Die Beteiligung des Menschen hat dabei bis in die jüngste Vergangenheit keinerlei Rolle gespielt. Unsere Daten beziehen wir dabei aus Bohrkernen, wobei eine Art Rohr in den Boden oder in arktisches Eis getrieben wird. Das dabei im Rohr aufgenommene Material repräsentiert je nach Tiefe und Schichtdicke unterschiedliche zeitliche Epochen unseres Planeten. Darüber hinaus sind auch geologische Formationen wie der Grand Canyon perfekte Geschichtsbücher unserer Erde, denn dort wurden bis zu zwei Milliarden Jahre alte Gesteinsschichten freigelegt. Enthaltene Fossilien, Pflanzenpartikel, aber auch datierbare und analysierbare sonstige Elemente wie zum Beispiel Ascherückstände eines Vulkanausbruches lassen eindeutige Rückschlüsse auf die erdgeschichtliche Entwicklung zu.

Wenn wir also nach heutigen Gesichtspunkten über Klima sprechen, haben wir eine relativ klare Vorstellung über die geschichtliche Entwicklung, die Einflussgrößen und über die Rolle der chemischen Zusammensetzung. Aus dieser Situation heraus glauben wir, mit Berechnungsmodellen klimatische Änderungen vorhersagen zu können, wobei die geschichtlich erst seit kurzem zur Verfügung stehende Rechentechnik eine zentrale Rolle spielt. Beim IPCC beschäftigen sich sogenannte Modellierer damit, entsprechende Berechnungsmodelle aufzustellen und zu testen. In aller Regel haben diese spezialisierten Programmierer aber kaum fachlichen Hintergrund zum Thema Klima.

Wer diesen Abschnitt nun genau gelesen hat, wird sich eventuell am Wort »glauben« festgebissen haben, denn Glaube ist ja wenig wissenschaftlich und eher religiös einzuordnen. Aber genau in diesem einen Punkt steckt so viel Wahrheit, denn die aktuell eingetretene Klimasituation zeigt, dass die Berechnungsmodelle bisher unzutreffend waren. Wir können uns also hinsichtlich des Wahrheitsgehaltes aktueller Modelle nicht sicher sein, zumal diese auch nicht in der Lage sind, die Vergangenheit mit den damaligen Parametern korrekt zu beschreiben.

Unsere weltweit zentrale Instanz für Klimawahrheiten ist der Weltklimarat, dessen internationale Bezeichnung IPCC aus »Intergovernmental Panel on Climate Change« abgeleitet worden ist. Mit der tatsächlichen Natur dieser UN-Institution werden wir uns an späterer Stelle noch im Detail befassen.

Also jene Wissenschaftler des IPCC haben sich dazu in einem der letzten Sachstandsberichte in einer Fußnote geoutet und geschrieben, dass Klima ein chaotisches System und daher generell nicht berechenbar sei:

*In climate research and modelling we should recognize, that we are dealing with a coupled non-linear chaotic system, and therefore that the long-term prediction of future climate states is **not possible**.*

Übersetzung: In der Klimaforschung und Klimamodellierung sollten wir anerkennen, dass wir es [aus mathematischer Sicht, Anm. d. Autors] mit gekoppelten nicht-linearen chaotischen Systemen zu tun haben und aus diesem Grunde eine langfristige Vorhersage der Klimaentwicklung nicht möglich ist.

Anstatt diesen offenen Zweifel an den eigenen Ergebnissen in der Diskussion um den menschlichen Faktor in der Klimaänderung mit einzubeziehen, wird uns Tag für Tag gebetsmühlenartig erklärt, dass unter der großen Mehrheit der Wissenschaftler Einigkeit über den menschengemachten Klimawandel herrsche. Das ist das zentrale Argument, das uns zum Thema Klimawandel vorgelegt wird. Die Gründe hierfür sind vielfältig und in erster Linie rein politischer und wirtschaftlicher Natur.

Geschichte der Klimaforschung

Wenn wir uns der Geschichte der Klimaforschung zuwenden, so ist es unter Umständen zu weit in die Vergangenheit geschaut, wenn wir an Steinzeitbauten denken, welche zur Bestimmung von Sonnenwenden dienen konnten. Eine begründete Aussage zum Wetter oder zur Jahreszeit war in unseren nördlichen Breiten eine Frage von Leben und Tod, während in äquatorialen Gefilden eine gleichbleibende Witterung eher keinen Einfluss auf die weitere menschliche Entwicklung hatte. In nördlicher gelegenen Gebieten waren Planung der Landwirtschaft und Vorratswirtschaft ein zentraler Faktor für die Besiedlung und das Überleben der Menschen, was komplexere Anforderungen an das gesellschaftliche Zusammenleben mit sich brachte, als dies in äquatorialen Breiten der Fall war. So wurden bereits frühzeitig Aufzeichnungen des Wetters zur Grundlage des Ackerbaus und der Versorgung der Menschen.

Für unsere Betrachtungen soll es genügen, einen kurzen Blick auf die letzten 120 Jahre zu werfen, in denen Klimaforschung als sehr junge Wissenschaft überhaupt erst den heutigen Stellenwert erreichen konnte. Während also der schwedische Forscher Svantje Arrhenius vor über einhundert Jahren auf der Basis von Forschungen zum Wärmeaustausch in Gasen als erster zu dem Schluss kam, dass CO_2 doch eigentlich eine segensreiche Angelegenheit wäre, führte all dies Ende der 1980er Jahre letztlich zu einer Anhörung eines gewissen James E. Hansen, dem es gelang, dem US-Senat den menschengemachten Klimawandel höchst glaubwürdig zu verkaufen. Nehmen wir uns also ein wenig Zeit und betrachten die wesentlichen Geschehnisse in der Klimaforschung Stück für Stück.

Arrhenius, ein Urahn unserer Greta Thunberg, hatte also um 1900 den potentiell vorhandenen Temperatureffekt von CO_2 als mögliche Ursache einer Erwärmung der Erdatmosphäre erforscht, ohne diese Aussage mit den damaligen Möglichkeiten der Wissenschaft je quantifizieren zu können. In einem im Jahr 1907 erschienen Artikel formulierte er:

Man hört oft Klagen darüber, dass die in der Erde angehäuften Kohlenschätze von der heutigen Menschheit ohne Gedanken an die Zukunft verbraucht werden … Doch kann es vielleicht zum Trost gereichen, dass es hier wie so oft keinen Schaden gibt, der nicht auch sein Gutes hat. Durch Einwirkung des erhöhten Kohlensäuregehaltes der Luft hoffen wir uns allmählich Zeiten mit gleichmäßigeren und besseren klimatischen Verhältnissen zu nähern, besonders in den kälteren Teilen der Erde; Zeiten, da die Erde um das Vielfache erhöhte Ernten zu tragen vermag zum Nutzen des rasch anwachsenden Menschengeschlechtes.

Seinerzeit sah der Nobelpreisträger Arrhenius also eher eine Chance und nicht das Risiko in einer steigenden CO_2-Konzentration. Heutige Klima-Alarmisten zitieren Arrhenius noch immer, oft auch mit Verweis auf dessen Nobelpreis. Nicht erwähnt wird hierbei, dass der Nobelpreis für seine Promotion zum Thema »Elektrisch geladene Atome« überhaupt nichts mit CO_2 zu tun hatte und dass seine Berechnung zu Klimaeinflüssen einen markanten mathematisch handwerklichen Fehler enthielten, welcher zu falschen Interpretationen einer globalen Durchschnittstemperatur führte.

In den Wissenschaften beachtete man Arrhenius' Berechnungen jahrzehntelang kaum. Meteorologen kümmerten sich in der ersten Hälfte des 20. Jahrhunderts vor allem um die Verbesserung der Wettervorhersage – vornehmlich auch im Dienst des Militärs, welches bevorzugt unter günstigen Bedingungen angreifen wollte. Erst mit dem Internationalen Geophysikalischen Jahr 1957 begann eine systematischere Erfassung klimarelevanter Daten rund um den Globus, vor allem auch durch den Eintritt in das Raumfahrtzeitalter. Forscher aus aller Welt knüpften ein Netzwerk, um 18 Monate lang Daten über die Erde und ihre Atmosphäre zu sammeln. Besonders prominent ist die Messreihe der meteorologischen Station auf dem hawaiianischen Vulkan Mauna Loa, die seit 1958 praktisch ununterbrochen den Kohlendioxidgehalt der Atmosphäre aufzeichnet – Tendenz steigend (auch an anderer Stelle wird darauf verwiesen, dass dieser Standort eher fraglich ist, da ein aktiver Vulkan eben auch reichlich Kohlendioxid abgibt).

Im Jahr 1957 formulierten Roger Revelle und Hans E. Suess vom Scripps-Institut für Ozeanographie in Kalifornien ihre These: »Die Men-

schen sind dabei, ein langfristiges geophysikalisches Experiment durchzuführen, das in dieser Art so nie zuvor stattfinden konnte und in der Zukunft
nicht wiederholt werden kann. […] Wird es gut dokumentiert, könnte
dieses Experiment weitreichende Einsichten in die Prozesse gewähren, die
Wetter und Klima bestimmen,« schrieben sie in einem Artikel über den
möglichen Anstieg des CO$_2$-Gehalts in der Atmosphäre. 1970 erschien die
»Study of Man's Impact on Climate« (Untersuchung menschlichen Einflusses auf das Klima) des »Massachusetts Institute of Technology«, in der die
Emission bestimmter Gase, vor allem CO$_2$, als mögliche Ursache einer Klimaerwärmung genannt wurde.

Die Vereinten Nationen folgten der Empfehlung dieser Studie, Klimaforschung und Messprogramme zu intensivieren und diskutierten das Problem
auch auf der ersten Welt-Umweltkonferenz 1972 in Stockholm. Sieben Jahre später schloss die erste Weltklima-Konferenz mit einem Appell, die Forschung weiter zu intensivieren sowie mit der Mahnung: »Die Verbrennung
fossiler Energieträger, die Zerstörung von Wäldern und Veränderungen der
Landnutzung haben den CO$_2$-Gehalt der Erde in den letzten 100 Jahren
um 15 Prozent erhöht und er steigt gegenwärtig um 0,4 Prozent pro Jahr.«
Bereits hier ist recht bemerkenswert, dass Zahlen so verwendet werden, dass
der eigentliche CO$_2$-Gehalt der Luft verschleiert und so Raum für alarmierende Thesen geschaffen wurde.

In diesem Umfeld avancierte ein gewisser James E. Hansen zu einem Klimaforscher von Weltruhm, denn seine sich wie Feuer und Wasser wider-
sprechenden Thesen fanden letztlich Gehör und waren entscheidend für die
spätere Gründung des IPCC, also unseres geliebten Weltklimarates. Im Jahr
1971 hatte er an einer Veröffentlichung mitgewirkt, die vor einer angeblich
bevorstehenden neuen Eiszeit als Folge der Verbrennung fossiler Energieträger warnte. Danach wechselte der gute Mann die Richtung seiner Prognose,
nicht aber die vermeintliche Ursache: Er war in den 1980er Jahren einer der
ersten »Klimaforscher«, die vor den Folgen der angeblich bevorstehenden
katastrophalen Erwärmung durch CO$_2$-Emissionen (als Folge der Verbrennung fossiler Energieträger!) warnten und wurde zum Beraterstab von Al
Gore gezählt. Am 23. Juni 1988 trat Hansen auf Veranlassung des demokra-

tischen Senators Tim Wirth vor dem Energy and Natural Resources Committee des US-Senats auf und erklärte, die globale Erwärmung werde mit »99-prozentiger Wahrscheinlichkeit« nicht durch natürliche Schwankungen, sondern durch vom Menschen freigesetzte Treibhausgase verursacht. Im Jahr 2008 veröffentlichte Hansen eine Studie, die besagt, dass der Gehalt von Kohlenstoffdioxid in der Erdatmosphäre einen Wert von 350 parts per million (ppm) nicht dauerhaft überschreiten dürfe, wenn das 2-Grad-Ziel noch erreicht und ein Kippen des globalen Klimasystems mit potentiell irreversiblen Folgen verhindert werden solle.

Die jedoch berühmteste Arbeit von Herrn Hansen ist die sogenannte Hockey-Stick Grafik, welche eine völlig überzogene Temperaturentwicklung darstellte und auch für die Zukunft vorhersagen sollte. Diesem zentralen Argument der Klima-Alarmisten wird in diesem Buch ein eigenes Kapitel gewidmet, welches sich mit den Ungereimtheiten um die Entstehung und weitere Verwendung sowie Korrektur dieser Darstellung befasst. Es hat schon einen faden Beigeschmack, dass all dies auf Wikipedia in völlig unangemessener Weise relativiert wird. Wikipedia ist in zentralen politischen Fragen ein kontrolliertes und zensiertes Medium – das sollte jedem Nutzer klar sein, bevor dort objektive Antworten erwartet werden.

Wenn wir uns nun – abgesehen von den reichlich verfügbaren Erläuterungen anderer Zeitgenossen – ein eigenes Bild von der Situation verschaffen wollen, müssen wir uns leider die Mühe machen, einige physikalische Zusammenhänge der Wärmelehre zu verstehen. Nur mit diesem Rüstzeug werden die Zusammenhänge klar, und der Nebel über dieser scheinbaren Katastrophe beginnt sich zu lüften.

Die Erde als thermodynamisches System

Wenn man sich dem Thema Klima gedanklich nähern möchte, kommt man nicht umhin, sich mit einigen zugegeben lästigen physikalischen Prinzipien zu befassen. Aber keine Sorge – es geht nur um das allgemeine Verständnis einfacher Mechanismen im Bereich der Wärmeenergie, welcher unter uns Technikern auch als Thermodynamik bezeichnet wird. Da unsere Erde nun nicht losgelöst vom umgebenden Kosmos betrachtet werden kann, geht es uns vor allem darum, zu verstehen, auf welche Art und Weise Energie aufgenommen und auch wieder abgegeben wird. Um also diese Wechselwirkung mit dem Kosmos zu verstehen, muss man die drei grundlegenden Wärmeaustauschmechanismen kennen und begreifen, wie diese in unserer Atmosphäre wirken.

Wärmeaustauschmechanismen allgemein

Bei unseren Wärmeaustauschmechanismen geht es darum, zu verstehen, auf welche Weise Wärme überhaupt übertragen werden kann. Man unterscheidet hierbei drei wesentliche Wärmeübertragungsprozesse, welche ich an einfachen Beispielen erläutern möchte:

- Unser erster Fall des Wärmetransports ist die Wärmeleitung, welche vor allem bei Festkörpern von Bedeutung ist, da diese in der Regel weit bessere Wärmeleitcharakteristika besitzen als Flüssigkeiten oder Gase. Der Wärmeleitung liegen Teilchenbewegungen und Stoßprozesse auf molekularer und atomarer Ebene zugrunde, durch welche die Energie von Teilchen zu Teilchen weitergegeben werden kann. Ein perfektes Beispiel für Wärmeleitung ist der Lötkolben oder auch die Gusspfanne auf dem Herd. Obwohl es vom Griff der Pfanne bis zur heißen Herdplatte doch einige Zentimeter Abstand hat, sollte man doch besser einen Topflappen benutzen, denn der Griff ist oft nur wenig kühler als die Pfanne, und eine verbrannte Hand hat es bisher noch nicht auf die Speisekarte der Sternerestaurants geschafft. Metalle sind dabei die besten Wärmeleiter. Gase eignen sich kaum zur Wärmeleitung und werden deshalb auch gern für Isolationseffekte genutzt. Deshalb werden in unseren Breiten bei Häusern in der Regel hohle oder grobporöse Baustoffe verwendet, um die Wärme drinnen und die Kälte draußen zu halten. In der Regel tritt die Wärmeleitung nicht allein auf, denn es geht oft auch um umgebende Gase oder Flüssigkeiten oder eben auch um Wärmestrahlung eines Ofens, denn dies ist die dritte Möglichkeit der Wärmeübertragung.

- Die sogenannte Konvektion ist der bei Weitem effektivste Mechanismus zum Wärmeaustausch und basiert auf dem direkten Transport eines Trägermediums (Flüssigkeit oder Gas) mit einer entsprechenden Temperatur. Ein Beispiel ist die typische Heizung, welche erhitztes Wasser in einem Kreislauf durch Rohre und Heizkörper pumpt. Ohne diesen mit einer Pumpe betriebenen Kreislauf würde es vermutlich Tage dauern, bis auf der Basis von Wärmeleitung ein Effekt an auch nur einem Heizkörper zu spüren wäre. Auch die dann durch die Wärme am Heizkörper nach oben strömende Luft ist ein Beispiel für konvektiven Wärmeaustausch. Weithin bekannt ist der Golfstrom, der ebenfalls solch eine konvektive Heizung für ganz Europa ist, und jeder Wirbelsturm ist ebenfalls nichts anderes als konvektiver Wärmeaustausch. Demzufolge gibt es geschlossene Systeme, welche zum Beispiel von Pumpen angetrieben werden, oder eben offene Systeme, in denen der konvektive Wärmeaustausch durch Druckunterschiede und Dichteunterschiede angetrieben wird.

- Wärmestrahlung ist vergleichsweise weniger effizient als Konvektion, und ihre Strahlungsintensität nimmt mit der Entfernung von einer Wärmequelle aufgrund der gleichmäßigen Ausbreitung im Raum ab. Der Vorteil ist jedoch, dass im Gegensatz zu Konvektion und Wärmeleitung kein Trägermedium benötigt wird. Es handelt sich hierbei um Infrarotstrahlung, also Licht mit einer Wellenlänge von 0,78 bis zu

1000 Mikrometer, das nicht im sichtbaren Bereich liegt. Hingegen gibt es auch Licht im hochfrequenten Bereich, welches ebenfalls Wärme (Energie) überträgt, wobei die Frequenz stark von der Temperatur und dem strahlenden Material abhängig ist. Dieses hochfrequente und ebenfalls unsichtbare Licht kennen wir von der Sonne als sogenannte UV-Strahlung. Die Wellenlängen beginnen bei ca. 400 Nanometern und werden dann immer kürzer. Wärmestrahlung kennen wir vom guten alten Ofen, aber eben auch von der Sonne, deren Strahlung alle möglichen Frequenzbänder abdeckt – auch den infraroten Bereich. Das sichtbare Licht nimmt ein vergleichsweises schmales Frequenzband ein und liegt in einem Bereich von 400 bis 780 Nanometern.

Mit solcherlei Grundwissen ausgerüstet, können wir uns nun auf unsere Atmosphäre stürzen und darüber nachdenken, wie hier die soeben erläuterten Wärmeaustauschmechanismen wirken. Betrachten wir also all die Dinge, die uns tagtäglich umgeben, oftmals ohne, dass wir uns ihrer bewusst sind. Da wäre zunächst die Luft – also jenes Gasgemisch, aus welchem unsere Atmosphäre besteht.

Wärmeleitung und die Hauptsätze der Thermodynamik

Die genaue Zusammensetzung der Luft muss uns hier noch keine Sorge bereiten. Es soll uns am Beispiel der Wärmeleitung erst einmal um ein paar wenige weitere grundsätzliche Zusammenhänge gehen. An einem sonnigen Tag streicht kühlere Luft meist von einem leichten Wind begleitet über den Boden, und in einer schmalen Grenzschicht über dem Boden erfolgt dabei die direkte Erwärmung der Luft durch Wärmeleitung. Die dabei auftretenden Mechanismen sind exakt die gleichen wie in einem Heißluftfön oder einem Kühlkörper im Computer oder auch in einem Autokühler. Die Temperatur des Bodens wird dabei maßgeblich von der vorhandenen Sonneneinstrahlung und der Beschaffenheit der Bodenoberfläche bestimmt.

Ein dunkler Straßenbelag kann im Sommer durchaus bis zum Schmelzpunkt erhitzt werden, während eine angrenzende Rasenfläche weit weniger warm wird. Entscheidend ist nun, dass Energie immer nur in eine Richtung übertragen wird – nämlich vom höheren Energiezustand in Richtung des niedrigeren Energiezustands. Man nennt dies auch den zweiten Hauptsatz der Thermodynamik – obwohl die Aussage genauso auch auf alle anderen Energieformen anwendbar ist:

- Elektroenergie (Strom) fließt auf Grund einer Spannungsdifferenz vom hohen Spannungsniveau (+) in Richtung des niedrigen Spannungsniveaus (-)
- Eine Strömung (Gas, Flüssigkeit) fließt von hohem Druck in Richtung des niedrigen Drucks
- Ein Festkörper verringert seine Lageenergie, indem die Höhe verringert wird, er fällt nach unten – nicht nach oben

Es ist also generell nicht ohne weitere Energiezufuhr möglich, dass Wärme von einem kühleren auf ein wärmeres Medium übertragen werden kann, völlig unabhängig davon, welcher Wärmeübertragungsprozess zur Anwendung kommt. Wer etwas anderes erzählt, hat leider in Physik gefehlt.

Die Menge der dabei übertragenen Energie hängt immer direkt von der bestehenden Energiedifferenz ab – man spricht hierbei auch von der Triebkraft der Energieübertragung. In unserem Fall wird diese Differenz durch den Temperaturunterschied angegeben. Ist der Boden also recht warm und die Luft recht kühl, wird viel Energie in Richtung der Luft übertragen. Genauso kann warme Luft auch über kühlen Boden streichen, und dann wird nicht die Luft, sondern der Boden erwärmt, während die Luft bei diesem Prozess abkühlt. Logisch, wenn ein Medium von einem anderen Medium erwärmt wird, gewinnt nicht nur ein Medium an Energie – das andere Medium muss dabei die gleiche Menge Energie verlieren, da es diese ja abgibt. Mit anderen Worten: Die Menge der abgegebenen Energie ist immer genauso groß wie die Menge der aufgenommenen Energie. Das ist, ein wenig volkstümlich, auch als erster Hauptsatz der Thermodynamik bekannt.

Mit diesen wenigen Erläuterungen haben wir, so hoffe ich, ein paar sehr grundlegende Zusammenhänge der Wärmelehre besprechen können, die für das generelle Verständnis der Vorgänge in unserer Atmosphäre von zentraler Bedeutung sind.

Wir wissen nun, wie Luft direkt über dem Boden erwärmt wird. Neben den Temperaturunterschieden von Luft und Boden spielt es ganz offensichtlich eine wesentliche Rolle, ob dabei versiegelte Flächen im Spiel sind oder ob es sich zum Beispiel um eine Rasenfläche handelt. Wir kennen den Effekt vom Freibad: Läuft man barfuß über den Rasen, ist an einem schönen warmen Sommertag noch alles bestens zu ertragen. Sobald man jedoch auf die von der Sonne erhitzten Fliesen tritt, verflucht man die blöde Idee, keine Badelatschen mitgenommen zu haben. Es bleibt jedoch die Frage, weshalb die Luft über dem Boden nicht so viel heißer ist als beispielsweise die Luft auf Nasenhöhe? Damit kommen wir zum zweiten wesentlichen Wärmetransportmechanismus.

Konvektion – Wärme wird durch ein Medium transportiert

Unsere direkt über dem Boden erwärmte Luft ändert wegen der Änderung der Temperatur zwei weitere wesentliche Eigenschaften. Zum einen verändert sich die Fähigkeit, auch Luftfeuchtigkeit aufzunehmen – warme Luft kann mehr Feuchtigkeit aufnehmen, während diese Feuchtigkeit bei Abkühlung wieder zu Wasser kondensiert. Noch wichtiger ist jedoch, dass sich warme Luft ausdehnt und an Dichte verliert, sie wird also leichter als die kühlere Umgebungsluft. All dies führt dazu, dass warme Luft einfach vom Boden aufsteigt – zum Teil bis in mehrere Tausend Meter über Grund. Normalerweise kann man diesen Prozess nicht mit bloßem Auge sehen, aber Kumuluswolken – also diese Wolkentürme im blauen Himmel – sind nichts anderes als schnell aufsteigende warme und feuchte Luft. Man kann dies jedoch nicht nur sehen, sondern sich sogar davontragen lassen.

Haben Sie sich schon mal mit Segelflug oder Paragliding befasst? Nein? Zugegeben – ich auch nicht persönlich, aber mein Vater und einige Bekannte von mir sind da unterwegs gewesen. So ein Segelflug macht ohne aufsteigende Warmluft, auch Thermik genannt, überhaupt keinen Spaß, denn wenn es dem Flieger nicht gelingt, solche aufsteigenden Strömungen zu finden und zu nutzen, ist der Flug nur von kurzer Dauer. Erst die Nutzung der Thermik ermöglicht es zum Beispiel nach einem Windenstart, mehrere hundert oder auch tausend Meter an Höhe zu gewinnen und Stunden in der Luft zu bleiben. Sollte man bei so einem Flug Kopilot sein, braucht es einen strapazierfähigen Magen, denn die sogenannten Thermikschläuche erfordern zum Teil sehr eng geflogene Kurven, was schon zu so mancher Grundreinigung nach dem Flug geführt haben soll.

Neben der bereits erwähnten Wärmeleitung führt übrigens ein weiterer Faktor zur Lufterwärmung und zu einer mit der Höhe abnehmenden Lufttemperatur. Es handelt sich dabei um den statischen Luftdruck oder auch barometrischen Druck, welcher aus der Eigenmasse der Atmosphäre resultiert. Während uns dies am Boden nur bedingt interessiert, ist die Wirkung in zum Beispiel 10.000 Metern Höhe ganz erheblich, denn dort herrschen aufgrund dieses Zusammenhangs auch im Sommer Temperaturen von unter -25 Grad Celsius. Die warme Luft steigt also auf und transportiert so die Wärme und auch die Luftfeuchtigkeit in Höhen, in denen diese Wärmeenergie sehr schnell mit einer um vieles kälteren Luftmasse ausgetauscht wird. Luftfeuchtigkeit kann diesen Prozess noch erheblich beschleunigen, denn durch die Kondensation des Wasserdampfs zu Wassertröpfchen verliert die aufsteigende Luft schnell an Volumen, was im Kondensationsbereich der aufsteigenden Luft zu einem zusätzlichen Unterdruck führt. Warme feuchte Luft steigt also aufgrund der Dichteunterschiede nicht einfach nur nach oben, sondern wird zusätzlich durch den entstehenden Unterdruck auch noch angesaugt. Genau dieses Zusammenwirken der Naturkräfte kann zu riesigen Tiefdruckgebieten führen, aus welchen sich im weiteren Verlauf eben auch tropische Wirbelstürme entwickeln können.

Genau aus diesem Grund werden auch größere Flugzeuge unterhalb der Wolkengrenze von den auftretenden Turbulenzen ordentlich durchgeschüttelt.

Wir sehen also, dass gerade der Konvektion – also dem Wärmeaustausch mit Hilfe strömender Medien – eine ganz zentrale Rolle bei der Regulierung von Luftdruck und Temperatur in den unteren Luftschichten unserer Atmosphäre zukommt. Sie sorgt ganz maßgeblich für den Energieaustausch in horizontaler und vertikaler Richtung. Wind ist stets zwangsläufig, denn schon allein durch die tageszeitbedingten Temperaturunterschiede von Tag und Nacht entstehen Luftmassen mit unterschiedlicher Dichte und damit unterschiedlichem Luftdruck, und diese Luftdruckunterschiede sind es, die Wind und damit inneratmosphärische Konvektion entstehen lassen.

Doch all dies würde noch immer zu keinem Energieaustausch mit dem Kosmos führen; ohne diesen würde unsere Erde tatsächlich wie ein Treibhaus funktionieren und der Transport von Energie von der unteren in die obere Atmosphäre wäre stark gehemmt. Aber all dies ist gottseidank nicht Realität, und würde es nicht auch einen dritten Mechanismus zum Wärmeaustausch geben, dann wäre die Erde tatsächlich trotz aller Wärmeleitung und Konvektion ein einziger Backofen, so wie der Planet Venus, dessen Sonnennähe und fast lupenreine CO_2-Atmosphäre dafür sorgen, dass es dort mit 450 Grad Celsius noch heißer als auf dem der Sonnen am nächsten stehenden Planeten Merkur ist.

Wärmestrahlung

Der im generellen Energieaustausch mit dem Kosmos wichtige Mechanismus ist Wärmestrahlung, denn nur Strahlung kann ohne Trägermedium, welches im All ja (angeblich) nicht existiert, übertragen werden. Unsere Erde wird also von unserem Zentralgestirn hauptsächlich über kurzwellige Strahlung mit Energie versorgt, und das ist mit 1,39 kW/m2 gar nicht mal wenig – der Mofa-Fahrer sieht sich hier mit bärenstarken knappen 2 PS pro Quadratmeter konfrontiert. Allerdings muss dieser Energiestrom auf der sonnenzugewandten Seite der Erde auch noch durch die Atmosphäre hindurch und lässt hier ordentlich Federn, sodass letztlich weniger als die Hälfte dieser Energie auch tatsächlich an der Erdoberfläche ankommt.

Diese Energie ist es, welche auf unserem Planeten in Kombination mit der vorhandenen Atmosphäre für unsere angenehmen Temperaturen sorgt und ideale Rahmenbedingungen für das Leben auf der Erde schafft. Auch unser Mond befindet sich ja im annährend selben Abstand von der Sonne, aber die fehlende Atmosphäre sorgt hier für Temperaturen von -160 Grad Celsius auf der Schattenseite und bis zu 130 Grad Celsius im Sonnenzenit. Nur unsere Atmosphäre stabilisiert also die Temperaturen auf der Erde in einem erträglichen Rahmen und fungiert darüber hinaus als Filter für harte ultraviolette Strahlung, welche durch in der oberen Atmosphäre vorhandenes Ozon zum großen Teil geblockt wird. Ein Teil der aufgenommenen kurzwelligen energetischen Strahlung wird dabei an der Erdoberfläche absorbiert und als langwellige Infrarotstrahlung wieder in den Kosmos abgegeben.

Dieser Prozess unterliegt dem bereits besprochenen Prinzip, dass Energie nur in Richtung des niedrigeren Energieniveaus abfließt. Das heißt, dass gerade in klaren Nächten ein intensiver Energieaustausch zwischen der erwärmten Erdoberfläche und dem Kosmos stattfinden kann, während die vorhandene Atmosphäre ähnlich wie eine Isolation wirkt. Jeder wird auch bereits die Erfahrung gemacht haben, dass in bewölkten Nächten die Abkühlung geringer ausfällt. Der Grund für diesen Effekt ist der in Form von Bewölkung vorhandene kondensierte Wasserdampf, welcher Infrarotstrahlung weit effizienter am Energieaustausch mit dem Kosmos hindern kann als jedes andere der bekannten sogenannten Treibhausgase. Wärmestrahlung, besonders aber eben die Infrarotstrahlung, ist von seinem physikalischen Charakter her Licht im nicht für uns sichtbaren Wellenbereich. Wärmebildkameras und spezielle Infrarotkameras machen sich diese Effekte zunutze, um beispielsweise Wärmeverluste an Gebäuden zu untersuchen oder aber im polizeilichen Einsatz mit einem Hubschrauber Personen in unwegsamem Gelände auffinden zu können.

Licht wird durch den sogenannten »Welle/Teilchen-Dualismus« beschrieben, das heißt, Licht verhält sich hinsichtlich Ausbreitung und Brechung wie eine Welle, interagiert aber auf atomarer Ebene und auch hinsichtlich seiner Entstehung wie ein Teilchen. Lichtteilchen werden als Photonen bezeichnet. Photonen und elektromagnetischen Wellen des Infrarotlichtes sind es, die letztlich mit den in unserer Luft vorhandenen Bestandteilen, also genau genommen den Molekülen interagieren können und somit auch zur Theorie über die Treibhausgase geführt haben. Dieser Umstand ist wichtig, wenn man im Kontext der Strahlung verstehen will, welche Mechanismen ein Material dazu bewegen, Licht auszusenden.

Es gibt übrigens Protagonisten des anthropogenen Klimawandels, die behaupten, dass für das Klima ausschließlich strahlungsbasierter Wärmeaustausch von Belang wäre. Diese Kollegen ignorieren dabei tapfer, dass dies eben nicht auf die unteren Schichten der Atmosphäre zutrifft und aber gerade hier alle klimarelevanten Messungen und thermodynamischen Prozesse stattfinden. Stattdessen werden konstruierte Kippeffekte in aktuelle Modelle eingeführt, um deren Glaubwürdigkeit noch irgendwie aufrechterhalten zu können – wie schäbig ist das.

In den von mir gesehenen Wetterberichten war übrigens noch nie die Rede von Strahlung – dort geht es um Druck, Temperatur, Bewölkung und Niederschläge, und aus der mittelfristigen Witterung (30 Jahre) wird ein konkretes Klima abgeleitet.

Erdgeschichte

Nach diesen recht theoretischen Betrachtungen fragt sich natürlich schon so mancher helle Kopf, wie man all diese Faktoren in Klimamodellen zusammenbringen könnte, um sinnvolle Prognosen unseres Klimas erstellen zu können. Dabei handelt es sich noch um relativ einfache, direkt nachvollziehbare Zusammenhänge, welche von weiteren ganz wesentlichen Effekten überlagert werden, die sich außerhalb unseres Planeten befinden oder im Falle des Vulkanismus aus dem Inneren unseres Planeten hervortreten.

Bevor wir jedoch auf all diese Einflüsse näher eingehen, ist es wichtig, einen Blick auf die Erdgeschichte zu werfen, um auf dieser Basis ein grundlegendes Verständnis zum Fakt des schon immer im Wandel befindlichen Klimas zu gewinnen. Es könnte ja schließlich gut sein, dass sich unser Klima trotz unserer Anwesenheit noch immer nach den gleichen Gesetzmäßigkeiten entwickelt wie schon vor Jahrmillionen. Sollten wir das als Menschheit anders sehen, wären wir wohl nicht weit weg von der kleinen Mücke auf dem Elefanten, der auf einen spitzen Stein tritt und schmerzvoll brüllt, woraufhin die kleine Mücke vor Vergnügen sirrt: »Jawoll, weh tun muss es!« Kausalität kann durchaus im Auge des Betrachters liegen und bedarf immer des Beweises.

In der Geschichte der Erde, deren klimatische Entwicklung in groben Zügen mehrere hundert Millionen Jahre zurückverfolgt werden kann, gab es Phasen, in denen ein völlig anderes Klima bzw. ein anderes Temperaturniveau vorherrschte als heute. Klaus Müller schreibt dazu:

»Bis vor 34 Millionen Jahren war es sehr heiß auf der Erde, es bildete sich kein Eis an den Polkappen. Es gab damals eine über Millionen von Jahren anhaltende relativ stabile Wärmeperiode, das so genannte Eozän-Optimum. In der Antarktis war es so warm wie in den Tropen. Die polaren Eiskappen begannen sich letztmalig vor etwa 13 Millionen Jahren zu bilden, vorher gab es über zwölf Millionen Jahre lang keine Vereisung der Pole. Eine verstärkte Vereisung von Grönland und Nordamerika setzte erst vor etwa drei Millionen Jahren ein, als auch ein schneller Wechsel von Eiszeiten und Warmzeiten

begann; insgesamt ist aber eine globale Tendenz – bis heute anhaltend – zur
Abkühlung erkennbar. Erdgeschichtlich gesehen sind sogar unsere drei ver-
gangenen Warmzeiten eher im unteren Temperaturbereich der Erdgeschichte
anzusiedeln.«

Es ist nicht zu übersehen, dass in dieser Vielzahl relevanter Einflüsse unser schreckliches CO$_2$ nur ein Teilaspekt der Zusammensetzung der Erdatmosphäre ist – noch dazu einer mit einer gefährlich niedrigen Konzentration.

Forschungsergebnisse zeigen, dass in der Frühgeschichte unseres Planeten einst um die 16 Prozent CO$_2$ in unserer Atmosphäre vorhanden waren, vermutlich durch Vulkanismus freigesetzt. Auf der Venus besteht die Atmosphäre übrigens nahezu vollständig aus CO$_2$. So entwickelte sich letztlich auch Leben auf der Erde, welches dieses Überangebot auch sehr gut verwerten konnte – denn wenn in heutiger Zeit trotz menschlichem Einfluss nur noch 0,038 Prozent CO$_2$ vorhanden sind, dann bleibt nochmals festzuhalten, dass CO$_2$, gemessen an der anfänglichen Konzentration, so gut wie vollständig verschwunden ist.

Details zur historischen Entwicklung der CO$_2$ Konzentration finden sich im Anhang, Abbildung 3.

Die Frage nach dem Verbleib des verschwundenen CO$_2$ ist beinahe überlebenswichtig, denn sollte sich dieser Prozess des Abbaus von CO$_2$ in der Atmosphäre fortsetzen, so würde dies den Fortbestand des uns bekannten Lebens auf dieser Welt in Frage stellen. Nahezu alle Nahrungsketten basieren auf der Photosynthese, und auch der Sauerstoff unserer Atmosphäre entstand und entsteht über diesen so wichtigen biochemischen Prozess, welcher unterhalb einer CO$_2$-Konzentration von 100 ppm bereits stark beeinträchtigt wäre.

Persönlich muss ich kaum in die Ferne schweifen, um eine Antwort auf den Verbleib all dieses verschwundenen CO$_2$ finden zu können, denn es handelt sich dabei nur zu einem geringen Teil um unsere fossilen Brennstoffe, welche wir beispielsweise in riesigen Tagebauen in Mitteldeutschland fördern. Der Löwenanteil steckt in Sedimentgestein, also Gesteinsschichten, die sich weitgehend durch Ablagerungen am Meeresboden gebildet haben.

Wenige Kilometer von meinem Heimatort entfernt finden sich Täler, deren Hänge komplett aus Muschelkalk bestehen. Die Formationen bei Jena in Thüringen sind so bekannt, dass diese sogar als Beispiel auf Wikipedia zu finden sind. Dabei ist Muschelkalk – oder auch Calcit – nichts anderes als gebundenes CO_2 mit der chemischen Bezeichnung Kalziumkarbonat. Gebildet wird Calcit nach dem chemischen Gleichgewicht:

$$Ca_2 + 2\,HCO_3\text{-} \longleftrightarrow CaCO_3 + H_2O + CO_2$$

Das Gleichgewicht der obigen Reaktion verlagert sich mit steigender Temperatur zunehmend auf die rechte Seite der Reaktionsgleichung. In warmen Gewässern können Lebewesen also mit deutlich geringerem Energieaufwand Kalkgehäuse bilden. Ist das nicht wirklich interessant? Zumindest glaubte ich bisher, aufgrund der immens hohen Kohlendioxid-Konzentration würde das Meer versauern und alle Fische trinken nur noch Sodawasser! Eventuell wäre es sogar eine Überlegung für den Nestlé-Konzern gewesen, dieses Sprudelwasser in PET-Flaschen an die Meeresfauna zu verkaufen. Aber aus diesem Geschäft wird ja nun ganz offensichtlich nichts und man wird wohl weiter die Wasservorkommen der »Dritten Welt« für seine Zwecke plündern müssen.

Aus der Paläo-Klimaforschung wissen wir, dass die Erde in der Vergangenheit ganz erhebliche Klimaschwankungen erlebt hat. Die langfristige historische Entwicklung ist gekennzeichnet durch den weithin unbekannten großen Klima-Zyklus von 150 bis 180 Millionen Jahren, der für die letzten 900 Millionen Jahre nachweisbar ist, aber wahrscheinlich auch schon davor auftrat. Dieser große Zyklus enthält sowohl Eiszeiten mit globalen Temperaturen zwischen 3 bis 10 Grad Celsius als auch starke Warmphasen mit globalen Temperaturen zwischen 17 und 28 Grad Celsius beziehungsweise Temperaturschwankungen um +/- 10 Grad Celsius.

So dauerten die in der Vergangenheit etwa alle 200 Millionen Jahre aufgetretenen Warmzeiten jeweils 30 bis 50 Millionen Jahre, dazwischen lagen schwere und lange Eiszeiten mit globalen Temperaturen von unter 12 Grad Celsius von jeweils 50 bis 100 Millionen Jahren Dauer. Mit Blick auf unsere heutige globale Durchschnittstemperatur von ca. 15 Grad Celsius liegen wir da nur 3 Grad Celsius höher, aber immer noch relativ mittig in einem Temperaturkorridor von 3 bis 28 Grad Celsius.

Die Eiszeiten waren derart markante Ereignisse, dass sie jeweils eigene Namen erhielten. Für diese Eiszeiten hat man lange nach Erklärungen gesucht und hierfür drastische Veränderungen der Erdatmosphäre oder schwere Vulkanausbrüche verantwortlich gemacht, ohne zu erkennen, dass es sich um einen Effekt handelt, der vermutlich mit dem Umlauf des Sonnensystems um das Zentrum der Milchstraße zusammenhängt.

Die Umlaufbahn unseres Sonnensystems um das Zentrum der Milchstraße hat eine Entfernung von 25.000 bis 28.000 Lichtjahren vom Zentrum. Es befindet sich also im mittleren Bereich des Spiralnebels. Die Sonne mit ihren Planeten kommt damit bei ihrem 600 Millionen Jahre dauernden Umlauf in Bereiche dichterer Spiralarme und durchquert auch freiere Bereiche. Der Spiralnebel unserer Milchstraße hat vier Hauptarme, benannt als Perseus, Norma, Sputum-Crux und Sagittarius-Carina, welche eine erhöhte Staub- und Gasdichte aufweisen, somit die Sonnenstrahlung auf die Erde zeitweise abschwächen und so die großen Eiszeiten verursachen dürften. Eine an diesem Sachstand ausgerichtete Theorie wird vom israelischen Forscher Nir Shaviv beschrieben, der beim Durchgang durch die Spiralarme eine erhöhte kosmische Strahlung annimmt, was zu einer langfristig verstärkten Wolkenbildung auf der Erde führt, die wiederum die solare Einstrahlung auf die Erdoberfläche reduziert.

Die älteste nachgewiesene Vereisung der Erde ist das »Huronian Ice Age« von vor 2450 bis 2100 Millionen Jahren. Diese Eiszeit umfasst jedoch mindestens drei verschiedene Vereisungen, wie Untersuchungen an Felsformationen im heuten Nordamerika und Kanada ergeben haben. Da es in den letzten 900 Millionen Jahren etwa alle 150 bis 180 Mio. Jahre zu großen Eiszeiten kam, ist mit einer gewissen Wahrscheinlichkeit anzunehmen, dass dies auch im Zeitraum davor (im »Archaikum«) der Fall war. Unabhängig davon konnte man die letzte völlige Vereisung der Erde vor 800 bis 700 Millionen Jahren sicher nachweisen, das so genannte »Sturtian Ice Age«.

Unsere Erde war in diesen Eiszeiten also komplett mit Eis bedeckt, während in den Warmzeiten selbst die Pole vollständig eisfrei waren. Gemessen an diesen langfristigen Klimaschwankungen sind die aktuellen klimatischen

Veränderungen eher ein Grundrauschen, denn wie wir später noch im Detail sehen werden, beträgt die Änderung der globalen Temperatur seit der letzten kleinen Eiszeit 1850 gerade einmal 0,75 Grad Celsius – also eine Größenordnung, die man nach einer kleinen Eiszeit als Rücksetzbewegung auch durchaus noch höher erwarten dürfte – auch ohne menschliches Zutun. Mit der Rücksetzbewegung ist letztlich das Erreichen der vor der kleinen Eiszeit vorherrschenden globalen Temperatur gemeint – also ein ganz natürlicher und auch hinsichtlich der Anstiegsraten völlig normaler Prozess.

Unlängst gab es zur mittelalterlichen Warmzeit auch einen Artikel im Spiegel, an dessen Wahrheitsgehalt ja unmöglich gezweifelt werden kann: »Elf Monate kaum Regen und Extremhitze: Mehr als 300 Chroniken aus ganz Europa enthüllen die grausamen Details einer gigantischen Katastrophe im Jahr 1540. Und sie zeigen: Das Desaster kann sich wiederholen.«

Im Januar 1540 begann eine Trockenphase, wie sie Mitteleuropa seit Menschengedenken nicht erlebt hat, berichten nun Wissenschaftler, die ein riesiges Archiv an Wetterdaten heben konnten. Elf Monate fiel kaum Niederschlag, die Forscher sprechen von einer »Megadürre«. Das Jahr brach alle Rekorde: Entgegen bisheriger Einschätzung von Klimaforschern ist nicht der Sommer 2003 der heißeste bekannte – 1540 habe ihn bei Weitem übertroffen, schreibt die internationale Forschergruppe um Oliver Wetter von der Universität Bern im Fachblatt »Climate Change«.

Diese mittelalterliche Warmzeit war übrigens vom IPCC mehrfach geschickt retuschiert worden, indem die Zeitachse erst danach begann oder indem die Daten normalisiert (manipuliert) wurden – beide Methoden kamen zum Zuge. Jüngere Darstellungen sind wieder korrigiert, nachdem man wohl festgestellt hatte, dass man sich mit solcherlei Praktiken keinen Dienst erweist.

CO$_2$ – die Fakten

Wenn wir heute über CO$_2$ reden, auch als Kohlendioxid oder Kohlenstoffdioxid bekannt, meint fast jeder das CO$_2$, welches von uns Menschen durch Nutzung fossiler Brennstoffe in die Atmosphäre abgegeben wird, aber eben auch schon in früheren Zeiten in weit höheren Konzentrationen auf unserem Planeten vorhanden war. Wir reden hinsichtlich der menschlichen Emissionen aktuell über ungefähr 30 Milliarden Tonnen pro Jahr. So ein wahnwitzig hoher Wert macht sich natürlich gut in der Klimapropaganda, denn die gutgläubige Masse weiß wenig bis gar nichts über solche Zahlen und wie diese im Verhältnis zu anderen Größen gesehen werden müssen. Wir haben aber bereits im Abschnitt zur Erdatmosphäre lernen dürfen, dass diese eine Masse von ungefähr 5,15 Billiarden Tonnen hat. Wir werden also nicht unmittelbar eine Verdopplung der CO$_2$-Konzentration erleben und auch weiterhin über ein Spurengas reden müssen – sehr zum Leidwesen unserer Klima-Alarmisten.

Wenn wir uns mit der Frage nach der Herkunft und aktuellen Beispielen planetaren Kohlendioxids befassen, passt unsere Venus recht gut ins Bild, denn deren Atmosphäre besteht zu 95 Prozent aus CO$_2$. Wenn es dort also keine Menschen waren, die dieses CO$_2$ erzeugten, müssen ja andere Quellen für dessen Entstehung verantwortlich sein. Eine Antwort liefert hier die Art und Weise der Entstehung unserer chemischen Elemente, welche letztlich allesamt im Rahmen der Fusionsprozesse eines Sterns oder dessen finalem Kollaps entstanden sind und auch heute noch entstehen. Während also Wasserstoff zu Helium fusioniert, entstehen im nächsten Fusionsschritt bereits Sauerstoff, Stickstoff und Kohlenstoff. Aufgrund dieser Abfolge der fusionsbedingten Entstehung chemischer Elemente kann man also recht sicher behaupten, dass Wasserstoff, Helium, Sauerstoff und Kohlenstoff die am häufigsten im bekannten Universum vorkommenden Elemente sein müssen. Rein zufällig sind dies auch die Elemente, aus denen organische Verbindungen entstehen, nämlich die aus diesem Grund auch so benannten Kohlenwasserstoffe. Wenn also Kohlenstoff und Sauerstoff reichlich vorhanden sind und auch die Bedingungen für chemische Reaktionen der vorhandenen Elemente gegeben sind, so entstehen zwangsläufig auch große Mengen an Kohlendioxid, welches in der Frühgeschichte unseres Planeten mit geschätzten 16 Prozent einst ein Hauptbestandteil unserer Erdatmosphäre war – auch wenn wir uns diesbezüglich nicht mit den Verhältnissen auf der Venus messen können.

Die in unserer heutigen politischen Landschaft alles entscheidende Frage ist, weshalb CO_2 als Treibhausgas bezeichnet wird, denn so gut wie alle Maßnahmen zum Klimaschutz konzentrieren sich auf dieses eine farblose, geruchlose und überdies auch ungiftige Gas. Dazu wäre es wichtig, überhaupt erst einmal zu verstehen, wieviel CO_2 sich denn aktuell noch in unserer Luft befindet – eine Frage, mit der die meisten Grünen-Politiker bereits völlig überfordert sind. Machen Sie sich den Spaß und fragen Sie an Wahlkampfständen nach diesem kleinen, aber so wichtigen Detail. Sie werden bei der Nummer ganz sicher viel Freude haben. Mir wurde von den Vertretern am Infostand der Grünen erklärt, dass sie ja schließlich keine Chemiker wären. Nach meiner persönlichen Überzeugung sollte aber jeder Sympathisant dieser Partei derart banale Fakten kennen, denn die gesellschaftlichen Auswirkungen der Ächtung des Kohlendioxids sind von billionenschwerer Tragweite. Wenden wir uns also den Fakten zu und beginnen mit trockener Luft, welche sich aus den folgenden Volumenanteilen zusammensetzt:

- 78 Prozent   Stickstoff (N_2)
- 21 Prozent   Sauerstoff (O_2)
- 0,93 Prozent Argon
- **0,038 Prozent Kohlenstoffdioxid (CO_2)**
- und weitere Edelgase

Kohlendioxid ist damit ein Spurengas mit einer Konzentration von weniger als 400 ppm (parts per million). Wenn Sie 1000 Häufchen aus Luftmolekülen (ohne CO_2) bilden könnten, und jedes Häufchen bestünde wiederum aus 1000 Partikeln oder Molekülen, dann könnten Sie nur jedem dritten Häufchen auch ein CO_2-Molekül hinzufügen.

Wie um alles in der Welt soll also ein Gas mit einer derart lächerlichen Konzentration der Klimakiller Nummer Eins sein?

Als ersten und wichtigsten Punkt zur Erklärung der Funktionsweise von CO$_2$ als temperaturwirksamen Gas trennen Sie sich bitte für immer von der Vorstellung, dass CO$_2$ oder Methan wie eine seltsam reflektierende Schicht in einer gewissen Höhe unser Atmosphäre angereichert ist und somit die Wärme in den darunterliegenden Luftschichten halten würde. Das ist schlicht und ergreifend völliger Unfug, denn diese Gase sind schwerer als die weiteren Luftbestandteile und aufgrund der Strömungsprozesse in den unteren Luftschichten weitgehend gleichmäßig in unserer Luft verteilt. Ozon ist ein Gegenbeispiel, welches aufgrund seiner Entstehung durch UV-Strahlung eine solche Zwischenschicht in der oberen Atmosphäre ausbildet und damit einfallende hochenergetische UV-Strahlung weitgehend blockiert. Dies liegt aber wirklich nur an der Art und Weise sowie dem Atmosphärenbereich, in welchem Ozon überhaupt entstehen kann.

Wollen wir nun verstehen, wie unser CO$_2$-Molekül hinsichtlich seiner Energie mit unserer Luft interagiert, ist folgender Ablauf eine vereinfachte Form der Erklärung:

- An normalen Tagen mit entsprechender Sonneneinstrahlung absorbiert das Festland der Erde einen Teil der einfallenden hochfrequenten kurzwelligen Sonnenstrahlung.
- Gestein und Böden erwärmen sich und geben dadurch langwellige Infrarotstrahlung ab.
- Diese Strahlung kann im Bereich der Wellenlänge von 150 Mikrometern vom CO$_2$-Molekül absorbiert (aufgenommen) werden.
- Unser CO$_2$-Molekül reagiert wie alle physikalischen Körper und möchte stets in einem Zustand möglichst niedriger Energie verharren – ganz wie unsere Politiker.
- Es beginnt also zu schwingen und stößt so mit anderen benachbarten Luftmolekülen zusammen.
- Im Ergebnis dieser Stoßprozesse bewegen sich auch die Luftmoleküle schneller und nehmen so die Energie vom CO$_2$-Molekül auf.

Dieser ganze Vorgang geschieht jedoch nur im näheren Umkreis dieses einen CO$_2$-Moleküls, welches die in seinem Umfeld befindlichen Luftmoleküle beschleunigen muss, um einen Temperatureffekt zu bewirken.

Dieser Vorgang ist kontinuierlich, solange das CO$_2$-Molekül Energie im 150-Mikrometer-Band geliefert bekommt, das heißt, sobald die Energie an umgebende Luftmoleküle abgegeben worden ist, wird erneut Energie aufgenommen und dann eben wieder abgegeben. Genau dieser Mechanismus ist es, der auch vergleichsweise wenige CO$_2$-Moleküle einen Einfluss auf die Temperatur der Luft nehmen lässt.

Bildlich gesprochen geht es in unserer Luft also zu wie beim Anstoß auf dem Billardtisch, nur dass in der Luft die Kugeln nicht versenkt werden und eventuell auch ein paar mehr sind.

Es steht damit fest, dass CO$_2$ in unserer Luft temperaturwirksam ist, aber es gibt keine belegte Information zur exakten Größenordnung. Mittlerweile wurden Laborversuche durchgeführt, deren Ergebnisse auch vom Weltklimarat veröffentlicht wurden – jedoch nicht in der Zusammenfassung für Entscheidungsträger. Im Klimabericht von 2007 findet sich eine korrigierte sogenannte Klimasensitivität von bis zu 4,5 Grad Celsius, die beschreibt, wie sich die Temperatur der Luft ändert, wenn deren CO$_2$-Anteil verdoppelt wird. Als Basis der Verdoppelung dient die vorindustrielle Situation mit 280 ppm, deren doppelter Wert 560 ppm entspricht.

Dieser zentrale Wert aller Klimamodelle betrug also lange Zeit weit über 3 Grad Celsius Temperaturänderung und wurde nun im Labor mit nur 1,2 Grad Celsius Temperaturänderung ermittelt. Selbst auf Wikipedia ist dieser Wert mittlerweile zu finden, jedoch nicht ohne direkte Relativierung, welche diversen Rückkopplungseffekten zugeschrieben wird. Zu den bisherigen Verlautbarungen des IPCC findet sich dort Folgendes:

Das Intergovernmental Panel on Climate Change (IPCC) gab in seinem 2007 erschienenen Vierten Sachstandsbericht Werte zwischen 2 und 4,5 Grad Celsius als »wahrscheinlich« an. Der beste mittlere Schätzwert liege bei 3 °C, und eine Sensitivität von unter 1,5 Grad Celsius sei »sehr unwahrscheinlich«. Im fünften Sachstandsbericht, der im Jahr 2013 erschien, wurde diese wahrscheinliche Bandbreite auf einen Bereich zwischen 1,5 und 4,5 Grad Celsius geändert. Diese Angabe ist identisch mit der des dritten Sachstandsberichts von 2001.

Wir können also generell feststellen, dass die ausschließlich auf Wärmestrahlung beruhenden Effekte des CO$_2$ deutlich geringer ausfallen als bisher angenommen. Doch Wärmestrahlung ist eben nicht der einzige beteiligte physikalische Prozess. Betrachtet man die Erde aus thermodynamischer Sicht, so kommen für den Energieaustausch mit dem Weltall Konvektion und Wärmeleitung nicht in Frage. Für die Wärmeleitung wäre ein umgebendes wärmeleitendes Medium erforderlich, und Konvektion würde einen Stofftransport ins All bedeuten – beides ist natürlich Blödsinn.

Es ist jedoch so, dass die in Bodennähe stärker erwärmte Luft nach oben steigt und damit die vom CO$_2$ aufgenommene Energie mit sich nimmt. Die Triebkräfte hinter dieser Konvektion sind Dichteunterschiede von warmer und kalter Luft sowie Druckunterschiede, welche besonders von kondensierender feuchter Luft hervorgerufen werden – wir hatten das ja bei den Wärmeaustausch-Mechanismen im Detail erläutert. Dabei wird erwärmte Luft bis in Höhen von bis zu 10.000 Metern transportiert und verliert in der dortigen eisigen Umgebung von um die -40 Grad Celsius schnell jegliche aufgenommene Energie, während kältere Luft in Richtung Boden zurückströmt. Der sichtbare Beweis für diesen Prozess sind die bereits angesprochenen Kumuluswolken am Sommerhimmel.

Es sind genau all diese Prozesse, welche in einem Treibhaus unterbunden werden. Der Energieaustausch des geschlossenen Systems Treibhaus mit seiner Umgebung wird weitgehend vermieden oder aber mindestens begrenzt, indem eine Luftströmung als in diesem Fall effektivster Wärmeaustausch verhindert wird. Deshalb hat ein Treibhaus Glas- oder Folienwände. Konvektion kann nicht stattfinden. Die warme Luft staut sich innen, bis ein Entweichen über Lüftung ermöglicht wird. Dies zeigt auch die Bedeutung der Konvektion, denn Strahlung und Leitung finden beim Treibhaus noch statt, reichen aber bei weitem nicht aus, um die fehlende Konvektion (offene Durchströmung) auszugleichen.

Dass also all diese konvektiven Prozesse in der Atmosphäre stattfinden und wir diese in jeder Sekunde in der freien Natur in Form von Wind und Wolken fühlen, sehen und sogar erfahren können, führt die Behauptung vom Treibhauseffekt ad absurdum, denn auch das CO$_2$ bildet keine Käseglocke um die Erde. Das Gas hat – wie bereits ausgeführt – eine höhere molare Masse als die anderen Luftbestandteile und wird deshalb auch nie eine Art reflektierender Sperrschicht in unserer höheren Atmosphäre bilden, die man mitunter in den zur Verblödung beitragenden Schulbüchern unserer Kinder findet.

Vielmehr scheint es jedoch einige Wissenschaftler zu geben, denen besser eine Käseglocke auf den Kopf zu setzen wäre, um deren Output fachgerecht im Zaum zu halten.

Neben allen bereits diskutierten Zusammenhängen findet man auch oft Darstellungen, auf welchen die Interaktion des CO$_2$-Moleküls darin besteht, die aufgenommene Energie wieder in Form von Strahlung abzugeben und damit eine zusätzliche Erwärmung der Erdoberfläche zu bewirken. Das klingt natürlich alles wahnsinnig wissenschaftlich – aber außer dem Wahnsinn ist da nichts dran, solange am Tage die Erdoberfläche wärmer als die Luft ist.

Benehmen wir uns also für einen Moment wie Physiker und betrachten das Verhalten von zwei Körpern. Während also Körper 1 aufgrund seiner Temperatur Wärme abstrahlt, nimmt Körper 2 diese Strahlung nicht nur auf, sondern strahlt diese auch wieder zurück zu Körper 1, der dadurch noch wärmer wird. Wenn man diesem Treiben kein Ende setzt, wird Körper 1 vermutlich irgendwann vor Energie platzen, die irgendwie aus dem Nichts entstanden ist. Den Verfechtern der Theorie der Rückstrahlung möchte man nahelegen, sich noch einmal das Physikbuch aus der Realschule vorzunehmen, denn bereits dort wird eindrücklich beschrieben, dass ein solcher Vorgang in der Natur nicht möglich ist. Es handelt sich hier also um ein Beispiel des Perpetuum Mobile, welches nach dem Zweiten Hauptsatz der Thermodynamik schlicht und ergreifend nicht existieren kann.

Mal abgesehen von der grundsätzlichen Unmöglichkeit dieser Form der Rückstrahlung ist es auf Basis der relativ geringen Energie der Infrarotstrahlung auch recht unwahrscheinlich, dass CO$_2$ einen angeregten energetischen Zustand einnimmt, welcher dann auch noch zu einem Photon führt. In der Industrie macht man sich diesen Prozess zunutze, indem man CO$_2$-Laser zur Materialbearbeitung einsetzt. Die Anregung des CO$_2$-Lasers erfolgt durch eine über ein elektromagnetisches Strahlungsfeld stimulierte Emission in einem CO$_2$-N$_2$-He-Gasgemisch. Um die Größenordnung der erforderlichen Energie zur Anregung eines CO$_2$-Moleküls fassen zu können, sind die Vorgänge in einem CO$_2$-Laser ein wirklich gutes Beispiel:

Ein CO$_2$-Gaslaser wird in einem sogenannten »Resonator« unter Einsatz von Stromspannungen bis über 15.000 Volt erzeugt (»angeregt«). Dabei wir ein auf einem hohen Energieniveau befindliches CO$_2$-Molekül von einem bereits vorhandenen Lichtpartikel (Photon) zum Übergang auf ein niedrigeres Energieniveau gezwungen und gibt dabei ein Photon ab. Resultat: Das vorhandene Photon bleibt erhalten, das vom erzwungenen Übergang kommt hinzu und beide regen neue Übergänge an. Es entsteht eine Kettenreaktion und der Laser baut sich auf. Aber das findet natürlich nicht in unserer Atmosphäre statt.

Die einzige potenzielle Form einer Rückstrahlung zur Erdoberfläche kann also tatsächlich nur durch Reflexion der Strahlung entstehen, was jedoch ein anderer Prozess als Absorption wäre, welcher ja nach aktuellem Stand der Forschung des Pudels Kern ist. Wir müssen uns also über das CO$_2$ hinaus mit weiteren klimatisch wichtigen Einflüssen auseinandersetzen, um die Kette der Wechselwirkungen verstehen zu können. Fakt ist bis an diesen Punkt, dass CO$_2$ für sich genommen keinen besonders relevanten Einfluss auf die Entwicklung unseres Klimas haben kann.

Darüber hinaus ist der Begriff »Treibhausgas« völlig irreführend und falsch gewählt, da die tatsächlichen Prozesse in unserer Atmosphäre wirklich gar nichts mit einem Treibhaus zu tun haben. Es kann allenfalls von temperaturwirksamen Gasen gesprochen werden. Diese Eigenschaft haben aber alle Luftbestandteile, auch wenn sie nicht direkt an einer Strahlungsabsorption beteiligt sind. Auswirkungen von Stickstoff und Sauerstoff sind beispielsweise der Luftdruck sowie Wärmeleitung und Wechselwirkung mit unseren temperaturwirksamen Gasmolekülen.

Ein Ausflug in die Stratosphäre

Im Verlauf der Erläuterungen zum Thema Strahlung und Energiebilanz ist bereits auf Ozon und dessen wichtige Rolle bei der Filterung hochenergetischer ultravioletter Strahlung hingewiesen worden. Dazu existiert auch folgende Grafik, zu finden auf www.weltderphysik.de:

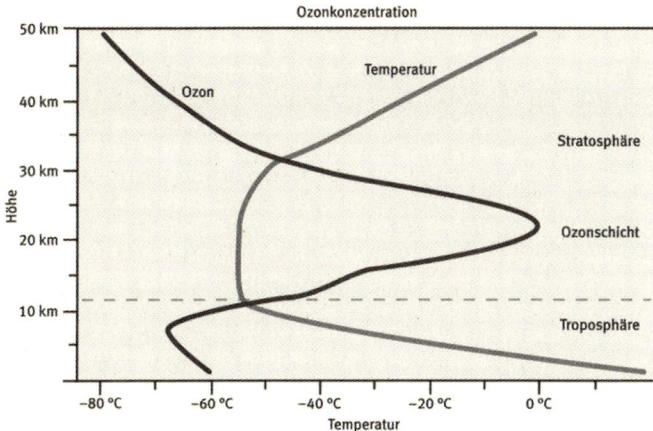

In diesem Kontext ist es nochmals eine Betrachtung wert, was denn eigentlich in unserer Stratosphäre abläuft, denn unsere Klima-Alarmisten könnten ganz berechtigt darauf verweisen, dass eine sehr geringe Ozon-Konzentration von nur 10 bis 15 ppm (parts per million) die ultraviolette Strahlung absorbiert und in Wärme umwandelt, was dazu führt, dass sich die Atmosphäre bis in Höhen von 100 km sogar bis zum Gefrierpunkt erwärmt, während wir in Höhen um die 12.000 Meter nur eine Temperatur von -40 oder -50 Grad Celsius messen. Was muss also dann erst das fürchterliche Kohlendioxid mit seinen 380 ppm anrichten können?

Das Verwirrende dabei ist, dass zwar in der Ozonschicht die Temperatur nicht weiter abfällt, aber oberhalb der Ozonschicht sogar noch deutlich zunimmt. Je weniger Ozon mit zunehmender Höhe vorhanden ist, desto höher ist die Temperatur in diesem Atmosphärenbereich. Das kann also nichts mit der Strahlungsabsorption durch unser Ozon zu tun haben, sondern muss auf andere physikalische Zusammenhänge zurückgeführt werden. Entscheidend ist, dass die einfallende hochenergetische kosmische Strahlung in Höhen über 50 km, zum Teil jedoch auch noch darunter, in Wechselwirkung mit den noch vorhandenen Luftmolekülen tritt und diese ionisiert. Es handelt sich hier vornehmlich um atomaren Sauerstoff, Stickstoff und auch Wasserstoff, deren Atome auf zum Teil über 1000 Grad Celsius erhitzt werden, wobei aufgrund der großen Abstände zwischen den einzelnen Atomen der verbliebenen Atmosphäre nur wenig direkter Energieaustausch stattfindet.

Diese Ionisierung ist der wesentliche Aspekt der Temperaturerhöhung bis in die Thermosphäre, wobei in der Stratosphäre das Ozon durch Aufspalten des Sauerstoffmoleküls O$_2$ immer wieder neu gebildet wird und auch wieder zerfällt:

Die Photolyse eines Sauerstoffmoleküls (O2) bei Wellenlängen unter 240 nm liefert zwei Sauerstoffatome, die sich jeweils an ein weiteres Sauerstoffmolekül binden, sodass zwei Ozonmoleküle entstehen:

$$3 \ O_2 \rightarrow 2 \ O_3 \ \text{(Wellenlänge} < 240 \ \text{nm)}$$
[1 nm ist 1 Nanometer = $1 * 10^{-9}$ Meter]

Ozon absorbiert langwelligeres UV-Licht, bis etwa 300 nm, wobei die Ozonmoleküle je ein Sauerstoffatom abspalten. Dieses Atom findet in den allermeisten Fällen gleich wieder Anschluss an ein Sauerstoffmolekül, sodass die Ozonmenge kaum abnimmt:

$$O_3 + O_2 \rightarrow O_2 + O_3 \ \text{(Wellenlänge} < 300 \ \text{nm)}$$

In einer sauberen Stratosphäre ist der häufigste Verlustprozess die Reaktion eines Sauerstoffatoms mit einem Ozonmolekül. Dabei entstehen zwei gewöhnliche Sauerstoffmoleküle:

$$O + O_3 \rightarrow 2 \ O_2$$

Dies ist der sogenannte Ozon-Sauerstoff-Zyklus, bei dem die Menge von Ozon annähernd konstant bleibt.

Unterhalb der Stratosphäre hat hochenergetische Strahlung kaum noch einen relevanten Einfluss auf die Temperatur der Atmosphäre, oder besser auch Troposphäre als unterste Schicht der Atmosphäre, denn dort diktieren thermodynamische Faktoren wie Druck und Dichte das weitere Temperaturverhalten. Es ist also Rosinenpickerei, wenn man allein der Strahlungsabsorption durch Ozon einen derart heftigen Temperatureffekt zuschreibt, wie dieser in der Stratosphäre zu beobachten ist. Die Hauptkomponente dieses Temperaturverlaufs ist die in dieser Höhe bereits ionisierend wirkende hochenergetische kosmische Strahlung.

Weitere temperaturbestimmende Effekte

Neben den besprochenen sehr begrenzten Effekten des CO$_2$ gibt es weitere Faktoren, die gegen eine galoppierende Erwärmung sprechen. Abgesehen von der absorbierten ausgehenden Infrarotstrahlung absorbiert CO$_2$ natürlich auch von der Sonne kommende Infrarotstrahlung. In welchem Verhältnis diese Effekte stehen, ist nicht belegt. Weit entscheidender für unser Klima ist jedoch Wasserdampf – und nein, das sind nicht unsere Wolken. Während Wolken aus bereits zu Wassertröpfchen kondensiertem Wasserdampf bestehen, ist Wasserdampf unsichtbar und für uns als Luftfeuchtigkeit messbar und spürbar. Im bisherigen Verlauf wurde ja bereits erläutert, welche Bedeutung gerade die Luftfeuchtigkeit für Konvektionsprozesse hat. Weit interessanter ist jedoch, dass Wasserdampf ein wahrer Breitbandblocker für ausgehende Wärmestrahlung ist, und nur ungefähr ein Drittel des infraroten Strahlungsbereichs wird nicht durch Wasserdampf absorbiert. Damit entfallen zwei Drittel des sogenannten Treibhauseffektes auf Wasserdampf, welcher damit die bestimmende Komponente im Wärmehaushalt unseres Planeten ist.

Details zur Strahlungsabsorption, Anhang, Abbildung 4

Wolken und Bewölkung sind in diesem Kontext noch wenig erforscht, obwohl die Effekte von Bewölkung für jeden täglich spürbar sind. Es handelt sich hierbei also um Effekte, die jeder problemlos nachvollziehen kann. In klaren Nächten kühlt es stärker ab als bei vorhandener Bewölkung, und an einem sonnigen Tag werden höhere Temperaturen erreicht als an einem bedeckten Tag – natürlich immer zur relativ identischen Jahreszeit und Gesamtwitterung betrachtet.

Doch lassen Sie uns das Thema Wasserdampf weiter vertiefen, denn genau dieser Bestandteil unserer Atmosphäre ist ein zentraler Bestandteil aller Klimamodelle, seit die Temperatursensitivität des CO_2 mit 1,2 Grad Celsius allein nicht mehr ausreicht, um die in den 90er Jahren skizzierten Schreckensszenarien aufrechterhalten zu können. Die neue zentrale Theorie besagt, dass die durch CO_2 bewirkte Erwärmung um 1,2 Grad Celsius zu einem erhöhten Anteil an Wasserdampf in der Atmosphäre führt, da wärmere Luft eben auch mehr Feuchtigkeit aufnehmen kann. Dieser zusätzliche Wasserdampf führt wegen seines generell hohen Einflusses auf die Absorption ausgehender Infrarotstrahlung zu einer weiteren atmosphärischen Erwärmung und so weiter. Gäbe es in diesem Spiel nicht auch bremsende Faktoren, müsste sich nach dieser Theorie die Erwärmung der Atmosphäre immer weiter aufschaukeln, zumal die Fähigkeit der Luft, Feuchtigkeit aufzunehmen, nicht nur linear, sondern sogar exponentiell mit der Temperatur steigt. Das ist mittlerweile ein zentraler Ansatz aktueller Klimamodellierung und von daher wichtig für jegliche Argumentation.

Denn nun kommt der entscheidende Punkt, der jeden Klima-Alarmisten umgehend verstummen lässt: Aktuelle Forschungen haben nachweisen können, dass die mittlere Luftfeuchte über die letzten dreißig Jahre überhaupt nicht gestiegen ist. Dabei spielt eine wesentliche Rolle, dass größere klimatische Änderungen nicht über Wasserflächen stattfinden, sondern über Land, da nur hier die langwellige IR-Rückstrahlung auf die Luft wirken kann und auch nur hier ein wesentlich intensiverer Wärmeaustausch zwischen Boden und Luft stattfinden kann. Es ist jedoch so, dass viele Landflächen gar keine Feuchtigkeit abgeben können, sondern diese eher aufnehmen – speziell Wüstengebiete weisen dieses Verhalten auf. Wir sehen also, man kommt in diesen Themen immer wieder von einem Punkt auf den nächsten, und es ist beliebig schwierig bis unmöglich, all diese Faktoren in einem stimmigen Berechnungsansatz zu vereinen.

Trotz all dieser Umstände und dem eigenen Hinweis auf eine nicht mögliche Simulation solch komplexer chaotischer Systeme schwören einige Regierungen dieser Welt auf die Sachstandsberichte des IPCC wie seinerzeit auf die heilige Bibel – schwachsinniger geht es einfach nicht mehr!

Doch nehmen wir trotz des aktuell seit 2010 kaum mehr vorhandenen Aufwärtstrends der Temperaturen einmal an, es wäre doch so, dass die atmosphärische Temperatur steigt, so muss diese höhere Temperatur zwangsläufig zu einer verstärkten Verdunstung von Wasser führen, denn nichts anderes wäre eine direkte Folge gestiegener globaler Temperaturen. In dieser Frage kann man hinsichtlich der Physik keine Abstriche machen, denn Luftfeuchtigkeit und Temperatur sind nun einmal eng gekoppelt. Eine höhere Verdunstung landet jedoch weder im All noch in der Klimahölle. Der Effekt muss und wird sich letztlich in einer verstärkten Wolkenbildung niederschlagen, verbunden mit stärkeren Druckunterschieden und resultierenden stärkeren Wetterphänomenen, die wir heutzutage allesamt für das Ergebnis des Klimawandels halten – darauf werde ich noch eingehen. Entscheidend ist jedoch, dass eine stärkere Wolkenbildung zu einer reduzierten Sonneneinstrahlung führt und so jegliche potenzielle Temperaturerhöhung und angenommene Störung des Klimas zu einem erneuten Gleichgewicht führt, welches einen weiteren Temperaturanstieg schlicht verhindert. Dieses Prinzip des automatischen Ausgleichs über sogenannte Gleichgewichte ist weithin bekannt und wird zum Beispiel auch in der Automatisierungstechnik für proportionale Regelungen verwendet.

Sie können ein solches Gleichgewicht mit einem Waschbecken nachvollziehen. Stellen Sie die über den Wasserhahn einfließende Wassermenge so ein, dass das Wasser langsam zu steigen beginnt, weil der Abfluss die einfließende Wassermenge nicht vollständig bewältigen kann. Normalerweise wird sich nun der Wasserstand in einer bestimmten Höhe stabilisieren, einfach weil nun der statische Druck des Wassers im Becken als zusätzliche Kraft wirkt und so mehr Wasser durch den Abfluss gedrückt wird. Kleine Änderungen der einfließenden Wassermenge bewirken nun, dass sich das Gleichgewicht auf unterschiedlichen Höhen einstellt.

Ganz genauso verhält es sich auch mit der Energiebilanz der Erde, nur dass hier kein Wasser, sondern energetische Strahlung zum Zuge kommt, und es gibt auch keinen Füllstand, sondern eine Gleichgewichtstemperatur, bei welcher Einstrahlung und Abstrahlung von Energie identisch sind.

Dieser Zusammenhang wird noch einmal deutlicher, wenn man anhand des »Stefan-Boltzmann-Gesetzes« nachvollzieht, dass die Abstrahlung von der Erde ins All direkt von der Temperatur in der vierten Potenz abhängig ist. Geringe Temperaturveränderungen führen damit zu einer erheblichen Verstärkung des Wärmestroms in Richtung Kosmos.

Der von einem Körper abgestrahlte Wärmestrom Q kann über das Stefan-Boltzmann-Gesetz wie folgt berechnet werden:

$$\dot{Q} = \frac{\partial Q}{\partial t} = \varepsilon \, \sigma \, A \, T^4$$

Wobei folgende Größen in der Gleichung enthalten sind:

Q : Wärmestrom bzw. Strahlungsleistung

ε : Emissionsgrad. Die Werte liegen zwischen 0 (perfekter Spiegel) und 1 (idealer Schwarzer Körper).

$\sigma = 5,67 \cdot 10{-8}$ W/(m 2 K 4) : Stefan-Boltzmann-Konstante

A : Oberfläche des abstrahlenden Körpers

T : Temperatur des abstrahlenden Körpers

Eine These der physikalisch besonders bewanderten Klimahysteriker besteht darin, dass die CO$_2$-Moleküle die aufgenommene Energie in Richtung Erde zurückstrahlen würden. Nach dem Zweiten Hauptsatz der Thermodynamik kann Energie aber immer nur in Richtung des energieärmeren Zustandes übertragen werden. Die CO$_2$-Moleküle nehmen die von der Erde kommende Strahlung auf, aber der umgekehrte Fall ist damit völlig unmöglich, so lange die Oberflächentemperatur des Bodens nicht deutlich sinkt – dies geschieht jedoch in der Nacht. Dabei auftretende Verzögerungseffekte und die unterschiedlichen Wärmespeicherkapazitäten von Erde und Luft sind jedoch so dominant, dass der in den Nachtstunden stattfindende Wärmeaustausch kaum relevant ist, da sich die untere Atmosphäre schneller abkühlt als die Erdoberfläche (Landmasse), sodass die entscheidende Triebkraft jeglichen Wärmetransports – nämlich die Temperaturdifferenz – ebenfalls abgeschwächt wird. Eventuell hilft hier ein Vergleich der Wärmekapazitäten von Luft und Wasser, welches ja immerhin zwei Drittel unserer Erdoberfläche bedeckt.

Wir sind also nicht nur mit den Effekten von Energieeinstrahlung und Abstrahlung konfrontiert, sondern müssen auch weitere Abhängigkeiten wie Tageszeit, Sonnenintensivität, Jahreszeit und Wolkendecke in die Betrachtungen einfließen lassen.

Es ist damit offensichtlich, ohne einen Blick auf historische Daten werfen zu müssen, dass viele Fakten gegen die vermutlich sinnfreien Rechenmodelle des IPCC sprechen und auch vom Normalverbraucher ohne geistige Verdauungsstörungen zur Kenntnis genommen werden können.

Wesentlicher Bestandteil wissenschaftlicher Modelle ist übrigens, dass diese neben der Prognose auch bekannten Szenarien standhalten müssen. Bisher hat kein Klimamodell dazu dienen können, die Entwicklungen bekannter historischer Temperaturverläufe zu simulieren. Ein Klimamodell ist darüber hinaus auch kein Beweis für auch nur irgendetwas.

Vielmehr bleibt die Frage, wie sich das Klima in der belegten Erdgeschichte überhaupt in so weit gefassten Bereichen ändern konnte, ohne dass Menschen CO$_2$ hinzugegeben hätten? Wir reden hier von weltweiten Eiszeiten und weltweiten Warmzeiten, beides jeweils weit entfernt von dem, was wir heute erleben. Während die Pole in einem Zeitraum komplett eisfrei waren, gab es auch eine Zeit, zu welcher die Erde ein perfekter Schneeball war – mit Eis und Schnee bedeckt bis zum Äquator.

Die Vorhersagen des IPCC haben sich nicht bewahrheitet und mussten hinsichtlich der Temperaturen, der Meeresspiegel und der Klimasensitivität von CO$_2$ seit 1990 immer wieder nach unten korrigiert werden. Dabei werden diese Spezialisten nicht müde zu betonen, dass man auch Modellparameter hätte, die den aktuellen Zustand abbilden – eben am unteren Ende eines Toleranzbandes, welches die Unsicherheitsfaktoren der mathematischen Modellierung in einer Art Fehlerfortpflanzung beschreibt. Jahr für Jahr werden also die Hiobsprognosen zum Thema Temperatur kassiert. Sieht man vom relativ starken El Niño 2015 einmal ab, so ist die globale Temperatur seit 2010 nahezu konstant.

Mittlerweile ist klar belegt, dass zum Beispiel der Temperatursturz im 6. Jahrhundert nach Christus durch den Ausbruch eines gewaltigen Vulkans im heutigen El Salvador – dem Ilopango – verursacht worden war. Während sich die Temperaturen bis ins 13. Jahrhundert wieder erholten und selbst in England Wein angebaut werden konnte, schlug mit dem Samalas auf der heutigen Insel Lombok ein weiterer vulkanischer Übeltäter zu. An den Folgen seines Ausbruchs und weiterer kleiner Vulkanausbrüche litten die Temperaturen bis ins 19. Jahrhundert, und diese Zeitspanne ist uns auch als kleine Eiszeit bekannt. Deren Tiefpunkt wurde durch den Ausbruch des Tambora im Jahr 1815 eingeleitet, welches in der Folge auch als »das Jahr ohne Sommer« in die Geschichte einging.

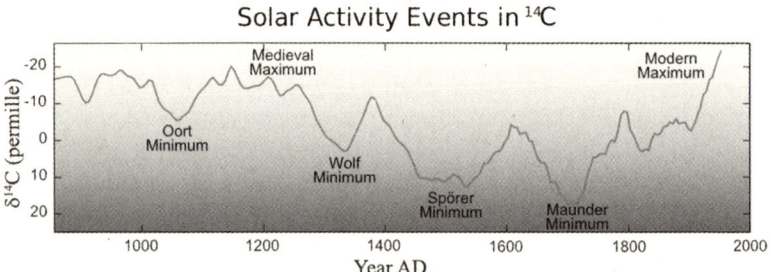

Erst nach einer Phase tektonischer Beruhigung konnten die Temperaturen ab 1850 den tektonisch herbeigeführten Eiskeller verlassen und sich wieder in Richtung einer angenehmeren globalen Erdmitteltemperatur bewegen. Der Zufall wollte es, dass dieser Wendepunkt in unserer tektonisch dominierten jüngeren Klimageschichte mit dem Beginn der Industrialisierung zusammenfiel und so eine scheinbare Korrelation zwischen CO₂-Ausstoß und Temperatur entstand. Dass die Temperaturen einfach nur stiegen, weil die Schwefeldioxidkonzentration in der Stratosphäre nachgelassen hatte und die Sonnenaktivität parallel wieder stieg, will heute keiner der Klima-Alarmisten wahrhaben. In der folgenden Grafik finden wir die Strahlungsintensität der Sonne über die letzten Jahrhunderte dargestellt:

Ausgehend vom sogenannten Maunder-Minimum steigt diese Strahlungsintensität, mit einem deutlichen Einbruch von 1800 bis ca. 1850, und nimmt dann ab ungefähr 1930 einen stark steigenden Verlauf, der natürlich unmöglich etwas mit steigenden Temperaturen zu tun haben kann – oder?

Als Maunder-Minimum wird übrigens eine Periode stark verringerter Sonnenfleckenaktivität in den Jahren zwischen 1645 und 1715 bezeichnet.

Die Reduktion der Betrachtung der Statistiken auf diese kurze Zeitspanne nach der kleinen Eiszeit ist der Trick, mit dem ein scheinbarer Zusammenhang zwischen Temperatur und CO$_2$ hergestellt werden konnte. Dass hier zufällig mehrere Szenarien zur selben Zeit zusammenkamen, wird durch unsere Klima-Alarmisten komplett ausgeblendet.

Auch das Absinken der globalen Temperaturen von 1940 bis ungefähr 1980 kann unmöglich mit CO$_2$ zusammenhängen, denn in dieser Zeit spielte Klimaschutz trotz exponentiellen wirtschaftlichen Wachstumes gleich einmal überhaupt keine Rolle. Schaut man jedoch auf das Diagramm der Sonnenaktivität von eben, könnte dies zu der Erkenntnis führen, dass deren Verlauf nahezu perfekt mit der jüngsten Temperaturentwicklung harmoniert.

Man könnte hinsichtlich globaler Mitteltemperatur und Kohlendioxid genauso gut das Wachstum eines Mammutbaumes mit der zeitgleichen tektonischen Hebung der Sierra Nevada übereinanderlegen und darin eine Korrelation feststellen. Was jedoch fehlt, ist der ursächliche Zusammenhang – und so ist es auch in unseren CO$_2$-getriebenen Klimamodellen. Bereits unlängst beobachtete Temperaturverläufe sprechen gegen einen CO$_2$-bedingten Temperaturverlauf – das sieht selbst ein Blinder bei Nacht, wenn der Mond nicht scheint!

Die tatsächlichen Klimatreiber

Wenn also das CO_2 nur zu einem sehr geringen Teil an der Temperaturentwicklung beteiligt ist, was ist dann die treibende Kraft hinter dem Klimawandel, den einige Protagonisten bereits wegen eines recht trockenen Sommers in Deutschland als über uns hereingebrochen betrachten? Sie werden es sich wohl schon denken können, die Frage ist eben nicht mit einem Satz beantwortet. Indem ich nun selbst versuche, hier etwas Licht ins Dunkel zu bringen, mache ich mich natürlich angreifbar, doch im Wesentlichen stütze ich mich dabei auf den Fleiß und die Vorarbeit von Wissenschaftlern, deren Arbeit ich hier zu einem hoffentlich leicht verständlichen Gesamtbild zusammenfüge.

Die offensichtliche und für die Energie in unserer Atmosphäre wesentliche Einflussgröße ist natürlich die Sonne, denn es handelt sich hierbei um die zentrale und einzige Energiequelle in unserem Sonnensystem. Darüber hinaus spielt unsere Atmosphäre eine bedeutende Rolle, denn ohne deren Hilfe hätten wir mit Temperaturen wie auf dem Mond zu kämpfen (ganz abgesehen davon gäbe es kein Leben auf dieser Welt). Zwei weitere Komponenten sind weniger offensichtlich, haben aber ebenfalls einen wichtigen Einfluss auf unser Klima. Es handelt sich hierbei um den Erdkern und das sogenannte kosmische Wetter. Unser Erdkern kann mit einer geschätzten Temperatur von 6000 Grad Celsius keinesfalls als kalt bezeichnet werden, und sein Einfluss und seine Temperatur sind nach neuesten Erkenntnissen zusätzlich an das kosmische Wetter gekoppelt, welches mit Teilchenströmen und elektromagnetischer Strahlung ebenfalls in Wechselwirkung mit unserem Planeten und seiner Atmosphäre steht. Innerhalb unserer Atmosphäre ist Wasser und Wasserdampf für entscheidende Prozesse des Energieaustausches zuständig, was wir jedoch erst nach einer näheren Betrachtung der Sonne vertiefen wollen.

Sonnenaktivität

Wenn wir also unser Zentralgestirn betrachten, so ist es dieser Himmelskörper, welcher sein Planetensystem mittels Kernfusion in wärmende Ver-
zückung versetzt. Aus unserer menschlichen Sicht kommen dabei nicht alle
Teilnehmer der Show gleichermaßen gut weg. Während die Erde und auch
der Mars noch in einem recht angenehmen Entfernungsbereich liegen, werden Venus und Merkur regelrecht getoastet, während Planeten wie der Saturn oder gar der Uranus kaum noch mit Energie versorgt werden. Übrigens
hätte der Jupiter eventuell auch das Zeug zur Sonne gehabt, aber letztlich
haben dann wohl doch noch einige Tonnen Wasserstoff gefehlt. Auch die
Venus weist eine besonders interessante und bereits angesprochene Eigen-
heit auf, nämlich eine zu 95 Prozent aus CO_2 bestehende Atmosphäre, welche für Oberflächentemperaturen von mehr als 460 Grad Celsius sorgt. Da
eine biogene Quelle für das CO_2 ausgeschlossen werden kann, beweist dies
erneut die auch auf der Erde anfänglich sehr hohe CO_2-Konzentration in
der Atmosphäre, welche ja mittlerweile fast komplett abgebaut worden ist.
Soweit es die Venus betrifft, ist Kohlendioxid ganz klar der bestimmende
Faktor hinsichtlich der Oberflächentemperatur, welche ja deutlich höher als
beim sonnennahen Merkur ausfällt.

Wenn es nach mir ginge und die technischen Möglichkeiten bestünden,
würde ich auf der Venus eine dauerhafte Forschungsstation für das wissenschaftliche Studium des Klimaeffektes von Kohlendioxid einrichten und
alle Verfechter des vom Menschen verursachten Klimawandels dort unter-
bringen – natürlich nur zu Forschungszwecken.

Eine wesentliche Eigenschaft aller Umlaufbahnen der Planeten ist deren Ek-
liptik – es sind also keine Kreisbahnen –, wodurch sich der Abstand der Erde
zur Sonne im Jahresverlauf um zirka 5 Millionen Kilometer ändert. Dabei
bewegt sich unser Planet auf seiner Umlaufbahn mit ungefähr 100.000 km
pro Stunde – das ist schon ordentlich schnell. Darüber hinaus ändern sich
nicht nur die Entfernungen, sondern auch die Sonnenaktivität. Mittlerweile stehen dazu exakte Daten zur Verfügung, die einen kleinen 11-Jahres-Zy-
klus belegen, in welchem sich die Sonnenaktivität immer wieder verstärkt

und abschwächt. Neben diesem 11-jährigen Zyklus scheint es auch noch weit längere Zyklen zu geben, welche nach neuesten Theorien durch die Bewegung unseres Sonnensystems innerhalb der Milchstraße entstehen, da wir immer wieder Teilbereiche mit einer mehr oder minder hohen Partikeldichte durchlaufen. Diese Partikel haben einen abschirmenden Einfluss auf die Sonnenstrahlung und scheinen überdies auch eine entscheidende Rolle für die Wolkenbildung in unserer Atmosphäre zu spielen. Eine noch deutlich weiterführende Theorie ist von Professor Henrik Svensmark aus Dänemark aufgestellt und mittlerweile auch bestätigt worden. Svensmark sagte 2018:

> *Das Klima wird stärker durch Veränderungen der kosmischen Strahlung beeinflusst als durch das Kohlendioxid.*« CO_2 *habe zwar auch eine Wirkung, klar,* »*aber sie ist weit geringer, als die meisten heutigen Klimamodelle vorgeben, und auch geringer als der Einfluss der kosmischen Strahlung*«. *So werde, seiner Einschätzung nach, eine Verdoppelung des Treibhausgases in der Atmosphäre eine Erhöhung der globalen Temperatur um höchstens ein Grad bewirken, und nicht um zwei Grad, wie es heute als* »*Common sense*« *hingestellt wird.*

Zusammengefasst: Phasen starker Sonnenaktivität sind durch das Auftreten vieler Sonnenflecken gekennzeichnet, wohingegen in ruhigen Sonnenzyklen so gut wie keine Sonnenflecken registriert werden können. In diesem Kontext hört man recht oft vom bereits erwähnten Maunder-Minimum, welches den Zeitraum von 1645 bis 1715 als Phase mit besonders wenigen Sonnenflecken und damit entsprechend geringerer Sonnenaktivität charakterisiert. Im Internet findet man dazu folgende Ausführungen:

> *1649 wurden in Fulda 226 Tage Regen oder Schnee registriert gegenüber 180 Tagen im Durchschnitt, gefolgt vom Winter 1649–50, der* »*sechs Monate dauerte*«.

> *In Frankreich verzögerte sich die Traubenernte in den Jahren 1648 bis 1650 in den Oktober hinein und die Brotpreise stiegen auf den höchsten Stand des 17. Jahrhunderts; im Frühjahr 1649 trafen Überflutungen Paris. In den Niederlanden fiel im Frühjahr 1651 so viel Schnee, dass die Bestattung Wilhelms von Oranien verschoben werden musste; die folgende Schneeschmelze sorgte*

für schwere Überflutungen in den Küstenregionen. Dafür sahen Languedoc und Roussillon in diesem Jahr 360 Tage Trockenheit. 1650 zerstörte Trockenheit die katalanische Ernte und trug so zum Elend durch Pest und Krieg bei.

Auf dem Balkan schneite es im Frühling 1654 heftig. Die Kälte war so hart, dass Olivenöl und Wein in den Glasbehältnissen gefroren.

Allerdings kann die geringere Strahlungsintensität nach heutiger Auffassung nicht die einzige Ursache des ungewöhnlichen und lange anhaltenden Temperatureinbruchs gewesen sein, zumal auch Svensmark bestätigt, dass die Schwankungen in der Strahlungsintensität der Sonne einen vergleichsweise geringen Einfluss von gerade einmal bis zu 0,2 Grad Celsius haben. Dieser Kleinen Eiszeit gingen jedoch eine Reihe starker Vulkanausbrüche voraus, die Staub und Asche sowie Gase, unter anderem Schwefeldioxid (SO_2), hoch in die Erdatmosphäre schleuderten.

Der vulkanische Einfluss

Durch Untersuchungen heutiger Vulkaneruptionen sind die in der höheren Atmosphäre, der Stratosphäre, ablaufenden Prozesse bekannt. Dort können vulkanische Feststoffe und Gase für einige Jahre bleiben und sich auf das Klima auswirken. Das Schwefeldioxid wird in einer photochemischen Reaktion zu Schwefelsäure (H_2SO_4) umgewandelt. Die Säure wird in der Stratosphäre zu einer Wolke aus Aerosol, in der Luft schwebenden Tröpfchen, die die Sonnenstrahlung absorbiert und die Insolation (Sonneneinstrahlung auf die Erdoberfläche) verringert. Im Schatten der Aerosolwolke kühlt sich die untere Atmosphäre, die Troposphäre, entsprechend stark ab.

In einer im Jahr 2011 erschienenen Studie wurde mit Hilfe von Klimamodellen die Reaktion des Weltklimas auf eine durch Eisbohrungskerne belegte Serie von Vulkanausbrüchen ab dem Ende des 13. Jahrhunderts nachgestellt. Mit dieser Studie konnte gezeigt werden, dass eine dadurch ausgelöste schnelle und starke Abkühlung durch Rückkopplungsprozesse wie z. B. die Eis-Albedo-Rückkopplung (die Wechselwirkung zwischen

Kryosphäre, schnee- und eisbedeckter Erdoberfläche, und globalem Klima) über viele Jahre fortbesteht, lange nachdem die ursächlichen Aerosole aus der Atmosphäre verschwunden sind.

Zur Untermauerung der hier vorgebrachten Argumente dienen folgende drei Beschreibungen schwerer Vulkanausbrüche des letzten Jahrtausends.

Ausbruch des Samalas auf Lombok/Indonesien 1257:

Der Ausbruch des Samalas ereignete sich zu einem Zeitpunkt, an dem die Mittelalterliche Warmzeit – eine Periode klimatischer Stabilität – zu Ende ging. Vorausgegangene Eruptionen von 1108, 1171 und 1230 hatten bereits zur Destabilisierung dieser Epoche beigetragen. Die Zeitspanne 1250 bis 1300 wird dann von generell erhöhtem Vulkanismus charakterisiert – dokumentiert durch einen Moränenvorstoß auf der Diskoinsel (Grönland), der aber auch durch einen noch vor der Samalas-Eruption einsetzenden Kälteeinbruch zu erklären ist. Insgesamt liegt es durchaus im Bereich des Möglichen, dass all diese vulkanischen Klimaeinträge unter Rückkoppelung mit erhöhter Eisbedeckung die Kleine Eiszeit einleiteten, ohne hierbei auf veränderte Sonneneinstrahlungsparameter zurückgreifen zu müssen.

Ausbruch des Huaynaputina in Peru 1600:

Starke Vulkanausbrüche in den Tropen, die Material bis in die Stratosphäre schleudern, können – besonders in den hohen Breiten der Nordhemisphäre – zu einer Abkühlung führen, die länger als ein Jahrzehnt anhält. Geologische, dendrochronologische und sozio-ökonomische Untersuchungen zeigen, dass der Ausbruch des Huaynaputina auf der ganzen Welt zu einer signifikanten Abkühlung geführt hat. So gilt das Jahr 1601 als eines der kältesten während der Kleinen Eiszeit. Die Sommertemperaturen des Jahrzehnts 1600–1609 waren in Europa wahrscheinlich die niedrigsten der letzten zweitausend Jahre.

In Russland war der Sommer 1601 kalt und verregnet, das Korn verrottete auf den Feldern. Auch die folgenden Ernten waren schlecht. Die leibeigenen Bauern, die einen großen Teil ihrer Ernte für den Export abgeben mussten, waren schon vorher in ihrer Existenz bedroht gewesen. Hinzu kam, dass die Bevölkerung in den Jahren zuvor stark gewachsen war. Die Witterungskapriolen trafen also ein verwundbares Land; Ergebnis war die schwerste Hungersnot in der Geschichte Russlands, die 1601–1603 wütete und zum Sturz des Zaren Boris Godunow und zur Smuta beitrug, einer »Zeit der Wirren« und großer sozialer Unruhe.

Historischen Quellen zufolge traten in Nordchina im Sommer und Herbst 1601 katastrophale Fröste auf, die die Ernte vernichteten und auch dort zu einer Hungersnot führten. In Südchina fiel im Juli Schnee, der Herbst war dort jedoch außergewöhnlich heiß. In Korea und China traten in der Folge Epidemien auf.

Für das Gebiet des Osmanischen Reiches sieht der US-amerikanische Historiker Sam White die kalten Winter, die dort auf den Ausbruch des Huaynaputina folgten, als einen der Faktoren, die zu den Celali-Aufständen der Zeit beitrugen.

Ausbruch des Tambora/Indonesien 1815:
Als das Jahr ohne Sommer wird das vor allem im Nordosten Amerikas und im Westen und Süden Europas ungewöhnlich kalte Jahr 1816 bezeichnet. In den Vereinigten Staaten bekam es den Spitznamen »Eighteen hundred and froze to death«, und auch in Deutschland wurde es als das Elendsjahr »Achtzehnhundertunderfroren« berüchtigt. Als Hauptursache wird heute der Ausbruch des indonesischen Vulkans Tambora im April 1815 angesehen, der von Vulkanologen als deutlich stärker eingestuft wird als der Ausbruch des Vesuvs im Jahr 79 n. Chr. und jener des Krakataus von 1883.

Aerosolablagerungen in grönländischen und antarktischen Bohrkernen deuten allerdings darauf hin, dass der Ausbruch des Tambora nicht alleinige Ursache dafür war, dass das Jahrzehnt von 1810 bis 1820 zum weltweit kältesten der letzten 500 Jahre wurde. Vielmehr wird eine vergleichbar große Vorläufereruption vermutet. Aufgrund von Berichten aus Kolumbien könnte ein solcher Vulkanausbruch Ende des Jahres 1808/Anfang des Jahres

1809 stattgefunden haben. Außerdem nimmt man an, dass die erheblich reduzierte Sonnenaktivität während der ersten Jahrzehnte des 19. Jahrhunderts, das sogenannte Daltonminimum, zur Abkühlung beigetragen hat.

Im Anhang des Buches ist eine zeitlich sortierte Liste der datierten Vulkanausbrüche zu finden, deren Dichte natürlich aufgrund neuzeitlicher Dokumentation ab dem Mittelalter erheblich zunimmt. Unter Berücksichtigung der bekannten Fakten ist der signifikante Einfluss vulkanischer Aktivität auf Witterung, Klima und atmosphärische Zusammensetzung bewiesen und damit ein ganz wesentlicher Faktor in unseren Betrachtungen zum Klima. Die kleinen Eiszeiten sind maßgeblich auf genau diese Ursachen zurückzuführen, wobei gerade Vulkanismus in Verbindung mit Phasen geringer Sonnenaktivität zu globalen Abkühlungen von um die 2 Grad Celsius geführt hatte.

Dieser Zahlenwert ist in jedem Fall sehr interessant, da der Temperaturanstieg nach der letzten kleinen Eiszeit nach aktuellen Darstellungen nur 0,75 Grad Celsius beträgt!

Details zum historischen verlauf der Temperatursiehe Anhang, Abbildung 2.

Wenn also der generell beobachtete Wert des Absinkens der Temperatur während einer maßgeblich vulkanisch verursachten kleinen Eiszeit zwischen 1 und 2 Grad Celsius liegt, und die globale Erwärmung seit der letzten kleinen Eiszeit alarmierende 0,75 Grad Celsius beträgt, dann muss man doch zu der Schlussfolgerung kommen, dass wir uns hier im Jahr 2019 noch immer in dieser Rücksetzbewegung nach der letzten kleinen Eiszeit befinden und ein weiterer Temperaturanstieg unvermeidbar ist.

Wem das noch zu wenig Katastrophe ist, dem sei gesagt, es bahnt sich etwas an – und zwar beinahe vor unserer Haustür. Interessierte Leser werden wissen, dass der Supervulkan im Yellowstone Nationalpark in den USA in eine Phase verstärkter Aktivität eingetreten ist. Aber nur wenige kennen die nordwestlich an der Bucht von Pozolli gelegenen Campi Flegrei, zu Deutsch »die brennenden Felder«. Hierbei handelt es sich um ein Vulkansystem, welches man auf Anhieb gar nicht als solches erkennen würde. Die gesamte Bucht von Pozolli gehört zur ehemals eingestürzten Caldera dieses Vulkans, der es mit seinem möglichen Eruptionsindex von 7 beinahe mit dem Yellowstone aufnehmen könnte – es handelt sich also um einen Supervulkan, gleich in Sichtweite zum Vesuv. In den vergangenen Jahren hat dieses System stetig an Aktivität zugelegt, und aktuell entweichen dort Kohlendioxid und Wasserdampf, beides Anzeichen aufsteigenden Magmas und einer bevorstehenden Eruption.

Ein Ausbruch ist sicher, nur gibt es keine genaue Datierung. Örtliche Behörden haben erst jüngst Evakuierungspläne erarbeitet und die Bevölkerung informiert. In der Folge und wegen der geographischen Nachbarschaft muss sich hierzulande wirklich niemand mehr Gedanken über Kohlendioxid machen, denn das uns bekannte Leben wäre für Jahre beendet. Die Tage würden zu Nacht, Asche und saurer Regen würden die Vegetation vernichten und die hereinbrechende Kälte würde über Jahre andauern. Dieses Szenario wird eintreten, und kein Windrad und kein Solarpanel wird uns dann wirklich helfen können. Nur Kernkraftwerke haben in einem solchen Szenario die Chance, unsere Energieversorgung zu gewährleisten – aber deren Gefahrenpotential war ja nach Fukushima so rasant gestiegen, dass unsere in Physik promovierte Frau Kanzlerin deren Abschaltung und Rückbau beschloss.

Wasser und Wasserdampf

Zu den Hauptstreitpunkten der aktuellen Klimamodelle gehören Wolken. Würde man ihre Entstehung und ihr Verhalten besser verstehen, könnten Forscher das Klima der Zukunft deutlich genauer vorhersagen – so heißt es in einer 2018 erschienenen Verlautbarung der selbsternannten »Klimawissenschaftler«. Für mich bedeutet das erneut das Eingeständnis, dass man ganz wesentliche Bestandteile des Klimas noch gar nicht korrekt erfassen kann. Wasserdampf und Wolken sind die Haupteinflussgröße auf unser Klima in Bodennähe. Der Einfluss von Wasser ist so hoch, dass man im Vergleich dazu gar nicht über CO_2 sprechen müsste. Um das zu wissen, ist es auch nicht erforderlich, Klimawissenschaften zu beherrschen. Es genügt, aus persönlicher Erfahrung die Effekte von Bewölkung und Regen mit einem sonnigen Tag zu vergleichen.

Man bezeichnet diesen wechselseitigen Einfluss als Rückkopplung. Einige klimatische Rückkopplungsmechanismen sind gut verstanden: Meereis zum Beispiel ist weiß und reflektiert Sonnenlicht nahezu vollständig (hohe Albedo). Wenn es schmilzt, bleibt dunkleres Wasser zurück, das deutlich mehr Strahlung absorbiert (geringe Albedo), sich also erwärmt. Die Folge: Mehr reflektierendes Meereis verschwindet, und eine immer größere dunkle Fläche ist der Sonne ausgesetzt, was die Erwärmung weiter beschleunigt. Wie sich diese positive Rückkopplung auf die Temperatur der Atmosphäre auswirkt, darüber sind sich die Modelle weitestgehend einig. Auch mögliche Zusammenhänge zwischen Schmelzwasser und Gletscherfließgeschwindigkeit oder Temperaturzunahme und Methanausgasung sind bekannt, aber aufgrund zu vieler Unwägbarkeiten nicht quantifizierbar – man muss diese Effekte also schätzen. Noch deutlich schwieriger ist es, die Wechselwirkung zwischen Wolken und Klima zu bestimmen. Wissenschaftler haben eine Art Taxonomie der Wolken erstellt und sie geordnet, nach ihrer Höhe über der Erdoberfläche und ihrer Durchlässigkeit für einfallende Strahlung. Niedrige Wolken können recht transparent sein, wie Kumuluswolken (Haufenwolken) an einem sonnigen Tag, oder eher opak, etwa als küstennahe Nebeldecke. Weiter oben in der Atmosphäre reicht das Spektrum ebenfalls von Zirruswolken (Federwolken), die Sonnenstrahlen fast völlig durchlassen, bis hin zu Gewitterwolken, die den Himmel verdunkeln. Die Klassifizierung ist nützlich, weil sie verdeutlicht, wie Wolken die Erde erwärmen oder kühlen. Einige sind Teil des natürlichen Temperatureffekts. Vor allem in der oberen Atmosphäre halten sie recht wirkungsvoll einen Teil der Strahlung zurück, die unser Planet aussendet. Nur so können wir uns hier relativ moderater Temperaturen erfreuen, wenngleich auch Wasserdampf (das sind keine Wolken) einen erheblichen Anteil an der Strahlungsabsorption und damit der Wärme der Atmosphäre hat.

Andere Wolkenformationen bewirken das Gegenteil, indem sie verhindern, dass Sonnenlicht die Erdoberfläche überhaupt erst erreicht. Insbesondere dichte, niedrige Wolken reflektieren einen Großteil der einfallenden Strahlung. In der Summe überwiegt aber der abkühlende Effekt.

Unsere Klimaforscher werden jedoch nicht müde, Modelle zu finden, in welchen die Bewölkung in einer positiven Rückkopplung die Temperaturerhöhung in der Atmosphäre verstärkt. Wie schon mehrfach erklärt, erscheint mir dieses Gedankenmodell völlig absurd, denn die Basis der Luftfeuchtigkeit ist Verdunstung, und genau dieser Prozess entzieht der Atmosphäre die hierfür nötige Energie. Wer etwas anderes behauptet, darf noch einmal im Physikbuch nachschlagen; als Suchbegriff könnte Enthalpie weiterhelfen. Darüber hinaus wissen wir, dass Bewölkung die Sonneneinstrahlung zum Teil reflektiert und so an bewölkten Tagen eben auch weniger Energie zur Erwärmung der unteren Atmosphäre zur Verfügung steht – es ist tagsüber kühler, wohingegen in den Nächten infrarote Strahlung reflektiert und die nächtliche Auskühlung gemindert wird.

Um den Prozess der Reflexion zu verstehen, können wir mit einem einfachen Beispiel beginnen, denn infrarote Strahlung ist auch nichts anderes als Licht – nur eben im nicht sichtbaren Spektrum. Jeder kennt vermutlich die Situation einer nebeligen Nacht im Spätherbst. Man steigt ins Auto und die Sicht ist knapp unter 50 Metern. Nun hofft man, diese Situation mit etwas mehr Licht verbessern zu können und schaltet erwartungsvoll das Fernlicht zu. Doch anders als erhofft sieht man weniger als zuvor und wird von einer weißen Wand geblendet. Was wir hier vor uns haben, ist physikalisch nichts anderes als eine Mischung aus Reflexion, Brechung und Totalreflexion, und wie wir wissen, verstärkt sich dieser Effekt, je dichter der Nebel ist.

Während Wolken und Nebel aus Wasser (also Wassertröpfchen und Eiskristallen) bestehen, ist Wasserdampf eine durchsichtige gasförmige Phase, die sich ganz ähnlich wie unser CO_2 verhält – nur dass die Konzentration vielfach höher ist, und auch das vom Wasserdampf abgedeckte Absorptionsspektrum für Wärmestrahlung ist wesentlich breiter als bei unserem vielgescholtenen Kohlenstoffdioxid.

Doch kommen wir zurück zu unseren Wolken, denn gerade für den kommenden Abschnitt zum kosmischen Einfluss ist es wichtig, die Entstehung von Bewölkung zu verstehen.

Es gehört vermutlich auch kein Physik-Studium zu der Erkenntnis, dass abkühlende feuchte Luft zur Kondensation von Wasser führt. Beträgt die relative Luftfeuchtigkeit mehr als 100 %, dann ist die Luft übersättigt. Dann wechselt der gasförmige Wasserdampf in den flüssigen Zustand. Wasserdampf kondensiert also zu Wasser. Erst dann können sich Wolken bilden; Wolken bestehen nämlich nicht aus Wasserdampf, sondern aus flüssigem Wasser bzw. aus Eis!

Was jedoch eventuell weniger bekannt ist, dürfte die Notwendigkeit sogenannter Kondensationskeime sein. Wolken bilden sich nur, wenn in der Atmosphäre Kondensationskeime vorhanden sind. Kleinste Aerosole sind notwendig, damit aus dem verdunsteten Wasser wieder Wassertröpfchen entstehen. Das können Meersalzpartikel, Wüsten- oder Mineralstaub sein, aber auch Sulfate, Staub oder Rußpartikel – kleinste Teilchen also, die erst durch die industrielle Revolution des Menschen massenhaft in die Atmosphäre gelangten.

Und das hat bis heute gravierende Auswirkungen auf die Erderwärmung: Einerseits lässt die Emission von Treibhausgasen die globale Durchschnittstemperatur steigen. Andererseits hat der Dreck aus Industrie und Verkehr indirekt auch einen Kühleffekt: Wolken reflektieren nämlich etwa 20 Prozent der einfallenden Sonnenstrahlung, weshalb sie auf der Tagseite der Erde für Abkühlung sorgen. Dieselruß, Feinstaub oder Saure-Regen-Sulfate aus den Kraftwerksschloten – mehr solcher Aerosole bewirken mehr Wolken und damit eine verstärkte Reflexion einfallender Sonnenstrahlung. Man könnte also zu dem Schluss kommen, dass Umweltverschmutzung gar nicht so schlimm, sondern im Gegenteil etwas sehr Hilfreiches zur Senkung der Temperaturen ist.

Abgesehen davon stellt sich auch die weitere Frage, warum es denn vor der industriellen Revolution überhaupt Wolken geben konnte, ohne dass also unsere Schmutzpartikel als Kondensationskern dienen konnten? Offensichtlich scheinen diese Kondensationskerne auch aus anderen Quellen zu stammen.

Die Aerosolpartikel, für die der Mensch mit seiner Industrie verantwortlich ist, müssen nicht zwingend zu mehr oder stabileren Wolken führen. Das Ergebnis des CLOUD-Experiments der Gruppe um den britischen Klimaforscher Jasper Kirkby ist: Natürlich vorhandene Kohlenwasserstoffe – »biogen« genannt – hatten in der vorindustriellen Zeit ein ähnlich großes

Kondensationskeim-Potenzial wie später Dieselruß und saurer Regen (Kirkby et al., 2016). Physiker nennen solche biogenen Partikel auch HOMs (Highly Oxygenated Molecules). Für diese Erkenntnis simulierten die Wissenschaftler die vorindustrielle Atmosphäre. Als typische HOMs-Teilchen dienten ihnen Pinene. Diese Kohlenwasserstoffe sind es, die Kiefernwälder nach Kiefer riechen lassen. Auch Ozon kam in der Test-Atmosphäre vor. Schließlich setzten die Forscher ihre Partikel einer ionisierenden Strahlung aus, die der kosmischen Strahlung in der Atmosphärenschicht entspricht, in der sich Wolken bilden. Was dann geschah, war erstaunlich: Die natürlich vorkommenden Pinen-Kohlenwasserstoffe mit der Strukturformel $C_{10}H_{16}$ reagierten mit dem Ozon. Es bildeten sich verschiedene Kohlenwasserstoffverbindungen, die Moleküle wuchsen, bis die Partikel schließlich mit etwa 50 Nanometern so groß wurden, dass sich an ihnen Wassertropfen niederschlagen konnten. Entscheidend waren die Strahlung und die Anwesenheit von Ozon. Die Pinene eigneten sich also perfekt als Kondensationskeime: Immer mehr Wasserdampf kondensierte an ihnen zu Wolkentröpfchen.

Diese bahnbrechende Erkenntnis zeigt, dass die Entstehung von Kondensationskeimen auch direkt vom Vorhandensein kosmischer Strahlung abhängig ist, also dem, was wir im weitesten Sinne auch als kosmisches Wetter bezeichnen können.

Der kosmische Einfluss

Auf dem Kapitel zu Kondensationskeimen aufbauend, erscheint es gar nicht mehr verwunderlich, dass unser Klima mit dem Weltraum zu tun haben soll. In den letzten Jahrzehnten hat die Wissenschaft – wohlgemerkt, jene Wissenschaft, die sich der Forschung und nicht der Propaganda verschrieben hat – inzwischen einiges darüber herausgefunden, wie kosmische Vorgänge unser Klima (und natürlich auch das anderer Himmelskörper unseres Sonnensystems) beeinflussen. Klaus Müller schreibt dazu:

»… dass es in den letzten Jahren nicht nur auf der Erde, sondern im gesamten Sonnensystem zu einer Erwärmung kam. Davon betroffen sind Mars, Jupiter,

Pluto und andere Planeten und Monde. Satellitenmessungen der letzten Jahre, beispielsweise der Raumsonde Odyssee, zeigen eine Erwärmung des ganzen Sonnensystems, nicht nur der Erde. So schmolz bereits ein Teil der Polkappen des Mars weg und Pluto erlebte eine Erwärmung von fast zwei Grad Celsius während der letzten 14 Jahre. Jay Pasachoff, Professor für Astronomie am Williams College, stellt fest, dass zum Beispiel Plutos (…) Erwärmung (…) auf eine Zunahme des Sonnenlichts zurückzuführen ist. In den letzten Jahren kam es nicht nur auf der Erde, sondern im gesamten Sonnensystem zu einer Erwärmung. Davon betroffen sind Mars, Jupiter, Pluto und andere Planeten und Monde.«

Auch wenn diese Erwärmungstendenz nicht nur der Sonnenaktivität geschuldet sein muss und auch andere Faktoren (etwa geänderte Bahnkoordinaten oder der Fakt, dass unser Sonnensystem derzeit eine physikalisch kaum erklärbare ca. 30 Lichtjahre breite hochenergetische Plasmawolke durchdringt) eine Rolle spielen, so ist aber klar, dass ein Treibhauseffekt und CO$_2$ nicht dafür verantwortlich sein können. Somit verweist die Erwärmungstendenz in unserem Sonnensystem darauf, dass die Sonne der zentrale Faktor ist und auch für die Erde CO$_2$ – wenn überhaupt – höchstens eine untergeordnete Rolle spielt. Jene Wissenschaftler, die sich auf die Sonnen- und kosmische Strahlentheorie (SKS) stützen, betrachten vor allem große Zeiträume und nicht wie die Alarmisten nur kurze Klimaperioden. Die SKS geht davon aus, dass kosmische Strahlung das Wetter und im Besonderen die Wolkenbildung beeinflusst. Das ist an sich nicht neu. Jeder Mensch weiß, dass Wolken wesentlich beeinflussen, wie viel Sonnenlicht auf die Erdoberfläche gelangt und dadurch die Temperatur stark mitbestimmen. Mehr Wolken (v.a. in den unteren Atmosphärenschichten, nur dort gibt es Wolken) bewirken Abkühlung und umgekehrt.

Sonnenaktivität ist – wie wir bereits erfahren haben – unter anderem an der Zahl der Sonnenflecken ablesbar, die seit über 400 Jahren beobachtet werden. Die Sonne umhüllt die Erde durch den magnetischen Sonnenwind, die Heliosphäre. Eine aktivere Sonne schirmt die Erde stärker gegen interstellare Strahlung ab, eine inaktivere entsprechend schwächer. Durch mehr

Sonnenwind erreichen weniger Teilchen (z.B. Myonen) die Atmosphäre, und es bilden sich somit auch weniger Kristallisationskeime für Wolken (Wasserdampf, Wassertröpfchen, Eis).

Es handelt sich hier also um eine positive Rückkopplung. Eine aktivere Sonne wärmt nicht nur mehr, sie bewirkt zusätzlich auch noch einen Rückgang der Bewölkung, was die Erwärmungswirkung noch einmal verstärkt. Von dieser Rückkopplung ist beim IPCC jedoch nirgends die Rede. Dagegen wird von einer Rückkopplungswirkung durch CO_2-Wolken fabuliert, die darin bestehen soll, dass mehr Erwärmung durch CO_2 zu mehr Verdunstung und ergo zu mehr Wolken führen soll. Der Wasserdampf der Wolken gilt aber als starker Treibhausfaktor. So soll die CO_2-bedingte Erwärmung um den Faktor 3 zunehmen. Nur diese (behauptete) Rückkopplung führt zu den Erwärmungsraten der aktuellen Klimamodelle. Dumm nur, dass diese Rückkopplung (inkl. der steigenden Niederschläge) gar nicht in der Realität beobachtet wird – davon abgesehen, dass die für jeden Menschen direkt spürbare Kühlwirkung der Wolken glatt ignoriert wird.

Untermauert werden die »SKS Sonnentheorien« von Professor Svensmark zum Beispiel durch Studien des bereits erwähnten Astrophysikers Nir Shaviv und des Geologen Ján Veizer. Sie zeigen darin, dass die Veränderung der Erdtemperatur während der letzten 500 Millionen Jahre mit der Intensität der kosmischen Strahlung, die beim Passieren eines der Spiralarme der Milchstraße auf die Erde trifft, korreliert (veröffentlicht in: Geological Society of America Today 2003, 13:4-10 und in: Geoscience Canada 2005;32:13-30). Es gibt leider kaum Daten über die Bewölkung und deren Schwankungen. Das zeigt auch, dass die Klimamodelle die immer behauptete Genauigkeit und Aussagekraft gar nicht haben können, weil eben grundsätzliche Daten und gesichertes Wissen zu etlichen qualitativen und quantitativen Faktoren (noch) nicht vorhanden sind. Dass die Klimamodelle die Erwartungen bei weitem nicht erfüllt haben und die Realität des Klimas nicht abbilden können, hat zuletzt sogar das IPCC in seinem letzten (großen) Klimabericht AR 5 von 2014 eingeräumt.

Die grundsätzliche Aussage ist noch einmal, dass nicht nur kosmische Strahlung zur chemischen Bildung von Kondensationskeimen führt, sondern dass diese auch direkt aus dem Kosmos in unsere Atmosphäre gelangen, je nach Stärke der Heliosphäre und der relativen aktuellen Position unseres Sonnensystems in unserer Galaxie, der Milchstraße. Bewölkung ist also auch direkt von kosmischen Einflüssen abhängig.

Darüber hinaus bleibt festzuhalten, dass auch der Mensch reichlich Feinstaub erzeugt, welcher ebenfalls kühlend wirkt, da auch dieser Feinstaub zu Kondensationskeimen führt und damit eine Wolkenbildung fördert. Ob man diesen menschlichen Beitrag positiv bewerten soll, darf sicherlich angezweifelt werden.

Alle bisher betrachteten Einflüsse lassen nun den Schluss zu, dass Kohlendioxid vermutlich doch nicht so fürchterlich gefährlich und damit auch kein Giftgas ist.

Ein Plädoyer für CO$_2$

Wenn wir also behaupten, dass CO$_2$ eigentlich nur zu einem geringen Prozentsatz (weniger als 5 Prozent) vom Menschen freigesetzt wird, dann wäre es zumindest sehr interessant zu wissen, wo denn die eigentlichen 95 Prozent entstehen? Hierfür gibt es mehrere unterschiedliche Quellen, denen auch gänzlich verschiedene Mechanismen zur Erzeugung des CO$_2$ zugrunde liegen:

- Sehr viel CO$_2$ entsteht durch Verrottung von Biomasse, denn nicht aus jedem abgestorbenen Baum wird Kohle. Die Bedingungen für eine Verkohlung sind hoher Druck, hohe Temperaturen und kein Sauerstoff. Als der Borkenkäfer unlängst in den riesigen kanadischen Wäldern zugeschlagen hatte, waren die CO$_2$-Emissionsziele Kanadas nicht mehr zu halten. In diese Kategorie fallen natürlich auch alle Vergärungsprozesse. Der allergrößte Teil des von Pflanzen aufgenommenen CO$_2$ wird so direkt wieder dem Kohlenstoffkreislauf zugeführt.

- Ein weiter beträchtlicher Anteil an CO$_2$ entströmt den Ozeanen, da diese mit der seit etwa dem Jahr 1820 fortschreitenden Erwärmung eben auch wärmer geworden sind und so eine geringere CO$_2$-Bindungsfähigkeit aufweisen. Anstatt zu versauern – wie von einigen Absolventen der Baumschule angenommen – geben die Ozeane das CO$_2$ bei Erwärmung einfach an die Atmosphäre ab, genau wie ein warmes Bier, welches nach kurzer Zeit zu einem eher zweifelhaften Genuss verkommt.

- Hinzu kommen vulkanische Aktivitäten, welche auch mit einer ständigen Ausgasung von CO$_2$ verbunden sind. Deshalb ist die Mauna-Loa-Kurve auch so ein akademischer Schenkelklopfer, denn diese Konzentration an einem Ort ständiger vulkanisch beeinflusster CO$_2$-Konzentrationsschwankungen zu messen, zeugt schon von besonderem Sachverstand.

- Besonders die Atmung der Fauna, zu der ich uns Menschen auch zähle, generiert jährlich 120 Milliarden Tonnen CO$_2$, von denen zirka zwei Milliarden Tonnen nur auf den Menschen entfallen. Rechnen Sie ruhig selbst nach:

o 7 Milliarden Menschen

o 8 Liter Atmungsvolumen pro Minute

o Aus 21 Prozent Sauerstoff in der Atemluft werden 17 Prozent Sauerstoff und 4 Prozent CO_2

o 1 Liter CO_2 wiegt 1,96 Gramm

o Aber nicht vergessen, solange wir uns nicht von Erdöl und Braunkohle ernähren, sind wir natürlich CO_2-neutral

- Schließlich haben wir noch ständig brennende, zum Teil unterirdische Kohleflöze. Vor allem Indien, China, Indonesien, Südafrika und die USA sind betroffen. Dort haben sich Tausende Kohleflöze entzündet, sie reichen weit unter die Erde. Weltweit werden so jährlich bis zu 600 Millionen Tonnen Kohle unbrauchbar. Bei einer weltweiten Förderung von jährlich 950 Millionen Tonnen Braunkohle kann man daher hochrechnen, dass diese Brände einen entsprechenden Anteil an den natürlichen CO_2-Emissionen generieren.

Es lässt sich also tatsächlich sauber argumentieren, dass die vom Menschen (nicht durch Atmung) verursachten CO_2-Emissionen unter fünf Prozent der gesamten weltweiten CO_2-Erzeugung liegen, man redet zum Teil auch von nur drei Prozent. Ein unlängst im Focus erschienener Artikel behandelte auch dieses Themengebiet, in welchem selbst Klima-Papst Stefan Rahmstorf diese drei Prozent einräumte.

Das ist recht wichtig, weil unsere Klimaschützer tatsächlich glauben, dass die Ölindustrie hinter diesem Argument stecken würde. Es gibt auch in dieser Branche tätige Klimaskeptiker mit Promotionen in Geowissenschaften, die von unseren zum größten Teil bildungsfernen Grünen rundweg abgelehnt werden, weil sie solche Spezialisten für befangen halten. Nur gut, dass kaum ein Grüner einen relevanten Abschluss vorzuweisen hat und unsere Ministerin für Bildung und Forschung kaum je eine höhere Bildungseinrichtung von innen gesehen hat. Es ist mir ein Rätsel, wieso sich ein schlaues Volk, wie es die Deutschen schon immer waren, von derartiger Inkompetenz leiten lassen kann.

Aber ich schweife ab, denn sehr viel wichtiger ist die Erkenntnis, dass vor allem die Ozeane in der Fachsprache eine CO_2-Senke sind. Dort wird mehr CO_2 aufgenommen, als letztlich über eine temperaturabhängige Bindungsfähigkeit wieder abgegeben wird, einfach weil gerade in den Ozeanen unzählige Milliarden von Schalentieren Kalziumkarbonat in ihren Schalen anreichern, welches später zu Sedimentgestein wird. Dieser Prozess geht vergleichsweise langsam vonstatten, während durch Verbrennung fossiler Energieträger sehr viel schneller CO_2 an die Atmosphäre abgegeben wird. Aus diesem Grund hat es die Menschheit definitiv geschafft, den Anteil an CO_2 in der Luft wieder steigen zu lassen. Doch abgesehen von dieser Ausnahme ist CO_2 eigentlich im Verschwinden begriffen, und hier kommen wir zu einer zweiten Falschaussage unserer Klimaexperten, nämlich dass CO_2 eine weitgehend konstante Konzentration in unserer Atmosphäre hätte.

»Die CO_2-Konzentration in der Atmosphäre war jahrtausendelang praktisch konstant und steigt erst an, seit wir dem System riesige Mengen an zusätzlichem Kohlenstoff aus fossilen Lagerstätten zuführen«, erklärt Stefan Rahmstorf vom Potsdam-Institut für Klimafolgenforschung. Diese vom Menschen verursachten Emissionen machen zwar tatsächlich etwa die oben genannten drei Prozent aus – dabei handelt es sich aber um Milliarden Tonnen Kohlendioxid, die dem eigentlich stabilen Kohlenstoffkreislauf netto hinzugefügt werden.«

Dem kann man folgen, wenn man nur die letzten zirka 20.000 Jahre betrachtet. Spannt man den Bogen jedoch deutlich weiter, so erkennt man über die vergangenen Jahrmillionen einen asymptotisch gegen Null gehenden Verlauf der CO_2-Konzentration, dessen Endkonsequenz auch das Ende des uns bekannten irdischen Lebens wäre – gäbe es da nicht den Eingriff des Menschen. Es ist also fachlich falsch, von einem bisher geschlossen Kohlendioxid-Kreislauf zu sprechen.

CO_2 ist, wie schon mehrfach erwähnt, das für unser Leben auf diesem Planeten wichtigste Spurengas, auf dessen Basis über die Photosynthese in den Pflanzen Zellulose und Zucker gebildet werden. Überdies entsteht bei diesem Prozess auch noch der für die Atmung aller Menschen und Tiere wichtige Sauerstoff als Nebenprodukt. Würde man die drei wichtigsten

Komponenten des Lebens auf diesem Planeten aufzählen müssen, so wären dies Licht, flüssiges Wasser und CO$_2$.

Im Jahr 2016 erschien folgender Artikel in der »Wirtschaftswoche« (Auszug):

… Fast auf der ganzen Welt hat die Biomasse zwischen 1982 und 2015 zugenommen, teilweise um mehr als 50 Prozent. Schuld an dieser erfreulichen Entwicklung, die auch die Nahrungsmittelproduktion umfasst, ist im Wesentlichen das ungeliebte Klimagas Kohlendioxid (CO$_2$). Das ist das Ergebnis einer internationalen Forschungsarbeit unter Leitung der amerikanischen Weltraumbehörde NASA.

Das Team bestand aus 32 Forschern aus neun Ländern, darunter Deutschland, die USA und China. Sie werteten zahlreiche Bilder unterschiedlicher Satelliten aus, aus denen sie auf Änderungen der Chlorophyllmengen schließen konnten. Diese wiederum sind ein Maß für die Menge an Pflanzen in den einzelnen Regionen. …

Es ist ein kaum lösbares Rätsel, wieviel Ignoranz und Böswilligkeit es braucht, um diesen simplen Zusammen vollständig auszublenden und sogar ins komplette Gegenteil zu verkehren, indem CO$_2$ geradezu als Giftgas gebrandmarkt wird. Den beteiligten Aktivisten fehlt es an jeglichem Basiswissen, andernfalls würden sie dem Thema mit deutlich mehr Objektivität begegnen. Aber diese Lücke hoffen wir ja hier zu schließen.

Klimathesen und Glaubenssätze im Faktencheck

Vermutlich sehen sich viele unserer Klimaaktivisten von den Argumenten des Weltklimarates in ihrem Handeln bestätigt, was ich nun zum Anlass nehme, um wesentliche Thesen unserer Klimaretter und auch die wahren Erfinder des Klimawandels genauer zu beleuchten.

Vor allem Wetterextreme gehören zu den heute von den Leitmedien ausgeschlachteten Themen, über welche der vom Menschen verursachte voranschreitende Klimawandel beschworen wird – aber was ist da wirklich dran? Ist ein trockener Sommer bereits ein Indiz für den Klimawandel, oder gibt es objektive Daten, die uns den tatsächlich vom Klimawandel herbeigeführten Schaden quantifizieren lassen?

Bleiben wir also bei extremen Wetterlagen, wobei speziell die Hurrikane Ike und Katrina ins Feld geführt wurden. Derartige Wetterlagen haben sich über die letzten Jahre eher abgeschwächt. Dies lässt sich anhand der gut belegten Schadensfälle unserer allseits beliebten Versicherer nachvollziehen, die in den letzten Jahren immer weniger Geld auf den Tisch packen mussten. Hinzu kommt, dass der stärkste beobachtete Hurrikan vor über 100 Jahren stattfand und die texanische Stadt Galveston ausradierte – mit der vierfachen Stärke der hier prominent benannten Stürme Ike und Katrina. Es ist recht unwahrscheinlich, dass man diesen Sturm aus dem Jahr 1900 dem menschengemachten Klimawandel zuschreiben kann.

Gern werden hierzulande auch Horrorszenarien entwickelt, sobald mal ein Sommer recht warm und trocken war. Eine neue Analyse von Baumringdaten aus den letzten 1000 Jahren zeigt, dass sehr trockene Sommer wie 2018 schon vor Jahrhunderten immer wieder auftraten. Insbesondere sei die mittelalterliche Warmperiode zwischen den Jahren 950 und 1250 deutlich trockener gewesen, als bisherige Rekonstruktionen nahelegten – und vor allem auch trockener als das 21. Jahrhundert.

Ein genauer Blick auf solcherlei Fakten ist lohnenswert, zumal befürchtet werden kann, dass jegliche in diese Richtung weisenden Daten von einer gewissen Schwindsucht betroffen sind, soweit es unser Internet und Quellen wie Wikipedia betrifft, denn hier kontrollieren unsere Klima-Alarmisten bereits vollständig die aus ihrer Sicht einzige Wahrheit.

Wenn wir also wichtige Klimathesen faktisch betrachten wollen, kommen wir an der grundsätzlichen Frage nach den Erfindern des vom Menschen verursachten Klimawandels nicht vorbei, denn das ist die Wurzel des politischen Ungemachs, dem wir uns heute leider ausgesetzt sehen.

CO$_2$-Katastrophe – eine britische Erfindung

Zu den Hintergründen der Erfindung des vom Menschen verursachten Klimawandels wird man nach kurzer Recherche fündig, denn die Wahl von Margaret Thatcher zur britischen Regierungschefin im Jahre 1979 liefert hierzu eine überaus interessante Story. Zu dieser Zeit hatte England ein Problem mit den mächtigen Gewerkschaften des Kohlebergbaus, welcher damals eine wesentliche Grundlage der Energieversorgung auf dem britischen Inselreich war. Die Gewerkschaften hatten es im Rahmen von Streikmaßnahmen geschafft, die Stromversorgung Großbritanniens mehrfach zum Erliegen zu bringen. Auf der anderen Seite hatte sich England zu einer Nuklearmacht entwickelt, wofür dringend kernwaffenfähiges Material, beispielsweise Plutonium, benötigt wurde.

Plutonium wächst aber nun mal nicht auf Bäumen und ist auch sonst nicht als Erz oder was auch immer abzubauen, einfach weil es aufgrund seines natürlichen radioaktiven Zerfalls und der damit verbundenen Halbwertzeit von ungefähr 24.000 Jahren gar nicht natürlich vorkommen kann. Daher lässt sich Plutonium nur als Spaltprodukt in Kernreaktoren gewinnen, die auch genau auf dieses Nebenprodukt ausgelegt sind. Ohne diesen Fakt könnten wir heute übrigens weit bessere moderne Siedesalzreaktoren betreiben, welche kaum noch radioaktiven Müll erzeugen, aber eben auch keine Grundstoffe für Kernwaffen bereitstellen.

Basierend auf den bereits existierenden Thesen zum möglichen klimatischen Effekt von CO_2 wurde also eine politische Kampagne gegen die Kohleindustrie und für Kernenergie auf den Weg gebracht, welche auf der vorgeblichen Klimaschädlichkeit der Verbrennung von Kohle aufgebaut war. Das Schreckgespenst der globalen Erwärmung war geboren und ermöglichte so Stück für Stück die Schließung britischer Kohlegruben und die Umstellung der Energieversorgung auf Kernkraft. Von den globalen Auswirkungen dieses Vorgehens wagte seinerzeit noch niemand zu träumen.

In den USA betrachtete man die britischen wissenschaftlich dubiosen Aktivitäten und begann, diese näher zu untersuchen, zumal ja die USA als Land mit dem höchsten Energieverbrauch und der stärksten Industrie hart von einer eventuell internationalen CO_2-Besteuerung getroffen worden wären. Genau diese Art von Überlegungen brachte damals den politischen Zug ins Rollen.

In der folgenden Grafik finden wir noch einmal die damals analysierten Interessengruppen und Effekte, welche diese Vorgehensweise so erfolgreich werden ließen:

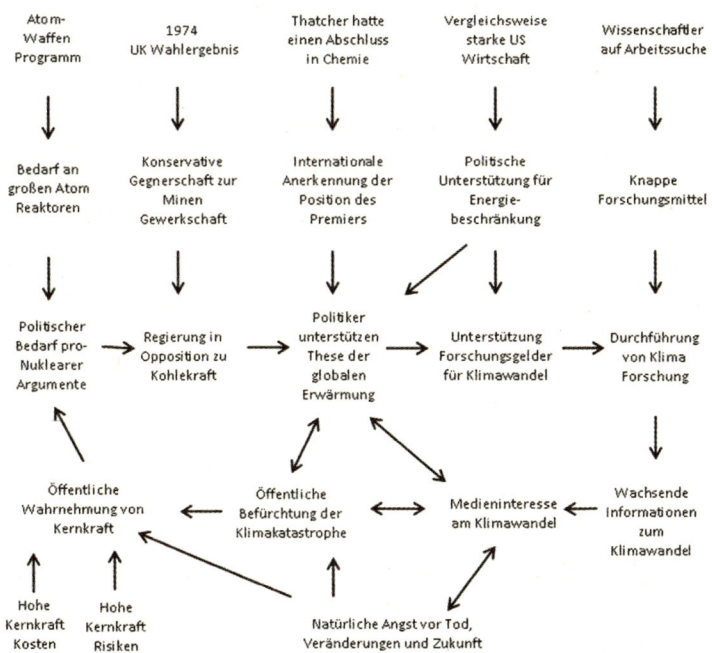

Dieses national sehr erfolgreiche Konzept wurde letztlich auch mit der Hilfe Deutschlands zur Basis aller Entscheidungen, die auch zur Gründung des Weltklimarates IPCC führten. Eine ausführlichere Beschreibung dieser Vorgänge ist aufgrund des Umfangs im Anhang verfügbar. Es bleibt jedoch der unumstößliche Fakt, dass eine politische Kampagne der britischen Regierung der Grund ist, weshalb wir heute daran glauben, dass CO$_2$ unseren baldigen Untergang herbeiführen würde. So falsch liegen wir damit auch nicht, denn unsere Energienetze werden in wenigen Jahren ruiniert sein, wenn wir dem verrückten Treiben an dieser Front keinen Einhalt gebieten.

Das Märchen von den 97 Prozent Konsens

Einer der zentralen Glaubenssätze (Hauptargumente) der Klimakirche ist immer wieder der wissenschaftliche Konsens, in dessen Kontext stets darauf verwiesen wird, dass sage und schreibe 97 Prozent der Wissenschaftler hinter der These des anthropogenen Klimawandels stehen. Eigentlich könnte man damit den Welt-Klima-Rat abschaffen, denn diese Aussage wird als ultimativer Beweis zitiert, dass man sich in dieser Schuldfrage ja nicht irren könne, und dass schon gar nicht irgendein dahergelaufener unwissender Mensch diese Thesen des Olymps der Wissenschaften in Frage stellen könne. Wir erinnern uns, die Zielsetzung des IPCC bestand darin, den vom Menschen verursachten Klimawandel zu beweisen.

Trauen die jetzt ihren eigenen 97 Prozent nicht mehr über den Weg, oder warum sonst muss nun doch noch weiter am Thema gearbeitet werden?

Also erstens ist in der Wissenschaft ein Konsens nichts – aber auch gar nichts – wert. Ein Konsens ist kein Beweis, sondern schlicht und ergreifend eine wie auch immer gebildete Meinung. Den wissenschaftlichen Beweis eines vom Menschen verursachten Klimawandels kann das IPCC bis heute nicht erbringen.

Zweitens existiert eine Reihe von Gegenthesen, welche auch hier im Buch vertreten sind und für deren Stimmigkeit zumindest mehr Beweise vorliegen als für den anthropogenen Klimawandel. Jeder einzelne Zweifel müsste bei wissenschaftlicher Vorgehensweise analysiert und auch widerlegt werden.

Und drittens wird im Kontext des 97-Prozent-Konsenses nie erläutert, wie dieser Zahlenwert eigentlich entstanden ist. Solch breite Zustimmung bei einem derart komplexen Thema darf durchaus Anlass zum Zweifel geben, und so lässt sich folgender Hergang zur Ermittlung dieses schon fast unglaublich breiten Konsenses belegen:

Das Expertentum suchte und fand eine alternative Zahl, die man verbreiten konnte: »97 Prozent der Klimawissenschaftler der Welt« akzeptieren den Konsens, wie in Artikeln der Washington Post, des Guardian in UK, CNN und anderen Nachrichtenbüros behauptet, zusammen mit zwei Millionen Beiträgen in der Blogosphäre.

Diese Zahl wird die Experten und die Presse, die sie verwendet hat, erneut in Verlegenheit bringen. Die Zahl stammt aus dem Jahr 2008 von der Studentin Maggie Kendall Zimmerman an der University of Illinois aus ihrer Masterarbeit unter ihrem Doktorvater Peter Doran, einem Professor der Erd- und Umweltwissenschaften. Die beiden Forscher gewannen ihre Resultate aus einer Umfrage unter 10.257 Geowissenschaftlern. Das Ergebnis der Umfrage muss die Forscher zutiefst enttäuscht haben – am Ende beschlossen sie, die Ansichten einer Untergruppe von lediglich 77 Wissenschaftlern in den Mittelpunkt zu stellen, von denen 75 der Ansicht waren, dass die Menschen einen Beitrag zur Klimaänderung leisten. Das Verhältnis 75/77 erzeugt die Zahl 97 %, die die Experten jetzt proklamieren.

Die beiden Forscher begannen zunächst damit, Tausende Wissenschaftler auszusortieren, die glaubten, dass sehr wahrscheinlich die Sonne oder Planetenbewegungen etwas mit dem Erdklima zu tun haben könnten – und schon waren die Solar- und die Weltraumwissenschaftler, die Kosmologen, Physiker, Astronomen und Meteorologen draußen. Übrig geblieben waren die 10.257 Wissenschaftler in Disziplinen wie Geologie, Geographie, Ozeanographie, Ingenieure, Paläontologie und Geochemie, die irgendwie besser geeignet schienen, Teil des Konsenses zu sein. Die beiden Forscher beschlossen auch, dass die wissenschaftliche Laufbahn ebenfalls kein Faktor bei der Befragung sein sollte – die Befragten wurden ausgewählt nach ihrem Arbeitsplatz (eine akademische oder regierungsamtliche Institution). Auch die akademische Qualifikation war kein Faktor – etwa 1000 der Befragten hatten keinen PhD, einige nicht einmal ein Master-Diplom.

Um die verbliebenen Wissenschaftler dieser Disziplinen zu einer regen Teilnahme zu ermutigen, erdachten sich die beiden eine Schnellumfrage, die zu beantworten weniger als zwei Minuten dauern würde. Außerdem sollte sie online erfolgen, um den Antwortenden die Mühe zu ersparen, eine Antwort auf dem Postweg zu schicken. Nichtsdestotrotz hielten es die meisten nicht der Mühe wert, diese Schnellumfrage zu beantworten – lediglich 3146 oder 30,7 Prozent beantworteten die beiden Schlüsselfragen der Umfrage:

1 Verglichen mit dem Niveau vor dem Jahr 1800, glauben Sie, dass die mittlere globale Temperatur seitdem gestiegen, gefallen oder relativ konstant geblieben ist?

2 Glauben Sie, dass menschliche Aktivitäten signifikant zur Änderung der mittleren globalen Temperatur beigetragen haben?

Die Fragen, die man den Geowissenschaftlern vorgelegt hatte, waren tatsächlich Nicht-Fragen. Während meiner Gespräche mit buchstäblich Hunderten von skeptischen Wissenschaftlern während der letzten Jahre habe ich keinen einzigen getroffen, der behauptet hat, dass sich der Planet seit dem 18. Jahrhundert nicht erwärmt hat, und fast keinen, der glaubt, dass der Mensch nicht in irgendeiner Weise zur jüngsten Erwärmung beigetragen hat – unabhängig von Kohlendioxidemissionen bezweifelt kaum jemand, dass der Städtebau oder das Roden von Wäldern für die Landwirtschaft Einfluss auf das Klima haben. Erfragt man eine Zahl, werden die Skeptiker sagen, dass die Menschen für 10 bis 15 Prozent der Erwärmung verantwortlich sind; einige Skeptiker geben bis 35 Prozent an. Das Einzige, was die Skeptiker ablehnen, ist, dass die Menschen eine dominierende Rolle bei der Erderwärmung spielen.

Überraschenderweise glauben nur 90 Prozent der Wissenschaftler bei der Antwort auf Frage 1, dass die Temperatur gestiegen ist – ich hätte eine Zähl näher an 100 Prozent erwartet, da sich die Erde vor dem Jahr 1800 in der Kleinen Eiszeit befunden hatte. Aber vielleicht haben einige Wissenschaftler die Frage so interpretiert, dass die letzten 1000 Jahre gemeint waren, als sich die Erde in der mittelalterlichen Warmphase befunden hatte, von der man allgemein annimmt, dass es damals wärmer war als heute.

Auf die zweite Frage antworteten 82 Prozent der Geowissenschaftler, dass die menschlichen Aktivitäten signifikant zur Erwärmung beigetragen hätten.

Hier spielt jedoch die unscharfe Formulierung der Frage eine Rolle. Da Skeptiker glauben, dass menschliche Aktivitäten ein beitragender Faktor waren, geht es darum, ob sie 10 Prozent oder 15 Prozent oder 35 Prozent als signifikant ansehen. Einige ja, andere nein.

Wie auch immer, die beiden Forscher müssen befürchtet haben, dass eine Zahl von 82 Prozent keinen überzeugenden Konsens darstellen würde – fast einer von fünf Wissenschaftlern macht nicht die Menschen für die globale Erwärmung verantwortlich – sodass sie nach einer Methode suchten, die eine höhere Prozentzahl ergeben würde. Sie fanden sie – fast –, indem sie alle Wissenschaftler ausschlossen, deren jüngste veröffentlichte begutachtete Forschungsergebnisse sich nicht mit dem Gebiet Klimaänderung befassten. Dadurch reduzierte sich die Zahl der verbleibenden Wissenschaftler von 3000 auf unter 300. Aber die Prozentzahl erreichte immer noch nicht die Vorstellung der beiden Forscher, weil auch nach dieser Methode noch Disziplinen wie Meteorologie enthalten waren, und Doran nahm an, dass diese zum Thema schlecht informiert seien. »Die meisten Menschen in der Öffentlichkeit glauben, dass Meteorologen über das Klima Bescheid wissen, aber die meisten von ihnen studieren tatsächlich nur sehr kurzfristige Phänomene«, erklärte er in seiner Rechtfertigung, die Meteorologen auszuschließen. Also beschlossen die Forscher, nur die Antworten von Geowissenschaftlern zu berücksichtigen, die nicht nur hauptsächlich zum Thema Klima etwas veröffentlicht hatten, sondern die sich selbst auch als Klimawissenschaftler bezeichnen.

»Sie sind diejenigen, die die Klimawissenschaft studieren und dazu [Resultate] veröffentlichen«, erklärte Doran. »Also denke ich, dass die Botschaft lautet: Je mehr man auf dem Gebiet der Klimawissenschaft weiß, umso größer ist die Wahrscheinlichkeit, dass man an die globale Erwärmung und an den Beitrag der Menschheit dazu glaubt.«

Nachdem man all diese netten kleinen Anpassungen vorgenommen hatte, verblieben 77 Wissenschaftler mit unbekannter Qualifikation, von denen 75 die Orthodoxie der globalen Erwärmung befürworteten.

So entstand das Märchen vom 97-prozentigen Konsens zum anthropogenen Klimawandel, und wie wir im Kapitel zu den Klimaskeptikern noch im Detail erfahren werden, ist die Zahl der Gegner dieser These alles andere als gering, und deren Qualifikation ist weit weniger zweifelhaft als die unserer 97 Prozent was auch immer Wissenschaftler!

Nehmen wir jedoch für ein paar Sekunden an, dass alle 10.000 Wissenschaftler (und nicht nur jene 75 aus der Masterarbeit) den menschengemachten Klimawandel vollständig bestätigt hätten – also 100 Prozent. Was machen wir denn dann mit den über 30.000 Unterzeichnern der Oregon-Petition, welche allesamt mit Klimawissenschaften befasst sind und diese wundervolle These ablehnen? Nach meiner Rechnung kämen die ja mindestens on top, also eine Grundgesamtheit von 40.000 Meinungen mit nun nur noch 25 Prozent Zuspruch zur These des anthropogenen Klimawandels.

Ein weiteres Beispiel zur Erzeugung von medial inszeniertem Konsens betrifft den 2. Sachstandsbericht des IPCC, der als Grundlage für das 1997 verabschiedete Kyoto-Protokoll dienen sollte:

IPCC liefert in unregelmäßigen Abständen seine Weltklimaberichte. Diese setzen sich wiederum aus statistischen Unterlagen zusammensetzen, die von vier internationalen Instituten geliefert werden und mit fabrizierten Temperaturskalen und Zubehör gefüttert sind: Dem GISS (James Hansen), dem CRU (Teil der Universität Ostengland unter Phil Jones) und dem ESSC (Michael E. Mann), Director Earth System Science Center der University of Pennsylvania, sowie einem Wachhund der UNEP und des IPCC für Deutschland, dem in Kassel errichteten Klimainstitut (Center for Environmental Systems Research University of Kassel), mit seinem Chef Prof. Joseph Alcamo. Langjähriger Mitarbeiter bei UNEP und IPCC, bester Freund von Maurice Strong und Al Gore. Da der letzte (1997) fertige und unterzeichnete Weltklimabericht vom IPCC eine Reihe von Hinweisen darauf enthielt, dass Passagen, die ausdrücklich einen vom Menschen verursachten Klimawandel verneint hätten, wurden diese Kapitel von Ben Santer entfernt.

Der somit im Sinne der Klimahierarchie des IPCC und der Länder gefälschte Weltklimabericht ging damit als letzter Zustandsbericht des IPCC den Delegationen der Industrienationen, anlässlich der Weltklimakonferenz in Kyoto im Dez. 1997, zu. Da dieser Bericht gefälscht und somit

keine Unterschriften hatte, ordnete Alcamo aus Kassel per E-Mail an seine Abgeordneten in Kyoto das Folgende an:
»The media is going to say »1000 scientists signed« or »150 signed«. No one is going to check if it is 600 with PhDs versus 2000 without. They will mention the prominent ones, but that is a different story. Conclusion – Forget the screening, forget asking them about their last publication (most will ignore you.) Get those names!«
Übersetzung: »Die Medien werden sagen »1000 Wissenschaftler haben unterschrieben« oder »150 haben unterschrieben«. Niemand wird prüfen, ob es 600 promovierte Wissenschaftler waren, oder ob es 2000 ohne eine solche Qualifikation waren. Sie werden die prominenten Vertreter benennen, aber das ist eine andere Geschichte. Schlussfolgerung – vergiss die Überprüfung, vergiss die Frage nach der letzten Veröffentlichung. Beschaffe die Unterschriften.
So wurden die Unterschriften von hunderten von Menschen erbeten und verwendet, die gerade erreichbar waren. Tellerwäscher aus den Nachbarlokalen, Schuhputzer von nebenan etc. Publiziert wurde dies natürlich nicht; genau wie das Desaster mit den Entdeckungen der Fälschungen für den Hockeystick, die Dokumentierung des Inhaltes von über 1.000 E-Mails des CRU, voll von Klimadatenfälschungen. Überall, wo man bei der Kombination von Klima und CO_2 hinfasst, Lüge und Betrug.

Und so geht es weiter, denn auch beim 4. Sachstandsbericht des IPCC konnte von Konsens keine Rede sein – und dabei reden wir hier direkt über die 2.500 vom IPCC engagierten Personen, die diesen Bericht verfasst haben sollen. Am behaupteten Konsens von der Einwirkung des menschengemachten Kohlendioxids auf das Klima unter den Wissenschaftlern haben nur neun Autoren (im Kapitel 9 »Attribution« der Working Group 1) diese These aufgestellt, und nur fünf Gutachter (die potenziell auch noch persönliche Interessen daran hatten) stimmten ihr explizit zu.

Dreht sich Ihnen bei dieser Faktenlage nicht auch der Magen um? Ich könnte jedenfalls während des Schreibens dieses Buches im Minutentakt irgendetwas kaputtschlagen.

Übrigens ist es so, dass nach den massiven Aufstockungen der Budgets für Klimaforschung – wir reden hier gegenüber den frühen 90er Jahren über weit mehr als Faktor 10 – ganz natürlich gut 90 Prozent der in diesem Forschungsbereich tätigen Wissenschaftler direkt von dieser Förderung abhängig sind. Insofern würde mich heute ein solcher Konsens schon beinahe nicht mehr überraschen. Trotzdem sind seither knapp 500 Studien entstanden, welche die Überbewertung der menschlichen Rolle beim Klimawandel näher untersuchen.

Es ist in jedem Fall höchst peinlich, wenn hier eines der zentralen und obendrein auch noch unwissenschaftlichen Argumente vollständig pulverisiert wird.

Meeresspiegel steigt kaum

Wann waren Sie zuletzt an einer unserer heimischen Küsten unterwegs? Haben Sie sich da nicht auch gefragt, wieso nach 30 Jahren Klimawandel alles noch genauso aussieht wie in ihren Jugenderinnerungen? Eventuell habe ich ja ein Problem mit meiner Wahrnehmung oder meiner Erinnerung, aber veränderte Küstenlinien und höhere Pegelstände konnte ich beim besten Willen nicht ausmachen, und das hat auch nichts damit zu tun, dass an der Ostsee eventuell andere Gesetzte für den Pegelanstieg gelten würden. Die Physik der verbundenen Gefäße sorgt automatisch dafür, dass ein Pegelanstieg weitgehend in gleichem Maße an allen Küsten auftritt, wenn es denn einen gäbe. Die Formulierung »weitgehend« schränkt den Pegelausgleich ein, weil es in der Tat Faktoren wie Gezeiten, unterschiedliche Fliehkräfte und selbst Luftdruckunterschiede gibt, welche zu Differenzen in den über Satellitentechnik gemessenen Meereshöhen führen.

Wie also soll sich das ein normal denkender Mensch erklären, dass in der Ostsee kein augenscheinlicher Pegelanstieg zu verzeichnen ist, während im pazifischen Ozean ganze Inselatolle vom Ozean überspült werden und deren Bevölkerung in die Flucht getrieben wird?

Doch beginnen wir am Anfang, nämlich mit den ersten Katastrophenvorhersagen zum Anstieg der Meeresspiegel in den 80er Jahren des letzten

Jahrhunderts. Im August 1986 erschien der Spiegel mit dem Titel »Ozon-Loch, Pol-Schmelze, Treibhaus-Effekt: Forscher warnen, DIE KLIMAKA-TASTROPHE«. Auf dem Titelbild versank der Kölner Dom im Wasser. Im Artikel heißt es da:

Wissenschaftler hatten beizeiten gewarnt, Umweltschützer unermüdlich demonstriert. Schließlich hatten sogar die Politiker den Ernst der Lage erkannt – zu spät: Das Desaster, der weltweite Klima-GAU, war nicht mehr aufzuhalten. Jetzt, im Sommer 2040, ragen die Wolkenkratzer New Yorks weit vor der Küste wie Riffs aus der See. Überflutet, vom Meer verschluckt, sind längst auch Hamburg und Hongkong, London, Kairo, Kopenhagen und Rom.

Eigentlich hätte man auch seinerzeit bereits wissen können, dass selbst beim Abschmelzen allen Eises der Welt ein solches Szenario nicht eintreten kann, da in Summe nicht mehr als 65 Meter Meeresanstieg erreicht werden können. Abgesehen davon würde dieser Prozess Jahrhunderte benötigen, selbst wenn die globalen Erdmitteltemperaturen um weitere 2 Grad Celsius steigen würden. Während also damals Hamburg bis 2040 verschwunden wäre, ringt uns dieser Alarmismus heute allenfalls ein müdes Lächeln ab. Heute wissen wir, Ozon bildet sich in der oberen Atmosphäre ständig neu, einen Treibhaus-Effekt gibt es nicht und die Polkappen werden schmelzen, jedoch nicht heute oder morgen – denn Zyklen mit vereisten und eisfreien Polen gab es in der Erdgeschichte mehrfach, und eine Eiszeit ist eben genau durch vereiste Polkappen gekennzeichnet. So gesehen befinden wir uns auch heute noch in einer Eiszeit.

Für unsere Klimawissenschaftler ist der weitgehend ausgefallene Anstieg der Meeresspiegel ein Desaster, denn so gewinnt man weder Reputation noch weitere Forschungsgelder.

So musste nun ein verbessertes Szenario her, in welchem sich der Anstieg der Meeresspiegel durch sogenannte Kippeffekte immer weiter beschleunigen würde. Der Trick ist dabei einfach: Man konstruiert Situationen, in welchen kleine Ursachen eine große Wirkung entfalten, ähnlich wie in Trickfilmen, in denen ein rollender Ball einen ganzen Wohnblock zum Einsturz bringt. Wir werden einige dieser Szenarien näher betrachten, doch bislang sind die Effekte nicht messbar, im Gegenteil: Satelliten-Daten belegen einen nahezu exakt linearen Anstieg der Meeresspiegel von 3 mm pro Jahr über die letzten 30 Jahre, und während die medial etablierte Klimawissenschaft von einer Beschleunigung spricht, ist seit 2015 gar eine Stagnation zu beobachten.

Was hat es nun mit diesem vergleichsweise geringen Anstieg des Meeresspiegels auf sich? Im ersten Moment wird jeder zustimmen, dass eine Zunahme des Meeresspiegels ausschließlich auf abschmelzendes Land-Eis zurückzuführen sein müsse. Allerdings gibt es da noch eine zweite Komponente, nämlich die Volumenänderung des Wassers infolge einer Temperaturveränderung. Zur Illustration des Effekts kann man sich an der Dichtetabelle des Wassers orientieren, deren für unsere Betrachtungen relevanter Temperaturbereich hier kurz aufgeführt ist:

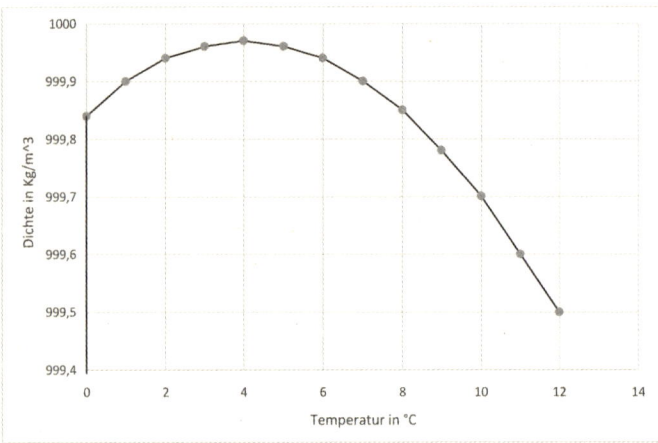

Bei 4 Grad Celsius haben wir die sogenannte Dichteanomalie des Wassers, darüber nimmt die Dichte immer stärker ab, beginnend mit einem Hundertstel, dann zwei Hundertstel, vier Hundertstel und so weiter. Unsere Ozeane enthalten ungefähr 1332 Milliarden Kubikkilometer Wasser – das sind auch etwa 1332 Trillionen Tonnen – mit einer Fläche von ungefähr 360.570.000 Quadratkilometern. Wie würden sich also zwei Hundertstel Grad Celsius Erwärmung des Wassers bei gegebenem Volumen und gegebener Fläche auf dessen Pegel auswirken? Das verblüffende Ergebnis liegt

bei 73 Metern – was natürlich ein ganz neues Argument für unsere Klima-Alarmisten wäre und tatsächlich mittlerweile auch ist. Allerdings ist es so, dass sich Temperaturänderungen in den Ozeanen nur sehr oberflächennah ausbilden und in tieferen Schichten eine ungefähre Temperatur von 3 Grad Celsius vorliegt, deren Erhöhung gar noch in Richtung der Dichteanomalie des Wassers stattfinden würde. Fakt ist jedoch, dass die oberflächliche Temperaturerhöhung einen Beitrag zum Pegelanstieg liefert, auch wenn hier nur mit weiterer Forschung eine genauere Bestimmung der 3 mm pro Jahr möglich wäre. In den letzten beiden Jahren – so zeigen es die Messwerte – haben sich die Ozeane aber nicht erwärmt, sondern sogar abgekühlt! Aber so etwas kann in der Welt des IPCC natürlich nicht wirklich stattfinden, und letztlich muss man die vorliegenden Daten nur richtig bewerten, dann werden die düsteren Prognosen unserer Klimawissenschaftler schon irgendwie bestätigt werden. Hierzu fand ich übrigens folgendes Zitat:

Durch heftiges Foltern von Daten gestehen diese heute alles, was man von ihnen verlangt. Ein besonders übles Beispiel dafür ist das Quälen von Meeresspiegeldaten durch das Team von Steve Nerem. Kurz zusammen gefasst lautet das Rezept »mach die Vergangenheit flacher, dann wirkt die Gegenwart steiler«.

Es bleibt klar festzuhalten, dass der aktuelle Pegelanstieg bei deutlich unter 3 mm pro Jahr stagniert und nur zum Teil auf abschmelzendes Land-Eis zurückzuführen ist. Dieser Wert lässt sich für unsere Breiten sogar noch weit exakter bestimmen, denn im 18. Jahrhundert fand ein Stockholmer Architekt heraus, dass sich das Land zu heben schien. Er war sich jedoch nicht sicher, ob sich nun das Land hob oder der Meeresspiegel sank, und so verschaffte er sich mittels heute noch im Granit vorhandener Markierungen eine genaue Sicht auf dieses heute als »postglaziale Landhebung« bekannte Phänomen. Der Hintergrund hierzu ist, dass die Eismassen der Eiszeit das skandinavische Festland nach unten gedrückt hatten und dieses nun langsam, aber sicher wieder in seine ursprüngliche Position zurückkehrt. Seit 1706 beträgt diese Differenz etwas mehr als fünf Meter! Basierend auf diesen heute noch verfügbaren Markierungen konnte auch das Steigen des Meeresspiegels exakt bestimmt werden, und es sind in unseren Breiten 1,1 mm pro Jahr – nur noch etwas mehr als ein Drittel des Wertes, welcher dem IPCC ohnehin schon ein Dorn im Auge ist. Darüber hinaus ist es so, dass auch Norddeutschland und die Niederlande auf dieser sich hebenden tektonischen Platte liegen, aber südlich der Kipplinie der Platte, welche etwa auf der Höhe Dänemarks liegt. Damit steigt also nicht die See um Amsterdam, sondern Amsterdam sinkt ganz einfach ab – und das hat absolut null und nichts mit einem Klimawandel zu tun.

Aber in unseren Tagen wird jedes nur entfernt nach Klimawandel riechende Thema unmittelbar aufgegriffen, medial inszeniert oder wie im Fall Amsterdam für rechtliche Schritte gegen die amtierende Regierung missbraucht. Unsere Klima-Alarmisten benehmen sich schlimmer als eine Horde brunftiger Neandertaler.

Unsere noch immer von Harald Lesch beeindruckte Community fragt sich nun ganz entrüstet, wieso also kann es sein, dass trotz dieser Ergebnisse pazifische Inselparadiese vom Wasser überspült und unbewohnbar werden? Diese Geschichte hat eigentlich zwei Ursachen, die beide aber auch gar nichts mit einem Klimawandel gemein haben. Der erste und wesentliche Punkt besteht darin, dass sich diese Atolle auf einer tektonischen Platte befinden, welche im Absinken begriffen ist. Es ist also nicht der Meeresspiegel, der steigt, sondern die tektonische Platte, welche sinkt. Diesen Umstand haben sich Klimaaktivisten zunutze gemacht, um der lokalen Bevölkerung die Story des von den Industrienationen verschuldeten Klimawandels zu verkaufen. So wurden diese Menschen instrumentalisiert, um als Klimaflüchtlinge mit Tränen in den Augen öffentlichkeitswirksam den Klimawandel an den Mann zu bringen. Entgegen der medial in Szene gesetzten Untergangsszenarien existiert eine wissenschaftliche Studie von Virginie K.E. Duvat von der Universität La Rochelle, welche klar belegt, dass viele der Pazifikinseln überhaupt nicht schrumpfen, sondern gar an Landmasse zunehmen. Davon hört man in unseren Medien nichts, und keine Reportage würde es heute wagen, einmal in die Welt gesetzte Katastrophenszenarien einfach wieder abzusagen. Eine Analyse der Pegeldaten für den Inselstaat Kiribati deckte auf, dass es dort zu keinem Zeitpunkt einen nennenswerten Pegelanstieg gab und Presse sowie Klimaaktivisten stets zur jährlichen Flut auf die Insel eingeladen wurden, sodass medial auch stets die gewünschten Bilder geliefert werden konnten. Nach dem Abzug der Medienvertreter klopfte man sich gegenseitig auf die Schultern, wie cool man die Langnasen mal wieder vorgeführt hat. Neben der Tektonik finden wir also auch die geschickte politische Nutzung der Gegebenheiten durch die eingeborene Bevölkerung als vergleichsweise unerwartete Komponente in diesem Spiel. Und es gibt eine weitere Einflussgröße, welche bisher noch keine Erwähnung finden konnte. Es handelt sich dabei um die Fliehkraft, welche im äquatorialen Gebiet einfach größer ist als in unseren Breiten, und deshalb ist es auch durchaus möglich, dort einen Anstieg der Meeresspiegel um bis zu 3 mm pro Jahr festzustellen. In den vergangenen 30 Jahren betrug der Anstieg der Pegel damit nicht mehr als fünf bis zehn Zentimeter, und jegliche von Überflutung bedrohten Gebiete haben entweder ein Problem mit der Plattentektonik oder wurden schlicht und ergreifend auf nicht tragfähigem Untergrund errichtet.

Der Meerespegel wird also von zahlreichen Faktoren beeinflusst, und das Abschmelzen von Gletschern dürfte in der jüngeren Vergangenheit so gut wie gar keinen Einfluss gehabt haben.

Im Zusammenhang mit den Ozeanen wird auch gern das bisher unbewiesene Argument einer durch Kohlendioxid hervorgerufenen Übersäuerung der Meere ins Feld geführt. Aus dem Chemieunterricht wird man noch wissen, dass Nichtmetalloxid plus Wasser eine Säure ergibt, in unserem Fall natürlich die in Getränken beliebte Kohlensäure. Wenn jedoch Wasser in Folge der Erwärmung CO_2 ausgast, dann kann dieses Szenario ja eigentlich nur bei konstanter oder sinkender Temperatur eine Rolle spielen. Nachdem wir also diverse Aspekte steigender Meeresspiegel beleuchtet haben, würde eine weitere Vertiefung der tatsächlichen Gegebenheiten in den Eismassen unseres Planeten helfen, das bereits entstandene Bild weiter zu schärfen.

Gletscher und Meereis

Bevor wir uns mit den im Klimakontext bisher bemühten Inhalten befassen, sollten wir Klarheit über die Entstehung von Gletschern gewinnen, denn so gewinnen wir auch eine Sicht auf deren künftiges Potential zu schrumpfen oder zu wachsen.

Gletscher entstehen schlicht und einfach aus Schnee, welcher sich in entsprechend kalten geografischen Lagen Schicht um Schicht bildet und so über die Masse einen Druck aufbaut, welcher den Schnee ab einer gewissen Tiefe zu Eis werden lässt. Die größten Gletscher finden sich naturgemäß in der Antarktis, gefolgt von Grönland, dessen Gletscher aber im Vergleich mit der Antarktis nur ein Zehntel der Menge an Eis ausmachen. Darüber hinaus bilden sich Gletscher in Hochgebirgen oberhalb der Schneegrenze, wie zum Beispiel im Himalaja oder derzeit eben auch noch in den Alpen. Gletscher unterliegen einer ständigen Dynamik und verhalten sich wie ein langsam fließender gefrorener Fluss. Grundsätzlich ist ein Gletscher aus zwei Teilen aufgebaut: dem Nährgebiet und dem Zehrgebiet. Diese werden durch klimatische Verhältnisse und die geografische Lage des Gletschers bestimmt. Ein Gletscher wächst, wenn vom Nährgebiet mehr Schnee nachfließt, als im Zehrgebiet schmilzt. Ist der Fall umgekehrt, zieht sich der Gletscher zurück. Die Ausdehnung des Gletschereises bestimmt das Gleichgewicht zwischen dem Nähr- und Zehrgebiet des Gletschers. Das Nährgebiet muss 60 Prozent des Gletschers ausmachen, sonst kommt es zur Gletscherabtragung.

In den Jahren von 1985 bis 2009 war nun infolge eines leichten Anstiegs der globalen Mitteltemperaturen eine Gletscherabtragung zu beobachten, welche weltweit dazu führte, dass Gletscher immer mehr des vorher vom Eis bedeckten Landes wieder freigaben. Dabei wurde in Grönland auch eine aus dem Mittelalter stammende Siedlung der Wikinger freigelegt, welche beweist, dass die Gletscher zum damaligen Zeitpunkt noch deutlich kürzer gewesen sein müssen, als dies heute der Fall ist. Dabei handelt es sich um jene mittelalterliche Warmzeit, die vom Weltklimarat in dessen Daten einfach geglättet worden war, um den heutigen dramatischen Anstieg der Temperaturen als einzigartiges Geschehen verkaufen zu können.

Was jedoch nun seit dem Jahr 2009 geschieht, treibt unsere Klima-Alarmisten in den regelrechten Wahnsinn, denn zu deren Entsetzen haben viele Gletscher wieder an Volumen zugelegt – und sie wachsen weiter:

NASA Jet Propulsion Laboratory:

Aus einer neuen NASA-Studie geht hervor, dass eine der am schnellsten schrumpfenden Schnee- und Eismassen der Welt jetzt wieder zunimmt.

Die Wissenschaftler waren so schockiert von dieser Änderung, dass sie sagten: »Zunächst wollten wir es gar nicht glauben. Wir waren einfach davon ausgegangen, dass der Jakobshavn-Gletscher so weitermachen würde wie während der letzten 20 Jahre.«

Eigentlich wäre zu erwarten gewesen, dass diese erfreuliche Botschaft von den Klimahysterikern ordentlich zelebriert wird. Schließlich haben sie so lange und so leidenschaftlich gegen die Klimaerwärmung gekämpft und dafür Abermilliarden an Steuergeldern verbraucht. Anstelle von Begeisterung finden wir bei unseren Klimaspezialisten jedoch nur Besorgnis und Befürchtungen. Innerlich bangen sie wohl um ihre Arbeitsplätze, doch nach außen befürchten sie, dass sich der Trend bald wieder umkehren könnte. Josh Willis, ein Meeresforscher am Jet Propulsion Laboratory der NASA und der leitende Wissenschaftler der OMG, begründet die Befürchtungen wie folgt: »The thinking was once glaciers start retreating, nothing's stopping them, but we've found that that's not true.« (dt. »Ursprünglich dachten wir, dass Gletscher, deren Rückzug begonnen hat, nicht mehr aufgehalten werden können, doch wir haben herausgefunden, dass das nicht wahr ist.) »Andere arktische Gletscher könnten ein ähnliches Wachstum aufweisen. Dies deutet darauf hin, dass das Auf und Ab der Gletscher in einer sich erwärmenden Welt komplizierter und schwieriger vorhersagbar ist als bisher angenommen,« ergänzte Willis.

Ja sicher, wir alle hoffen mit euch, dass sich die Situation wieder dreht und einmal aufgestellte Modelle und Vorhersagen wieder im rechten Licht strahlen können.

Auch der im US-Bundesstaat Montana gelegene »Glacier National Park« hatte in der Vergangenheit diverse Informationsmöglichkeiten zum Klimawandel und zum Verschwinden der Gletscher eingerichtet – unter anderem ein 3D-Modell der Gebirgszüge, an welchem man das Verschwinden der Gletscher bis zum Jahr 2020 simulieren konnte. Nun – im Jahr 2019 – zeigt sich, dass die Gletscher im kommenden Jahr eben nicht geschmolzen sein werden, sondern seit 2010 sogar wieder um 25 Prozent gewachsen sind. Daraufhin wurden außerhalb der Saison klammheimlich alle auf das Abschmelzen der Gletscher ausgerichteten Informationen entfernt, und heute findet man dort nichts mehr vor, was auf die Klimahysterie der vergangenen Jahre hinweisen würde. Auch die Medien sahen sich nicht veranlasst, über diesen doch eigentlich so positiven Ausgang dieser Geschichte zu berichten – vermutlich deshalb, weil positive Berichterstattung keine Quote bringt. Hingegen fand man die Story über das Abschmelzen dieser Gletscher in allen großen Zeitungen des Landes.

Aber lassen wir doch einfach die in den vergangenen Jahren dieses Jahrhunderts von anerkannten Experten ausgesprochenen Thesen für sich sprechen, denn nichts hilft diesen armen Menschen mehr, als sich mit Hilfe der Realität vielleicht doch neu zu justieren:

Die Alarmisten der globalen Erwärmung sind mittlerweile sehr still geworden bezüglich des Themas Klimawandel angesichts der Tatsache, dass die globalen Temperaturen gesunken sind und sich das arktische und grönländische Eis erholt haben.

Darüber sehr verlegen, wollen sie nicht an all die absurden Prophezeiungen erinnert werden, die sie so inbrünstig vor zehn Jahren ausgestoßen haben. Einige dieser Prophezeiungen sind nicht einmal älter als fünf Jahre.

»Die Welt« 2007: »Eisfrei« bis 2013

Beispielsweise hat die Online-Ausgabe der Tageszeitung »Die Welt« im Jahre 2007 gemeldet, dass »ein Team internationaler Klimawissenschaftler und Forscher bei der NASA behauptet hatten, dass die Arktis bereits im Sommer 2013 eisfrei sein werde. »Der Welt« zufolge stellte der »Klimaexperte« Wieslaw Maslowski von der NASA diese Behauptung bei einem Treffen der American Geophysical Union auf.

Al Gore warnte in den Jahren 2007, 2008 und 2009

Etwa zur gleichen Zeit predigte der Klima-Kreuzzügler Al Gore einen unmittelbar bevorstehenden arktischen »Tag des Jüngsten Gerichts« [doomsday]. Der New American schrieb dazu:

In den Jahren 2007, 2008 und 2009 warnte Gore öffentlich und sehr hysterisch davor, dass der Nordpol um das Jahr 2013 ,eisfrei' sein werde infolge der vermeintlichen ,vom Menschen verursachten globalen Erwärmung'. Unter Verweis auf ,Klima-Experten' hat die vom Steuerzahler finanzierte BBC die Massenhysterie ungeheuer aufgebauscht, und zwar in Gestalt eines heute blamablen Artikels mit der Schlagzeile ,Arctic summers ice-free by 2013'. Andere etablierte Medien stießen in das gleiche Horn.

Sereeze bei CNN Fake News: »50-50-Chance« einer eisfreien Arktis

Nicht nur fanatische Aktivisten oder hysterisch durchgedrehte NASA-Wissenschaftler sahen Visionen eines Endes der Arktis, sondern auch ein führender Wissenschaftler am National Snow and Ice Data Center (NSIDC). Mark Sereeze verkündete im Juni 2008 bei CNN, dass es eine Wahrscheinlichkeit 50 zu 50 einer eisfreien Arktis zum Ende des Sommers gebe. Nun, zumindest sollte man anerkennen, dass Sereeze eine gewisse Unsicherheit einräumt.

Hansen: Arktis spätestens 2018 eisfrei

Vor nicht allzu langer Zeit hat Tony Heller bei Real Science berichtet, dass James Hansen am 23. Juni 2008 gesagt hat: »Wir werden geröstet werden, wenn wir nicht einen gänzlich anderen Weg einschlagen«, und dass Hansen und seine Mit-Wissenschaftler einen »Kipp-Punkt« direkt vor ihren Augen entstehen sehen, und dass die Arktis genauso dahinschmolz, wie sie es vorhergesehen hatten. Hansen fügte noch hinzu, dass die Arktis in fünf bis zehn Jahren eisfrei sein werde. Nichts dergleichen ist jemals eingetreten.

»Der Spiegel«: Segelboote in einer eisfreien Arktis im Jahre 2008

Am 27. Juni 2008 verwies ,Der Spiegel' auf Wissenschaftler, als er berichtete, dass die Arktis »mit brutaler Geschwindigkeit abschmilzt«. Das Wochenmagazin zitierte auch den Forscher Olav Orheim vom Norwegian

Research Council: »Bereits im vorigen Oktober prophezeite ich, dass die Arktis in diesem Sommer eisfrei werden könnte« und dass »im August oder September Menschen in Segelbooten dort kreuzen werden«.

Seth Borenstein: Planet hat »einen ominösen Kipp-Punkt durchlaufen«

Am 12. Dezember 2007 berichtete Seth Borenstein von AP im *National Geographic*, dass der Planet Wissenschaftlern zufolge einen »ominösen Kipp-Punkt durchlaufen habe« und dass die Arktis »schrie«, als ob sie in ihren Todeswehen liegen würde.

Jay Zwally, NASA: Nahezu eisfrei am Ende des Sommers 2012

Der NASA-Klimawissenschaftler Jay Zwally wurde ebenfalls im National Geographic erwähnt, und zwar mit seinen Worten: »Nach der Begutachtung seiner eigenen neuen Daten sage ich, dass die Arktis mit dieser Rate zum Ende des Sommers 2012 nahezu eisfrei sein könnte, also viel schneller, als nach Prophezeiungen zuvor«.

John Kerry: Eisfrei bereits 2013, nicht erst 2050

Am 16. Oktober 2009 nannte Senator John Kerry bei der Huffington Post den Klimawandel »eine Bedrohung der nationalen Sicherheit«. Weiter schrieb er:

Er ist bereits über uns gekommen, und seine Auswirkungen sind weltweit zu spüren, jetzt und hier. Wissenschaftler projizieren, dass die Arktis bereits im Sommer 2013 eisfrei sein wird. Nicht erst 2050, sondern schon in vier Jahren.

Sierra Club Kanada 2013: »Eisfrei in diesem Jahr«

Der Sierra Club Kanada meldete im Jahre 2013, dass die Arktis noch in jenem Jahr eisfrei sein werde.

Das Wadhams-Debakel

Und schließlich war da noch Peter Wadhams, Professor für Ozean-Physik und Leiter der Polar Ocean Physics Group im Fachbereich Applied Mathematics and Theoretical Physics an der University of Cambridge. Er sagte im Jahre 2007, dass das arktische Meereis im Jahre 2013 vollständig verschwunden sein werde. Man vergesse nicht: Wadhams war ein anerkannter Experte. Sechs Jahre später, also 2013, hatte das Meereis stattdessen um satte 25 Prozent zugenommen! Im Jahr 2012 änderte Prof. Wadhams seine Prophezeiung auf das Jahr 2016. Natürlich ist auch das niemals eingetreten.

All diese Beispiele wurden 2018 dankenswerterweise von Pierre Gosselin zusammengetragen und illustrieren die Lächerlichkeit dieser Debatte, aber auch den Eifer, mit welchem dieser geistige Brechdurchfall dankbar von den Mainstream-Medien aufgenommen und wiedergekäut wird.

In der Realität hat die Arktis heute im Jahr 2019 das dritthöchste Meereis-Volumen seit 16 Jahren, das arktische Meereis zeigt nicht die geringsten Anzeichen des Abschmelzens, und in Wirklichkeit wurde ein paar Tage lang das dritthöchste Eisvolumen seit 2003 verzeichnet. Es sei der Vollständigkeit halber darauf hingewiesen, dass arktisches Meereis lediglich einen klimatischen Einfluss hat, während sein Abschmelzen letztlich nicht zu einer Erhöhung des Meeresspiegels führen würde.

Ursache und Wirkung

In den vergangenen Jahren wurde uns nun von der vermeintlichen Wissenschaft immer wieder erklärt, dass es eine eindeutige Korrelation und damit auch einen ursächlichen Zusammenhang zwischen der Konzentration des CO_2 und der Temperatur gäbe. Für eine derartige Aussage genügt es, zu zeigen, dass die entsprechenden historischen Verläufe dieser beiden Größen in etwa übereinstimmen. Dass eine solche Übereinstimmung nicht zwangsläufig auf einen Zusammenhang hindeuten muss, haben wir bereits an anderer Stelle erläutert.

Betrachtet man also den Verlauf von CO_2 und Temperatur über die letzten 100.000 Jahre, so stellt man fest, dass die Kurven nahezu ideal miteinander harmonieren und somit auch klar belegbar ist, dass CO_2 schon immer auch zu einer Erhöhung der Temperaturen gesorgt hat – soweit die Interpretation, die man uns von Seiten der Wissenschaft glauben machen wollte.

Wenn man jedoch die Zeitachse auf wenige Jahre einschränkt, offenbaren die aus Eisbohrkernen gewonnen historischen Daten ein eigentlich nicht zu erklärendes Phänomen. Es zeigt sich, dass CO$_2$ erst begann anzusteigen, nachdem die Temperatur gestiegen war – und zwar mit einer recht konstanten Verzögerung von etwa 800 Jahren. Betrachtet man das hinsichtlich Ursache und Wirkung, so muss man zu der Erkenntnis kommen, dass die Temperatur zu einem Anstieg des atmosphärischen Kohlendioxids führt – und nicht, wie von unseren Klima-Alarmisten behauptet, das CO$_2$ zu einem Temperaturanstieg führte.

Der Grund für diesen Sachverhalt ist mittlerweile auch bekannt und hängt mit der CO$_2$-Bindungsfähigkeit der Ozeane zusammen. Kälteres Wasser kann einfach mehr CO$_2$ binden als wärmeres Wasser, weshalb warmes Bier schnell schal wird und seine Spritzigkeit verliert, während kaltes Bier auch nach einer halben Stunde nichts an Qualität eingebüßt hat. Sie können diese Dinge auch mit offenen Mineralwasserflaschen nachvollziehen, eine im Kühlschrank und eine weitere in der warmen Küche. Der Vergleich nach ungefähr vier Stunden sollte eindeutig ausfallen.

Während in unserer Küche vier Stunden genügen, um den Unterschied feststellen zu können, reagieren unsere Ozeane aufgrund von Trillionen Tonnen Wasser deutlich langsamer auf Temperaturänderungen, was die 800 Jahre Verzögerung erklärt.

Konfrontiert man unsere Klimawissenschaftler mit diesem Argument, beginnen diese darüber zu fabulieren, dass ja nun seit 1850 alles ganz anders sei. Ja – manchmal wünschte man, diese Spezialisten könnten sich selbst zuhören und realisieren, welchen Blödsinn sie da von sich geben, denn Fakt ist, dass es tatsächlich einen scheinbar gleichzeitigen Anstieg von Temperatur und CO$_2$ gibt – aber außer dem generellen Trend kann von Korrelation keine Rede sein. Die seit Millionen von Jahren geltenden Zusammenhänge gelten selbstverständlich auch heute weiter, völlig unabhängig von der Meinung unserer Wissenschaftler. Das vom Menschen in die Atmosphäre eingebrachte Kohlendioxid wird zu einer scheinbaren Umkehr von Ursache und Wirkung führen – aber eben nur scheinbar, denn mehr ist von dieser Entwicklung nicht zu erwarten. Andernfalls hätte sich ja die Temperatur in der Vergangenheit mit steigendem CO_2 regelrecht aufschaukeln müssen, was jedoch nicht passiert ist.

Während die berühmte Mauna-Loa-Kurve des CO_2 nahezu linear steigt, sehen wir in der Temperatur heftige Schwankungen und gar Phasen mit Temperaturrückgängen wie von 1940 bis etwa 1965. Darüber hinaus hatten wir auch schon erklärt, dass die CO_2-Konzentration durch den Menschen verursacht steigt, dies aber so gut wie gar nichts mit der Temperatur zu tun hat. Hier gibt es eigentlich keinen direkt ersichtlichen Zusammenhang.

An diesem Beispiel lässt sich sehr gut zeigen, auf welche Weise sich unsere Klima-Alarmisten die Wahrheit zurechtbiegen und hierfür auch noch Ursache und Wirkung vertauschen.

Diese religiösen Eiferer ihres eigenen Klimawahns sind die wahren Leugner und Ketzer unserer Zeit.

IPCC – Der Welt-Klima-Rat

Der Weltklimarat ist Stand 2019 bereits mehr als dreißig Jahre alt, seine Geburtsurkunde war die Resolution 43/53 der UN-Generalversammlung vom 6. Dezember 1988. Der IPCC ist ein (zwischen)staatlicher und wissenschaftlicher Ausschuss zugleich.

Mitglied im IPCC kann jeder Staat werden, der entweder Mitglied der UN oder der WMO ist (momentan sind dies 195 Länder). Neben den Mitgliedsstaaten haben mehr als 150 Organisationen einen Beobachterstatus (»observer«), ihr Spektrum reicht von UNESCO und EU über WWF und Greenpeace bis hin zu Industrieverbänden etwa der Luftfahrt- oder der Aluminiumbranche.

Eine Plenarversammlung wählt einen 34-köpfigen Vorstand (offizieller Titel: »IPCC Bureau«), in dem auch die Vorsitzenden der Arbeitsgruppen (die später die IPCC-Reports verantworten) sitzen. Der IPCC-Vorsitzende, zwölf Vorstandsmitglieder sowie die Chefs der IPCC-Geschäftsstellen bilden wiederum das sogenannte Exekutivkomitee (»Executive Committee«), über welches die praktische Arbeit koordiniert wird.

Die an den IPCC-Berichten beteiligten Wissenschaftler arbeiten ehrenamtlich, ihnen werden – wenn überhaupt – lediglich die Reisekosten zu den Redaktionssitzungen erstattet.

Sitz des IPCC ist Genf. Dort existiert ein Sekretariat – etwa ein Dutzend Mitarbeiter auf einem halben Flur im Hauptquartier der Welt-Meteorologie-Organisation WMO. Daneben hat jede Arbeitsgruppe eine »Technical Support Unit«, also eine Geschäftsstelle. Deren Kosten tragen die Staaten, in denen sie ansässig sind. Über freiwillige Zahlungen in einen Treuhandfonds unterstützen die Industriestaaten zudem die Beteiligung von Forschern aus Entwicklungsländern sowie die Veröffentlichung und Übersetzung der IPCC-Reports.

Wie arbeitet nun dieser angebliche »Weltklimarat« IPCC, der korrekt übersetzt eigentlich »Internationales Forum für den Klimawandel« heißen müsste? In den »PRINCIPLES GOVERNING IPCC WORK«, also den

Prinzipien der Steuerung der Arbeit des Weltklimarates, heißt es unter »ROLE (2.)«:

The role of the IPCC is to assess on a comprehensive, objective, open and transparent basis the scientific, technical and socio-economic information relevant to understanding the scientific basis of risk of human-induced climate change, its potential impacts and options for adaptation and mitigation. IPCC reports should be neutral with respect to policy, although they may need to deal objectively with scientific, technical and socio-economic factors relevant to the application of particular policies.

Übersetzung: Die Aufgabe des IPCC ist die umfassende, objektive, offene und transparente Bewertung der wissenschaftlichen, technologischen und sozio-ökonomischen Daten, die wichtig sind, um die wissenschaftlichen Grundlagen des Risikos eines vom Menschen verursachten Klimawandels, seiner möglichen Folgen sowie Möglichkeiten zur Anpassung und Entschärfung zu verstehen. Die Berichte des IPCC sollten politisch neutral formuliert werden; gleichwohl ist es möglich, dass in den Berichten wissenschaftliche, technologische und sozio-ökonomische Faktoren berücksichtigt werden müssen, die für die Umsetzung der Politik bestimmter Länder relevant sind.

Diese beiden Sätze demaskieren den sogenannten »Weltklimarat« IPCC als ein pseudowissenschaftliches Instrument zur einseitigen Durchsetzung von klimapolitisch begründeten Maßnahmen gegen die bestehende marktwirtschaftliche Wirtschaftsordnung:

Inhalt von Satz 1: Das IPCC beschränkt sich ausdrücklich auf einen angeblich vom Menschen gemachten Klimawandel und seine möglichen Auswirkungen.

Inhalt von Satz 2: Das IPCC soll sich in seinen Berichten bewusst um eine neutrale Haltung zur Politik bemühen, obwohl diese Berichte tatsächlich eine Befassung mit Faktoren erfordern mögen, die für die Anwendung von ganz bestimmten Maßnahmen bedeutsam sind.

Die hier zitierten Einschränkungen der Rolle des IPCC sind also im Umkehrschluss als ein unwissenschaftliches »Nicht-wissen-wollen« um die tatsächlichen Mechanismen der natürlichen Klimagenese zu verstehen.

Es geht – wie in der übersetzten Aufgabenstellung des IPCC formuliert – einzig und allein um die Bestätigung eines vorherbestimmten Ergebnisses, welches der verheerende menschliche Einfluss auf das Klima ist, mit dem Ziel, entsprechende Gegenmaßnahmen begründen und durchsetzen zu können. Damit lässt das IPCC von vornherein jede wissenschaftliche Objektivität vermissen und outet sich als selektiver Datensammler für eine abstruse klimareligiöse Weltpolitik. Und mit Hilfe solcher einseitig-pseudowissenschaftlicher Daten soll nun eine dort bereits vorgezeichnete »bestimmte« Politik erzwungen werden, nämlich eine völkerrechtliche Vereinbarung zur globalen »Dekarbonisierung« unserer Weltgemeinschaft. Nach Aussage ihrer Protagonisten ist dieser politisch gewollte gesellschaftliche Übergang zu einer kohlenstoff-freien Weltgemeinschaft mit den epochalen Umbrüchen in der Menschheitsgeschichte zu vergleichen, Zitat WBGU (Wissenschaftlicher Beirat der Bundesregierung Globale Umweltveränderungen):

Das Ausmaß des vor uns liegenden Übergangs ist kaum zu überschätzen. Er ist hinsichtlich der Eingriffstiefe vergleichbar mit den beiden fundamentalen Transformationen der Weltgeschichte: der Neolithischen Revolution, also der Erfindung und Verbreitung von Ackerbau und Viehzucht, sowie der Industriellen Revolution, die von Karl Polanyi (1944) als »Great Transformation« beschrieben wurde und den Übergang von der Agrar- zur Industriegesellschaft beschreibt.

Die Ende 2015 von »Klimafreunden« aus aller Welt in Paris unter Freudentränen beschlossene und im April dieses Jahres bei der UN in New York von mehr als 170 Staaten unterzeichnete globale »Dekarbonisierung« bedeutet also einen mit Hilfe der Klimawissenschaft aktiv erzwungenen Übergang zu einer neuen Weltordnung für die gesamte Menschheit.

Der Einfluss der Politik

Der Weltklimarat (IPCC) wird der Öffentlichkeit als ein Gremium von Wissenschaftlern dargestellt, welches, streng sachlich, die wissenschaftlichen Ergebnisse der Klimaforschung sichtet und diese in unregelmäßigen

Abständen in umfangreichen Berichten zusammenfassend darstellt. Besondere Bedeutung für die öffentliche Aufmerksamkeit hat die jeweilige Zusammenfassung für Politiker (»summary for decision makers«). In dieser Zusammenfassung werden Ergebnisse in allgemeinverständlicher Weise beschrieben, da der Berichtshauptteil nur Fachleuten verständlich ist.

Der Öffentlichkeit wird jedoch vorenthalten, dass der IPCC keineswegs ein Gremium von Wissenschaftlern ist. Tatsächlich gehören ihm 195 Vertreter der Regierungen aller Länder an, die Einfluss ausüben.

Die besonders wichtigen »summaries for decision makers« werden zwischen den wissenschaftlichen und den politischen Mitgliedern ausgehandelt. Dabei kämpfen natürlich die Politikvertreter darum, ihnen genehme Sachverhalte zu betonen, selbst wenn sie durch den wissenschaftlichen Teil nicht gedeckt sind. So wurde z.B. im vierten Sachstandsbericht festgestellt, mit 95-prozentiger Wahrscheinlichkeit sei die Erderwärmung der letzten 100 Jahre menschengemacht. Diese Feststellung beruht nicht auf Ergebnissen des Hauptteils, sondern auf einer »Befragung«. Wer befragt wurde, wurde nicht mitgeteilt. Ein weiterer Ansatz besteht darin, unbequeme Ergebnisse möglichst zu verschweigen, wie beispielsweise beim aktuellen fünften Sachstandsbericht: Bei der Formulierung des »summary« kämpfte die deutsche Regierungsvertreterin und Wissenschaftsministerin Frau Wanka darum, den Stillstand der Erderwärmung der letzten 15 Jahre trotz starken Anstiegs der CO_2-Konzentration in der Atmosphäre zu verschweigen, da sonst die sogenannte »Energiewende« in Deutschland gefährdet würde.

Eine breite Zustimmung der Regierungsvertreter zu Katastrophenszenarien, vor allem der kleineren Länder mit wenig Industrie, wird durch Gelder aus dem »Hilfsfond für Anpassung an den Klimawandel« erreicht. Je dramatischer die negativen Aussichten beschrieben werden, desto höher die Zahlungen des Hilfsfonds an die entsprechenden Länder. Kurz gesagt wirken daher die Hilfsfondgelder als Bestechung der Regierungsvertreter. Wir erinnern uns an dieser Stelle sicher noch an die versinkenden Inseln und deren geschicktes Taktieren im Kontext des Klimawandels.

Gelebte Praxis ist auch die nachträgliche Änderung der Inhalte des Sachstandsberichtes, nachdem die Begutachtung bereits abgeschlossen ist, was aus wissenschaftlicher Sicht ein absoluter Fauxpas ist und jegliche Mühe der Begutachtung durch tausende ehrlich bemühte Wissenschaftler der Lächerlichkeit preisgibt. Auch im fünften Sachstandsbericht wurde so verfahren und der Hauptteil des Berichtes, nachdem das »summary« ausgehandelt war, nachträglich angepasst. Der einfache Nachweis dieses Tatbestands war möglich, da der Bericht vor Aushandlung des »summary« durch ein »Leck« öffentlich wurde.

Für den aktuell gültigen IPCC-Bericht AR5 wählten die IPCC-Wissenschaftler aus 28.000 Publikationen etwa 11.000 zur Auswertung aus. Am Ergebnis dieser Auswahl konnten auch die dabei zur Anwendung gebrachten Kriterien nachvollzogen werden. Arbeiten, welche den Einfluss von CO$_2$ auf das Erdklima relativierten oder gar davon berichteten, dass diesbezügliche Berechnungsmodelle bei allen Tests durchfielen, konnten leider nicht berücksichtigt werden.

Auch hinsichtlich der generellen Prozesse zur Erarbeitung wissenschaftlicher Publikationen geht es im IPCC nicht mit rechten Dingen zu, und wer sich in dieser Frage etwas detaillierter informieren möchte, dem sei die exzellent recherchierte Analyse der Arbeit des IPCC von Donna Laframboise ans Herz gelegt. Der vielsagende Titel ihrer Arbeit lautet: »Von einem Jugendstraftäter, der mit dem besten Klimaexperten der Welt verwechselt wurde«.

In diesem Buch werden zahlreiche Aspekte der Arbeit des IPCC beleuchtet, und es wird aufgezeigt, dass die Erstellung der Sachstandsberichte des IPCC keiner ernsthaften wissenschaftlichen Methodik folgt, obwohl vorgeblich nach etablierten Prozessen gearbeitet wird und eine wissenschaftliche Fachbegutachtung der Berichte erfolgt. Der Punkt ist nur, dass niemand die Einhaltung der Prozesse überwacht und Gutachten nahezu vollständig ignoriert werden, speziell wenn sich deren Inhalte nicht mit den politischen Zielsetzungen des IPCC synchronisieren lassen.

Die oft zitierten besten Wissenschaftler der Welt werden in erster Linie nach politischen Gesichtspunkten ausgewählt, wobei folgende Faktoren erfüllt sein müssen:

- keine mögliche konträre Position zur Arbeit des IPCC oder zum anthropogenen Klimawandel
- proportionale Verteilung nach Staatszugehörigkeit
- ausgeglichene Gender-Zugehörigkeit

Viele der Autoren und Leitautoren sind graduierte Studenten, frei nach dem Motto: »Wir sind jung und brauchen das Geld«.

Rajendra Pachauri, Eisenbahningenieur und Vorsitzender des IPCC, betonte mehrfach, dass die Klimabibel einzig und allein, vollständig und ausschließlich auf fachbegutachtetem Quellenmaterial beruhen würde. Darüber hinaus erklärte Pachauri, dass nicht fachlich begutachtetes Material beim IPCC umgehend in der Mülltonne landen würde. Diese Aussage war bisher nicht in Frage gestellt worden, doch im Rahmen der Recherchen zu ihrem Buch erkannte Donna Laframboise, dass es doch einige nicht begutachtete Quellen für den Bericht von 2007 gab. Daraufhin wurde ein Bürgeraudit ins Leben gerufen und eine Prüfung der Inhalte der Klimabibel durchgeführt, mit erstaunlichen Ergebnissen:

- Alle 18.531 vom IPCC-Sachstandsbericht von 2007 zitierten Quellen wurden überprüft.
- Bei gutwilliger Auslegung zu Gunsten des IPCC fanden sich immer noch 5.587 nicht begutachtete Quellen, das sind etwa 30 Prozent, die Aussage von Herrn Pachauri ist also falsch.
- Von 44 Kapiteln enthielten 21 Kapitel so wenig fachlich begutachtete Literatur, dass diese von den Auditoren mit der Note F für ungenügend bewertet wurden.

Gemessen am internationalen Einfluss dieser Einrichtung sind die hier zur Sprache gebrachten Punkte ein absolutes Desaster für die Vertrauenswürdigkeit des IPCC, und es ist nicht nachvollziehbar, weshalb trotz öffentlicher Kenntnis dieser Umstände weiterhin auf die Empfehlungen dieser Einrichtung gebaut wird.

Sachstandsberichte und Hockey-Stick-Kurve

Im ersten Assessment Report (Weltklimabericht) des IPCC von 1990 findet sich auf Seite 202 eine Grafik, welche die Temperatur der letzten 1000 Jahre zeigt:

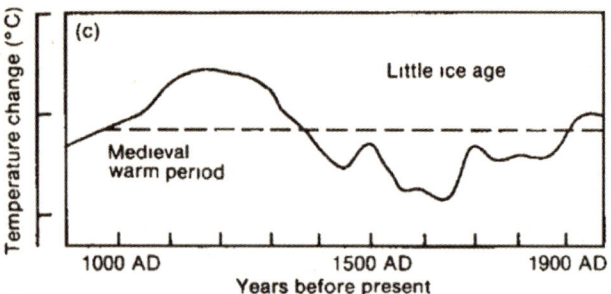

Man erkennt, dass das Klima im 11. bis 13. Jahrhundert deutlich wärmer war als heute. Diese Zeit wurde »medieval warm period«, oder auch mittelalterliche Warmzeit genannt. Die gezeigte Grafik wurde, soweit sich das nachvollziehen lässt, in Anlehnung an eine Veröffentlichung von H.H. Lamb aus dem Jahre 1965 erstellt. Enthaltene Klimadaten wurden in Mittelengland erfasst und reichten bis ca. 1970.

Schon im zweiten Assessment Report von 1995 sah die Abbildung ganz anders aus:

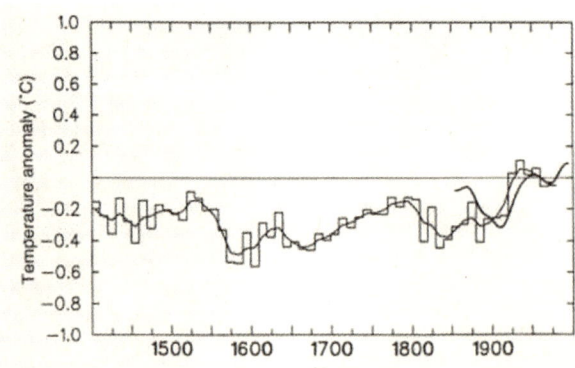

Auf Seite 174 findet sich ein Abschnitt mit der Überschrift »3.6.2 Climate oft he Past 1000 Years«, und darin ebenfalls eine Temperaturkurve. Doch anstatt die letzten 1000 Jahre zu zeigen, beginnt sie erst im 15. Jahrhundert. Also exakt nach dem Ende der mittelalterlichen Warmzeit, welche mit diesem Kunstgriff einfach ausgeblendet worden war.

Aber noch etwas fällt auf. Die durchgezogene Durchschnittslinie scheint gar nicht zu der gezeigten Temperaturkurve zu passen. Im dritten Assessment Report von 2001 wurde schließlich diese Kurve vom IPCC präsentiert:

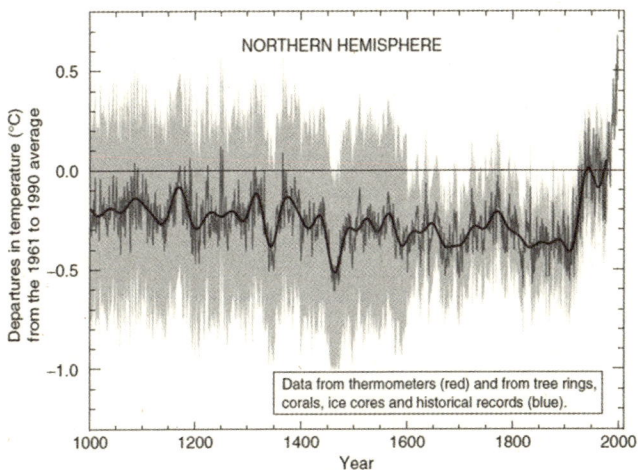

Laut IPCC 2001 (nach Mann, M.E, R.S. Bradley and M.K. Hughes (1998) Global-scale temperature patterns and climate forcing over the past six centuries.- NATURE, VOL 392, 23 April).

Die mittelalterliche Warmzeit ist auf einmal wie ausgelöscht. Bis ca. 1900 zeigt das Diagramm ein relativ stabiles Klima mit abkühlender Tendenz, gefolgt von einem dramatischen Temperaturanstieg. Die Grafik erlangte aufgrund ihrer Form, die einem Hockeyschläger ähnelt, »Weltruhm« als sog. »Hockeystick-Kurve«. Sie wurde vielfach zitiert und übernommen, wobei die Fehlergrenzen (der grau schattierte Bereich) oftmals nicht mehr eingezeichnet wurde. Siehe z.B. Al Gores Film »Eine unbequeme Wahrheit«.

Die Kurve geriet u.a. in die Kritik, da die Methode, welche Michael Mann verwendet hat, offensichtlich immer eine Hockeystick-Kurve lieferte. Michael Mann weigert sich bis heute, die Methode vollständig offenzulegen. Weiter wurde festgestellt, dass die verwendeten Baumringdaten die Klimasprünge der Vergangenheit offensichtlich unterbewerten und zu schwach abbilden. Zudem wurden die rekonstruierten Daten ab 1980 einfach abgeschnitten und durch Messdaten ersetzt, da die rekonstruierten Daten am Ende der Zeitreihe nicht den gewünschten Temperaturanstieg zeigten. Dies geht aus den »Climategate-Mails« hervor. Im weiteren Verlauf werden wir noch zu einer genaueren Schilderung der Zweifel an der Vorgehensweise von Michael Mann kommen, doch für den Moment konzentrieren wir uns auf die weitere Entwicklung in den Sachstandsberichten des IPCC.

Dann, im vierten Assessment Report von 2007, präsentierte der IPCC auf Seite 467 diese Klimakurve (»Spaghetti-Kurve«).

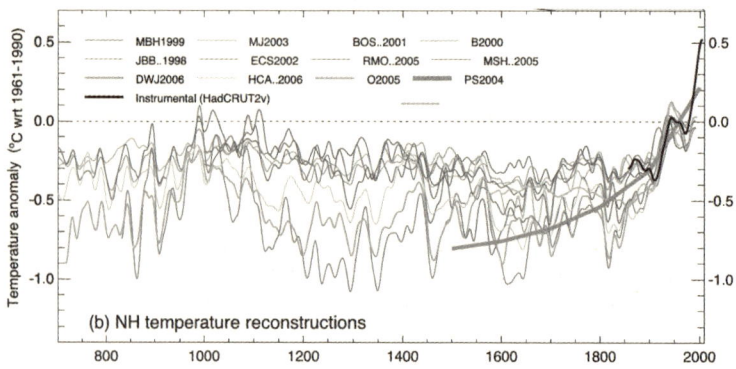

Darin enthalten ist u.a. immer noch die Hockeystick-Kurve von Michael Mann (MBH1999). Allerdings ist sie zu einer Kurve unter vielen geworden. Neuere Rekonstruktionen zeigen wieder eine mehr oder weniger ausgeprägte mittelalterliche Warmzeit. Kürzlich ist der fünfte Assessment Report erschienen. Darin präsentiert der IPCC in Figure 5.7 diese Klima-Kurve (»neue Spaghetti-Kurve«).

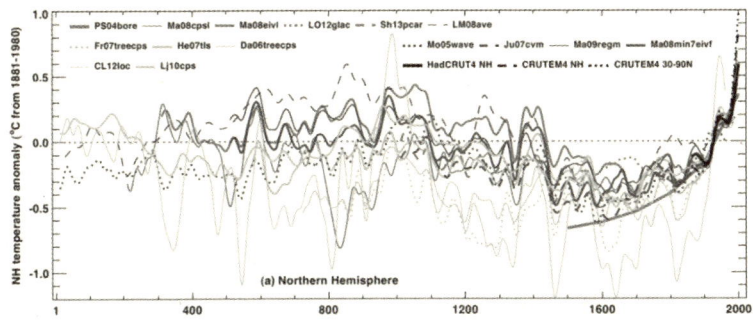

Zur allgemeinen Verwunderung stellt man fest, dass die Hockeystick-Kurve von Michael Mann aus dem Jahr 1999 nun ganz verschwunden ist. Die neueren Rekonstruktionen zeigen jetzt alle wieder eine mehr oder weniger ausgeprägte mittelalterliche Warmzeit. Damit wurde die mittelalterliche Warmzeit aus dem 1. IPCC-Bericht weitgehend rehabilitiert. Die heutige Erwärmung ist also nicht so einzigartig, wie es lange Zeit behauptet wurde.

Die Hockeystick-Kurve von Michael Mann aus dem Jahr 1999 ist aber nicht die einzige Klimakurve, welche aus dem fünften Bericht verschwunden ist. Ebenfalls verschwunden ist die in die Kritik geratene Klimakurve von Keith Briffa aus dem Jahr 2000 bzw. 2001. Im vierten Weltklimabericht von 2007 ist die Briffa-Rekonstruktion noch unter »BOS..2001« zu finden. Die Hockeyschlägerkurve von Mann findet sich in der Abbildung unter »MBH1999«. Im fünften Bericht tauchen beide Kurven nicht mehr auf – was doch für eine gewisse Lernfähigkeit im IPCC spricht.

Die meisten Temperaturrekonstruktionen reichen nicht bis in die Gegenwart, obwohl eine Rekonstruktion bis in die Gegenwart hinein in den meisten Fällen möglich wäre. Das hat einen triftigen Grund. Um Differenzen zwischen den rekonstruierten Werten und den Messwerten von Wetterstationen zu vermeiden, schneidet man die Rekonstruktion einfach an der Stelle ab, ab der eine deutliche Abweichung zu den Werten der Wetterstationen auftritt. Die abgeschnittenen Werte werden schließlich durch die Werte der Wetterstationen ersetzt bzw. durch diese »ergänzt«.

So reichte Die Hockeyschlägerkurve von Michael Mann aus dem Jahr 1998 (bzw. 1999) nur bis ins Jahr 1980, obwohl einige Datensätze durchaus bis weit in die 80er Jahre reichten. Eine andere Temperaturkurve, bei der ebenfalls dieser »Trick« angewendet wurde, stammt von Keith Briffa (CRU). Die Briffa-Rekonstruktion aus dem Jahr 1998 (sowie 2000, 2001) reicht nur bis ins Jahr 1960, obwohl die rekonstruierten Daten eigentlich von 1402 bis 1995 reichen.

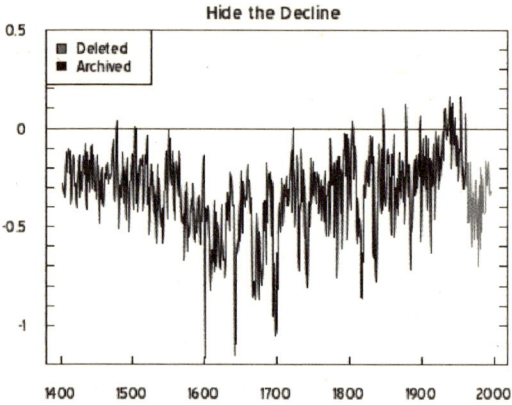

Die Jahre 1961 bis 1994 wurden entfernt (rot) und durch Messwerte von Wetterstationen »ersetzt«. Dieser »Trick« wurde angewandt, um den Temperaturabfall am Ende der Rekonstruktion zu verstecken und die Diskrepanz mit den Messwerten der Wetterstationen zu verbergen, also »to hide the decline«. Mit der Mann-Rekonstruktion wurde genauso verfahren. In der Mann-Hockeyschlägerkurve enden die rekonstruierten Werte im Jahre 1980 und werden durch Messwerte von Wetterstationen (rot, 1902–1998) »ersetzt«.

Investigative Analyse von Donna Laframboise

Ein besonderes Highlight des investigativen Journalismus ist in diesem Kontext auch der von der Kanadierin Donna Laframboise ermittelte Hintergrund zur Untersuchung der Mann-Hockeyschlägerkurve, den ich auch aufgrund des hohen Unterhaltungswerts an dieser Stelle nahezu vollständig übernommen habe:

»Hockeyschläger« ist der Spitzname einer Temperaturgrafik, die in der Klimabibel von 2001 den zentralen Platz einnahm. Sie sollte beweisen, dass die Temperatur vom Jahr 1000 bis zum 20. Jahrhundert fast stabil gewesen und erst danach dramatisch nach oben geschossen war. Der flache Teil der Kurve erinnert dabei an den langgezogenen Griff eines Hockeyschlägers, der Aufwärtstrend an die Schlagfläche. In der Klimabibel von 2001 erschienen unterschiedliche Versionen dieser Grafik an fünf verschiedenen Stellen. Als der Ko-Vorsitzende der Arbeitsgruppe 1 den Medien deren Ergebnisse präsentierte, wurde hinter ihm eine vergrößerte Version der Grafik eingeblendet. Seither tauchte der Hockeyschläger in einer Vielzahl von Regierungs-dokumenten und an herausragender Stelle in Al Gores Film »Eine unbequeme Wahrheit« auf.

Je nachdem, ob man mit einem Klimaskeptiker oder mit einem Klima-Aktivisten redet (die Leute aus der zweiten Gruppe kontrollieren die Wikipedia-Seiten zu diesem und vielen anderen Themen, die mit dem »Klimawandel« zu tun haben), ist die Hockeyschlägerkurve entweder vollständig diskreditiert oder nach wie vor seriöse Wissenschaft, deren Ergebnisse von vielen unabhängigen Studien bestätigt wurden. Wie Montfort darlegt, sind solche Behauptungen bezüglich einer unabhängigen Bestätigung suspekt, weil diese Studien vielfach von derselben kleinen Forscherclique erstellt wurden, die gleichen fehlerbehafteten statistischen Methoden verwenden und/oder sich auf die gleichen dubiosen Rohdaten stützen. Für die Zwecke unserer Darstellung ist es wichtig darauf hinzuweisen, dass das IPCC keine gewissenhafte Prüfung durchgeführt hat, bevor es dem Hockeyschläger eine so große Bedeutung hat zukommen lassen. Es machte sich dort keiner die Mühe, noch einmal nachzurechnen.

Es ist wichtig zu sehen, dass diese Grafik im Vergleich zur lange von der Wissenschaft akzeptieren Lehrmeinung eine völlig neue Sicht auf die Temperaturgeschichte darstellte. Selbst das IPCC hatte in seiner Klimabibel von 1990 eine eher traditionelle Temperaturgrafik abgebildet. Sie zeigte die Warmzeit während des Mittelalters – dargestellt durch eine hohe Erhebung auf der Temperaturlinie. Ihr folgte eine unter dem Namen »Kleine Eiszeit« bekannte Periode, die um 1850 zu Ende ging – die Grafik zeigt hier eine tiefe Senke. Es ist seltsam und widersprüchlich, dass eine Organisation, die so vehement betont, einen weltweiten wissenschaftlichen Konsens zu repräsentieren, systematisch so viele Ansichten, über die unter vielen Wissenschaftlern Konsens herrscht, »verschwinden« lässt. Das IPCC ignoriert den Konsens unter den Hurrikan-Experten, dass es keinen erkennbaren Zusammenhang mit einer vermuteten globalen Erwärmung gibt. Es ignoriert den Konsens unter denen, die zu Naturkatastrophen forschen, darüber, dass zwischen menschlichen Treibhausgasemissionen und den steigenden Kosten dieser Katastrophen kein Zusammenhang besteht. Es ignoriert den Konsens unter den führenden Malariaexperten, dass die globale Erwärmung keine Ausbreitung der Malaria brachte. Die Hockeyschläger-Grafik ist ein weiteres Beispiel dieses Phänomens. Don Easterbrook befasst sich seit 50 Jahren in Studium und Lehre mit Geologie. Er ist Autor dreier Fachbücher und von 150 Studien. Er meinte, als Geologen den Hockeyschläger zum ersten Mal sahen, hätten die meisten gelacht: »Schaut man bei GeoRef nach, der Referenzdatenbank für Veröffentlichungen in Geologie, findet man 485 Studien zur Mittelalterlichen Warmzeit und 1.413 Studien zur Kleinen Eiszeit. Macht zusammen 1.900 Studien geologischer Literatur. Und dann erwartet man von uns zu glauben, dass eine einzige, auf Baumringen beruhende Grafik all diese Studien widerlegt? Unmöglich.«

Der Geophysiker David Deming äußerte ähnliche Bedenken. Er sagte, dass die mittelalterliche Warmzeit »in der wissenschaftlichen Literatur seit Jahrzehnten anerkannt wird«. Die Autoren der Hockeyschlägergrafik hätten sie jedoch mit einem Schlag verschwinden lassen. Deming: »In der Wissenschaft ist es normalerweise so, dass man bei neuen Ergebnissen, die frühere Erkenntnisse infrage stellen, zeigen muss, warum die früheren Arbeiten falsch sind.« Doch zu so etwas hatte das IPCC die Hockeyschläger-Autoren nicht aufgefordert, ehe es sich deren Ergebnisse zu eigen machte. Der Leitautor der beiden Studien, die die Hockeyschlägergrafik erstmals zeigten, war ein amerikanischer Geophysiker namens Michael Mann. Er hatte 1998 promoviert. Bereits im April jenes Jahres veröffentlichte »Nature« seine erste »Hockeyschläger«-Studie. Die zweite erschien im März darauf in einer anderen Zeitschrift.

Es folgt das altbekannte Lied: Dass Mann gerade erst seinen Doktor gemacht hatte, hinderte das IPCC nicht, ihn Ende der neunziger Jahre als Leitautor *anzuwerben. Innerhalb eines Augenblicks verwandelte sich Mann so zu einem der führenden Experten der Welt. Genauso stört das Bild, dass das IPCC ihn mit der Mitwirkung an genau dem Kapitel der Klimabibel beauftragte, in dem man dann zu dem Schluss kam, seine Grafik sei allen früheren Temperaturrekonstruktionen überlegen.*

Die Neugierde des Mathematikers Steve McIntyre wurde geweckt, als der »Hockeyschläger« in den Nachrichten auftauchte und in regierungsoffiziellen Materialien zitiert wurde, die an kanadische Haushalte verteilt worden waren. Als er Anfang 2003 versuchte, die Berechnungen zu überprüfen, die zur »Hockeyschläger-Grafik« geführt hatten, entdeckte er einige beunruhigende Sachverhalte. Manns Rohdaten waren auf keiner der Webseiten jener Zeitschriften öffentlich hinterlegt, die seine Studien veröffentlicht hatten. Stattdessen musste McIntyre Mann direkt kontaktieren. Dann erhielt er eine Datei, doch die Zahlen passten nicht zusammen. Beim Versuch, die Ursache herauszufinden, entdeckte McIntyre einige Unregelmäßigkeiten, einschließlich falscher Zuordnungen und der Verwendung obsoleter Daten. McIntyre tat sich daraufhin mit seinem kanadischen Landsmann, dem Ökonomen Ross McKitrick, zusammen. Im Oktober veröffentlichten sie gemeinsam eine Studie, aus der klar hervorging, dass die hockeyschlägerartig geformte Linie verschwand, wenn man die Fehler in Manns Arbeit korrigierte. Mann reagierte mit der Behauptung, dass McIntyre falsche Daten verwendet hätte. Anstatt einen neuen Datensatz zu senden, teilte er den beiden Kanadiern die Adresse eines Online-Archivs mit. Sie untersuchten dieses Archiv und entdeckten laut McKitrick, dass diese Daten »fast exakt mit der Datei übereinstimmten, mit der wir ursprünglich gearbeitet hatten. Allerdings unterschieden sie sich in wesentlichen Punkten« davon, wie Mann sie in seiner in »Nature« veröffentlichten Studie beschrieben hatte.

Nachdem diese Diskrepanzen zur Sprache gebracht worden waren, erwiderte Mann, dass die Kanadier nicht in der Lage gewesen seien, seine Berechnungen exakt zu wiederholen. McKitrick erinnert sich: »Daraufhin forderten wir ihn auf, uns seine mathematischen Formeln zur Verfügung zu stellen, um diese leicht auflösbaren Abweichungen zu beseitigen. Zu unserer Überraschung weigerte er sich, uns seinen Computercode zu übermitteln.«

Erinnern wir uns: der Hockeyschläger war die wichtigste bildliche Darstellung der 2001er Klimabibel. Der Öffentlichkeit wurde weltweit von Regierungen erklärt, diese Grafik würde beweisen, dass etwas Alarmierendes im Gange sei, dass die Temperaturen im 20. Jahrhundert die höchsten seit 1.000 Jahren wären. Nach Ansicht von McKitrick wäre es ohne diese Grafik wahrscheinlich nicht zum Kyoto-Protokoll gekommen.

Was passierte beim Versuch, ihre Genauigkeit zu verifizieren? Der dafür verantwortliche Wissenschaftler, der noch dazu an einer öffentlich finanzierten Universität angestellt ist und für seine Forschungen öffentliche Gelder erhält, erklärte den Computercode zu seinem Privateigentum. Wirklich. 2005 sendete Mann einen Brief an den Vorsitzenden eines Unterausschusses im US-Kongress, der diese Angelegenheit untersuchte. Darin hieß es: »Es muss auch betont werden, dass mein Computerprogramm mein privates geistiges Eigentum ist [...] ob ich meine Computerprogramme öffentlich zugänglich mache oder nicht, ist eine Entscheidung, die ausschließlich mir zusteht.«

Mann war also der Meinung, dass er seine Computerbefehle für sich behalten könne, falls er das will. Also informierte er arrogant den Vorsitzenden des Untersuchungsausschusses, es wäre eine falsche Vorstellung, dass sein Computercode zur Reproduktion seiner Ergebnisse erforderlich sei. Um seine Position zu unterstützen, zitierte Mann eine schnippische E-Mail von 2003 von David Verardo, einem leitenden Mitarbeiter der »National Science Foundation«, an McIntyre: »Dr. Mann und seine US-Kollegen sind in keiner Weise verpflichtet, Ihnen irgendwelche zusätzlichen Daten zu übermitteln, die über die ausführlichen Datensätze hinausgehen, die sie bereits zugänglich gemacht haben. Er ist nicht verpflichtet, Ihnen Computerprogramme, Codes usw. zur Verfügung zu stellen. Seine Forschungen wurden in der fachbegutachteten Literatur veröffentlicht, unter den Augen der Herausgeber und anderer Wissenschaftler, die seine Manuskripte begutachteten. Es steht Ihnen frei, Ihre eigene Analyse der Klimadaten durchzuführen, so wie es ihm freisteht, die seine durchzuführen. Mit der Zeit und neuen Erkenntnissen über das Erdklima werden wir schließlich die ganze Geschichte des Klimawandels kennen. Ich erwarte, dass Sie die Sicht der US NSF [US-Wissenschaftsstiftung] bezüglich Datenzugang und Schutz des intellektuellen Eigentums für US-Forscher, wie ich sie Ihnen schon in

meiner vorigen Mail nach Beratung mit der Rechtsabteilung der US NSF übermittelt habe, respektieren.«
Bitte beachten Sie den letzten Satz: Die Rechtsabteilung sind die Juristen. Michael Mann und die »National Science Foundation« versteckten sich also hinter Anwälten. Den Klimawandelaktivisten zufolge steht nichts weniger als die Zukunft der Welt auf dem Spiel. Doch statt seinen Computercode mitzuteilen, damit seine Berechnungen verifiziert werden können, schob Mann Rechtsanwälte vor. Ja, so verhalten sich wahre Wissenschaftler. Ich bin sicher, Einstein hat es auch immer so gemacht.
Es besteht natürlich noch ein größeres Problem: der Umstand, dass Mann bei seinem antiwissenschaftlichen Verhalten vom amerikanischen Wissenschaftsestablishment unterstützt und begünstigt wurde. Machen wir uns keine Illusion, was hier passiert ist. Die »National Science Foundation«, eine bedeutende Vergabestelle von Forschungsmitteln, stellte sich nicht auf die Seite der Transparenz. Sie hat den Kultstatus von Manns Grafik nicht anerkannt. Sie machte sich nicht im Geringsten bewusst, dass es sich um eine ungewöhnliche und außerordentliche Situation handelte. Stattdessen sprach man unbekümmert über Fachbegutachtung und den Lauf der Zeit. Und danach teilte man McIntyre mit, er möge sie in Ruhe lassen. Wurde Mann in wissenschaftlichen oder gelehrten Kreisen zu einem Paria, weil er den Computercode für eine der wichtigsten Grafiken der Geschichte nicht offenlegte? Urteilen Sie selbst! Im April 2011 war er an zwei Abenden hintereinander Gastredner der University of Nebraska-Lincoln. Einer Ankündigung der Universität zufolge sei Mann »einer der führenden Klimawissenschaftler des Landes« sowie »Leiter des Penn State Earth System Science Center [Zentrum für Erdsystemforschung der Pennsylvania State University]«. Darüber hinaus »war er auch Vorsitzender des Organisationskomitees [des Programms] ,Frontiers of Science' [,Grenzen der Wissenschaft'] der ,National Academy of Sciences'«. Sein Vortragsauftritt wurde übrigens auch »mit einem besonderen Referentenhonorar unterstützt«.
In der Geschichte vom »Hockeyschläger« steckt noch viel mehr, vieles davon ist ebenso abstoßend. Zum Beispiel haben namhafte Statistiker die Vorgehensweise von Mann untersucht, mit der er zu seinem Ergebnis gelangte, und dabei statistische Fehler gefunden. Sie fanden heraus, dass sich Klimaforscher

wie Mann zwar stark auf statistische Analysen stützen, es aber keinen Hinweis darauf gibt, dass sie sich um die Zusammenarbeit mit ausgebildeten Statistikern bemühen. Der entscheidende Punkt ist dabei, dass das IPCC aggressiv eine Grafik propagierte, die von einem vor kurzem promovierten jungen Wissenschaftler stammte. Obwohl diese Grafik sogar jahrzehntelang anerkanntes Fachwissen in Frage stellte und obwohl diese den weithin geltenden Konsens zum Temperaturverlauf der letzten 1.000 Jahre negierte, bemühte sich das IPCC nicht darum, ihre Genauigkeit zu verifizieren. Was als »eines der strengsten wissenschaftlichen Bewertungsgremien, die es gibt« beschrieben wurde, hielt es nicht für nötig, sicherzugehen, dass seine Positionen nicht auf Sand gebaut worden waren.

Ungewöhnliche Erwärmung ist ein Fake

Der Weltklimarat IPCC präsentierte also in seinem Bericht von 2001 eine Klimakurve von Michael Mann, die nicht nur unter höchst zweifelhaften Umständen entstanden war, sondern welche die mittelalterliche Warmzeit auch völlig verschwinden ließ. Dadurch wollte man die »Einzigartigkeit« und Bedrohlichkeit der angeblich »menschgemachten« Erderwärmung herausstellen. Der Mann-Hockeystick wurde vom IPCC und der Politik zum Symbol des menschgemachten Klimawandels erhoben. Dieses Symbol ist nun aus dem aktuellen fünften Weltklimabericht »klammheimlich« verschwunden, und die mittelalterliche Warmzeit hat annähernd wieder die alte Bedeutung erhalten. Das ist u.a. den unermüdlichen Recherchen und der Kritik der »Klimaskeptiker« zu verdanken.

Was bleibt, ist jedoch der Punkt, dass unsere heutigen Klima-Alarmisten in der vermeintlich bisher im Vergleich nie dagewesenen Erwärmung das zentrale Argument ihrer Bewegung sehen! Die Grundlagen dieser Überzeugung sind gefälschte Daten und manipulierte Berechnungen, welche unserer Jugend auch noch als Lehrmeinung präsentiert werden – EKELHAFT!

Erst gestern wurde eine erneute Studie durch die Medienwelt präsentiert, in welcher vor allem Wissenschaftler aus der Schweiz gezeigt hätten, dass unsere heutige Klimaerwärmung einzigartig sei, da solch eine Erwärmung in den letzten 2.000 Jahre nie global stattgefunden hätte, sondern immer nur lokal. Wenn dies so wäre, dann frage ich mich, wie wohl ein in Mittelamerika gelegener Vulkan dafür sorgen konnte, dass es in Europa keinen Sommer gab? Gerade mit Blick auf große vulkanische Ereignisse kann der resultierende klimatische Einfluss nur global und auch nur recht abrupt sein, und auch die nachfolgende Auflösung der Schwefelverbindungen in der Stratosphäre ist nach einem derartigen Ereignis ein globaler Prozess mit globalen Auswirkungen auf die Natur.

Argumente-Baukasten gegen Klimaleugner

Nun habe ich – wie im vorherigen Abschnitt ersichtlich - natürlich nicht all diese bisher dargestellten Zusammenhänge komplett selbst recherchieren oder gar ableiten können, sondern bin ganz wesentlich auf die wissenschaftliche Arbeit der sogenannten Klimaskeptiker angewiesen. Wie wir bereits bei näherer Betrachtung des 97-Prozent-Konsenses erfahren konnten, gibt es zehntausende tatsächlich mit der Materie Klima befasste Wissenschaftler, die zum Thema anthropogener Klimawandel ganz anderer Meinung sind als unsere medialen Gallionsfiguren Lesch, Rahmstorf und wie sie sonst noch heißen mögen. Die Klima-Alarmisten vom IPCC, WWF, Greenpeace und so weiter sehen diese Entwicklung mit wachsender Sorge, zumal man in Diskussionen mit Klimaskeptikern eben doch oft den Kürzeren zieht. Aus diesem Grund befasst man sich in diesen Kreisen also nicht nur mit dem Klimawandel, sondern auch damit, wie man Skeptikern den Wind aus den Segeln nehmen könnte. Zu genau diesem Zweck findet man im Netz zahlreiche Leitfäden, welche die Diskussion mit Klimaskeptikern psychologisch unterstützen und so die Position des anthropogenen Klimawandels stärken sollen. In diesen Leitfäden wird jedoch weniger die Faktenlage in den Vordergrund gestellt – es gibt ja eh keine –, sondern es wird die Art und Weise der Gesprächsführung erläutert, um aus der Kontroverse doch noch einen Konsens herauszuquetschen. So wurde der folgende exemplarische Leitfaden bei Greenpeace erstellt, den ich Ihnen an dieser Stelle keinesfalls vorenthalten möchte:

Richtig argumentieren – 10 Tipps für Diskussionen mit Klimaskeptikern

Diskussionen mit Klimaskeptiker/innen oder Leuten, die sich noch nicht viel mit dem Klimawandel auseinandergesetzt haben, können schnell hitzig und emotional werden. Doch gerade bei so einem komplexen Thema ist es wichtig, klar und ruhig zu argumentieren, um zu überzeugen. Für eine konstruktive Diskussion gibt es eine Reihe von Tipps, von denen wir euch an dieser Stelle zehn vorstellen wollen.

Eine ausführliche Erklärung der Techniken gibt es in dem Handbuch »Ungewissheit gekonnt vermitteln«.

1. Erwartungen steuern
Von der Wissenschaft erwarten sich die meisten Menschen klare Antworten. Aber eigentlich ist Wissenschaft eine Methode, um Fragen über die Welt zu stellen. In vielen Bereichen arbeitet sie mit Wahrscheinlichkeiten und Ungewissheiten, um deren Auswertung und Interpretation Debatten geführt werden – so auch in der Klimawissenschaft. Auch im Alltag haben wir es ständig mit Unwägbarkeiten zu tun und handeln trotzdem. Analog dazu wissen wir zwar vielleicht noch nicht alles über den Klimawandel, aber doch mehr als genug für die Einschätzung, dass ohne Gegenmaßnahmen die negativen Folgen vergrößert werden.

2. Beginne mit dem, was du weißt und nicht mit dem, was du nicht weißt
Unwägbarkeiten in wissenschaftlichen Fragen sollten keinesfalls vertuscht, sondern offen und ehrlich kommuniziert werden. Dennoch geht schnell die Aufmerksamkeit verloren, wenn ein Gespräch mit einem Fokus auf Ungewissheiten beginnt. Fange daher mit dem an, was man sicher weiß. Auf viele grundlegende Fragen wie »verursachen wir den Klimawandel?« und «werden wir noch nie dagewesene Änderungen unseres Klimas verursachen, wenn wir die Menge an Kohlenstoff, die wir verbrennen, nicht reduzieren?« hat die Wissenschaft klare Antworten.

3. Geschichten über Menschen erzählen
Persönliche Erfahrungen werden als wichtiger eingestuft als abstrakte Studien. Es ist also wichtig, dem Klimawandel ein Gesicht zu geben und Geschichten von Betroffenen zu erzählen und deren Reaktionen darzustellen. So verwandelt sich der Klimawandel von einer wissenschaftlichen zu einer gesellschaftlichen Realität, die die Menschen konkret betrifft.

4. Wissenschaftlichen Konsens verdeutlichen
Es ist wichtig zu vermitteln, wie groß der Konsens der Wissenschaftler ist, damit Menschen den Klimawandel als Problem mit Handlungsbedarf einstufen. Hilfreich hierbei sind Grafiken, die komplexe Informationen anschaulich machen und vertrauenswürdige Botschafter, die mit den Werten deines Diskussionspartners oder Publikums übereinstimmen.

5. Die wichtigste Frage zu den Auswirkungen des Klimawandels ist »wann« – und nicht »ob«
Für viele sind die Folgen des Klimawandels mögliche Risiken und Gefahren irgendwann in der Zukunft. Dabei ist es leider keine Frage mehr, ob es Folgen geben wird, sondern wann diese eintreten werden. Oftmals werden Vorhersagen in einem standardisierten, ungewissen Ergebnisformat kommuniziert. Eine Aussage könnte sein, dass der Meeresspiegel »um 2072 zwischen 25 cm und 68 cm ansteigen wird, wobei 50 cm die durchschnittliche Projektion sind«. Besser ist eine Formulierung mit einem unsicheren Zeitraum, aber einem sicheren Eintreffen. Nicht ob, sondern wann das Wasser steigt, ist entscheidend: »Der Meeresspiegel wird um mindestens 50 cm ansteigen, und dies wird zwischen 2060 und 2093 eintreffen«.

6. Kommunikation mit Bildern und Geschichten
Für viele sind Bilder und Geschichten verständlicher als Zahlenlisten, Wahrscheinlichkeiten oder technische Diagramme. Daher muss die Fachsprache aus wissenschaftlichen Berichten übersetzt und veranschaulicht werden.

7. Von »Unsicherheit« zu »Risiko«
Wir sind gewohnt, Risiken abzuwägen. Risiko ist ein Wort, das uns in Be-

reichen wie Versicherungen, Gesundheit oder nationaler Sicherheit begegnet. Daher ist es bei vielen Menschen effektiver, von Risiken anstatt von Ungewissheiten zu sprechen. Anschauliche Beispiele aus dem Alltag, wie Überschwemmungen oder zerstörte Ernten, machen die Risiken des Klimawandels greifbar.

8. Fördere einen positiven Umgang mit der Unsicherheit
Ein positiver Rahmen gibt Hoffnung in einer Situation der Ungewissheit und erzeugt Motivation, vorbeugende Maßnahmen zu ergreifen.

9. Unterhaltung statt Streitgespräch
Viele Menschen setzten sich nicht besonders tiefgehend mit dem Klimawandel auseinander. Das heißt, dass schon eine kurze Unterhaltung, also kein Streitgespräch, einen wirkungsvollen Effekt haben kann und Aufmerksamkeit und mögliche Handlungsbereitschaft erzeugt.

10. Verstehen, was die Ansichten der Leute beeinflusst.
Bei politisch polarisierenden Themen filtern viele Leute Informationen passend zu ihrer politischen Ansicht. Bei Personen, die mit ihrer politischen Einstellung nach rechts tendieren, ist die Ungewissheit über den Klimawandel eher größer. Forschungsergebnisse zeigen jedoch, wie über den Klimawandel kommuniziert werden kann, ohne eine Bedrohung für das konservative Wertesystem darzustellen. Daher kann es in Diskussionen über die Ungewissheiten beim Klimawandel hilfreich sein, auf Risikoaversion, Pragmatismus, Sicherheit und den Wunsch, die Natur zu erhalten, einzugehen.

Auch der Zehn-Punkte-Plan ist übrigens ein psychologisches Werkzeug. Zentrale Elemente dieser Methode finden wir in den Punkten sieben und acht, denn hier geht es um den Aufbau der Drohkulisse und den Verkauf der Lösung – in Religionen auch Erlösung genannt. Interessant ist hier auch die Feststellung, dass vermeintlich »rechts« orientierte Bürger eher skeptisch eingestellt seien und ihnen der Erhalt ihrer Werte verkauft werden müsse. Kommt Ihnen das nicht auch skurril vor?

Wir haben in diesem Abschnitt sehr viel über die Arbeit des IPCC (Intergovernmental Panel on Climate Change) und nahestehender NGOs (Non Government Organisation; Nicht-staatliche Organisationen) erfahren können. Unsere deutsche Übersetzung dieser politischen Organisation lautet noch immer »Weltklimarat«, was eine ultimative Kompetenz im Bereich aller Klimathemen nahelegen würde. Tatsächlich ist es jedoch eine Organisation mit einem politischen Auftrag, die eben nicht aus den besten Wissenschaftlern unserer Zeit zusammengesetzt ist, sondern peinlichst auf Meinungskonformität und Gefolgschaft bedacht ist. So gelingt es auch, die gewünschten Ergebnisse im Sinne der politischen Zielsetzung zu generieren, ganz gleich, mit welchen mathematischen Tricks und Manipulationen diese zu erreichen sind.

Der Weltklimarat ist eine korrupte Monstrosität, eine Beleidigung für die Wissenschaft und so überflüssig wie ein Kropf.

Die deutsche Energiewende

Vor dem Hintergrund aller bis an diesen Punkt erörterten Zusammenhänge muss man zwangsläufig zu der Schlussfolgerung kommen, dass Deutschland mit seiner Klimaschutzpolitik hier in bester Tradition des Schildbürgertums handelt. Wem die Geschichte der Schildbürger nicht präsent ist, der sei daran erinnert, dass diese Spezialisten Häuser ohne Fenster bauten, um dann das Licht in Säcken hineinzutragen.

Über die letzten Jahre hat nur das Thema Energiewende ungefähr 30 Milliarden Euro pro Jahr verschlungen, um ziemlich genau NICHTS zu erreichen. Bei 2,5 Prozent Anteil an 5 Prozent anthropogenem CO_2 und einer bisher erreichten Einsparung von 20 Prozent reden wir hier hinsichtlich des deutschen Anteils an der CO_2-Reduktion über satte und für das Klima völlig lächerliche 0,00025 Prozent! Wer dies zu verantworten hat, der gehört in die geschlossene Abteilung der Klapsmühle – in der Hoffnung, dass dort kein Schaden mehr angerichtet werden kann.

Betrachten wir einfach, wie sich Energiepreise für die privaten Haushalte in Deutschland über die letzten 20 Jahre entwickelt haben. Der durchschnittliche Strompreis für Privathaushalte in Deutschland ist seit der Jahrtausendwende von 13,94 auf 29,42 Cent pro Kilowattstunde in 2018 gestiegen. Dies entspricht einer Steigerung von 111 Prozent beziehungsweise 6 Prozent pro Jahr. In diesen 29,42 Cent sind die Kosten für Stromerzeugung, Transport und alle Steuern und Abgaben enthalten.

Die Steuern, Abgaben und Umlagen haben sich seit dem Jahr 2000 verdreifacht: von 5,19 auf 15,8 Cent. Insgesamt machen die staatlichen Belastungen heute mehr als die Hälfte des Strompreises aus, nämlich 54,3 Prozent. Auf Netzentgelte entfallen fast 24,7 Prozent, und die verbleibenden 21 Prozent bekommt der Stromanbieter für die Stromerzeugung. In diesem Jahr erhöhten etwa 50 Grundversorger die Strompreise um durchschnittlich 3,1 Prozent. Betroffen sind Gebiete mit etwa 1,8 Millionen Haushalten. Weitere Preisanpassungen werden erwartet, sodass sich der Trend nach oben fortsetzen wird.

Die Kosten des Energiewahnsinns werden dabei nahezu vollständig den privaten Haushalten aufgebürdet.

Unternehmen können sich mit Verweis auf energieintensive Herstellungsprozesse komplett aus der Verantwortung stehlen und werden von der »EEG-Umlage« befreit, denn die Politik ist nicht so blöd, die Hand zu beißen, von der sie auch gefüttert wird.

Datenmanipulation beim Deutschen Wetterdienst

Wie verkauft man nun dem deutschen Michel, dass er demnächst in einer Savanne lebt, wenn er nicht umgehend CO_2 vermeidet und dafür nicht auch den Sparstrumpf der Großmutter in die Waagschale wirft? Offensichtlich genügt es den Protagonisten der Klimareligion nicht, einfach die an sich doch schon etwas wärmeren Sommer als Grundlage der Argumentation zu nutzen, wohl auch deshalb, weil seit einigen Jahren eine Stagnation oder gar ein Rücklauf der Temperaturentwicklung zu beobachten ist. In solchen Fällen läuten natürlich alle Alarmglocken, denn es stehen die eigenen Jobs und eine milliardenschwere lokale Industrie auf dem Spiel. Wer sich in seinem Leben bereits intensiver mit Reports und Statistiken befasst hat, der wird folgenden Spruch kennen: »Traue keiner Statistik, die du nicht selbst gefälscht hast.« Im Falle der Messung der Durchschnittstemperaturen hat man einen besonders subtilen Weg gefunden, die Manipulation in Zeit und Raum zu verschleiern.

Für den Teilaspekt der Datenmanipulation ist es wichtig zu verstehen, dass statistische Aussagen eigentlich nur mit unter identischen Bedingungen gesammelten Daten möglich sind – man würde das als »notwendige Bedingung« für eine statistische Betrachtung formulieren. So kann zum Beispiel eine in Deutschland 1989 gemessene Temperatur auf dem Brocken (Harz) nicht mit einer 2019 in Berlin gemessenen Temperatur verglichen werden. Während der Brocken aufgrund seiner Höhe mindestens 3 Grad

Celsius weniger aufweisen wird als eine mit Berlin vergleichbare Höhenlage, kommt für Berlin überdies auch ein sogenanntes Stadtklima hinzu, da sich die Aufheizung und Abkühlung bebauter Flächen deutlich anders verhält und so für eine zusätzlich wärmere Temperatur sorgt. Im Winter 2018 wurde für den 1141 Meter hohen Brocken eine Durchschnittstemperatur von -1,7 Grad Celsius angegeben, während im selben Zeitraum für Berlin 3,9 Grad Celsius gemessen wurden – also ein Unterschied von 5,6 Grad Celsius, welchen wir auf Basis unserer eigenen Erfahrungen auch so oder ähnlich vermutet hätten.

In Deutschland gibt es seit Jahrzehnten eine zentrale Instanz für die Meteorologie, nämlich den Deutschen Wetterdienst – kurz auch als DWD bezeichnet. Dieser DWD betreibt ein landesweites Netz von Messstationen, über die Temperatur, Luftdruck, Luftfeuchtigkeit und weitere Daten erfasst werden. All diese Daten landen in einer großen Datenbank, welche sogar öffentlich zugänglich ist. Dort sieht man auf einer Deutschlandkarte die Messstationen des DWD mit einer Farbkodierung der gemessenen Temperaturen. Schränkt man nun den betrachteten Bereich auf den Schwarzwald ein, so stellt man fest, dass von 1989 noch knapp 20 Stationen mit moderater grüner Farbkodierung im Jahr 2018 nur noch eine Station verblieben ist, während die Stationen im natürlich wärmeren Rheingraben weiterhin an der Datenerfassung teilnehmen. Auch im Harz findet man dieses Muster – von acht Stationen sind hier lediglich noch drei aktiv.

Darüber hinaus scheinen die Messstationen näher an besiedelte Gebiete heranzurücken – vermutlich aus Kostengründen, denn so spart man sich die teure Anfahrt und die Wartung entlegener Stationen.

Es ist nur leider so, dass all dies zu einem völlig verzerrten Bild unserer offiziellen Durchschnittstemperaturen in Deutschland führt, welches die geltende offizielle Darstellung vom menschengemachten Klimawandel mit Temperaturanstiegen untermauert, die bei genauer Betrachtung zwar vorhanden, aber eben deutlich niedriger sind. Fühlen Sie sich also bitte ganz offiziell hinters Licht geführt, denn kein Wissenschaftler dieser Welt, der diese Bezeichnung verdient, könnte diesen Sachverhalt übersehen. Eine statistisch saubere Datenerfassung ist in der Forschung Grundwissen.

Sie sind der Meinung, das Thema wird hier übertrieben und mehr daraus gemacht, als eigentlich nötig wäre? Das ist OK, denn selbst unsere Gesetze verlangen die Unterlassung unbegründeter übler Nachrede. Aus diesem Grund legen wir auch nach und zitieren nun einen Insider des Deutschen Wetterdienstes.

Nach seinen Aussagen betrifft die Manipulation nicht nur die Standorte der Messstationen, sondern auch die Messtechnik selbst. Er berichtete, dass die Mitarbeiter des DWD die englischen Wetterhütten (Stevenson-Hütte) durch neue Messstationen ersetzen mussten, deren Messwerte für Temperaturen höher ausfallen würden, einfach weil:

- die neue Bauform wesentlich weniger Volumen hat
- die Messgeräte an sich nicht mehr passiv arbeiten, z.B. Quecksilberthermometer, sondern mittels elektrisch betriebener Messfühler gemessen wird, die aber sich selbst und die Hütte durch ihren Eigenbetrieb aufwärmen

Anstelle dies nur zu vermuten, waren an mehreren Standorten bereits neue Messfühler in Betrieb, während auch noch die alten Stevenson-Hütten Messwerte lieferten. Da die neuen Werte durchweg höher ausfielen, wanden sich die Mitarbeiter des DWD besorgt an das verantwortliche Management. Die daraufhin erhaltene Antwort sagt eigentlich wirklich alles:

»Die alten Messstationen würden ohnehin demontiert, womit sich dieses Problem auch zeitnah erledigen werde.«

Regenerative Energie kann sich nicht rechnen

In Deutschland ist seit dem Ende der 1990er Jahre eine politische Landschaft entstanden, die sich aktuellen Umweltfragen und im Besonderen dem Klimaschutz zugewendet hat, wobei die Ursachen für diese Entwicklung bis in die Generation der 1968er Bewegung zurückreichen. Unsere Grünen-Protagonisten dieser Zeit erlangten zur Jahrtausendwende Regierungsverantwortung. In dieser Zeit erlangte das IPCC zunehmend Bedeutung, das Kyoto-Protokoll wurde verabschiedet, und die Klimakonferenzen in Bonn und

Paris boten das Umfeld, sich als Vorreiter des Klimaschutzes zu profilieren. Wie weit unser von unserer vermeintlichen Vergangenheit geprägter Schuldkomplex zu dieser Entwicklung beigetragen haben mag, ist nicht abschließend zu klären. Fakt ist, dass unter der rot-grünen Bundesregierung unter Kanzler Schröder die deutsche Energiewende beschlossen wurde, nachdem der Grünen-Politiker Jürgen Trittin verkündet hatte, dass eben diese Energiewende den deutschen Bürger nicht mehr als eine Kugel Eis im Monat kosten werde.

Mittlerweile existieren auf dem flachen Land ganze neue Wälder, bestehend aus Windkraftanlagen, welche mit um die 200 Meter hohen Türmen in einem Sommer wie diesem wegen fehlendem Wind nicht eine Kilowattstunde Strom liefern. Hier springen die Solarfelder ein, die allenthalben Dächer und ehemalige Nutzflächen in Besitz genommen haben, und weil auch das nicht reichen kann, werden in gewaltigen Fermentern Futtermais und Fäkalien zur Erzeugung von Biogas genutzt. Dem Strompreis wurde eine ganz neue Komponente hinzugefügt, nämlich die Umlage für erneuerbare Energien – kurz auch EEG-Umlage genannt. Gesetzliche Regelungen ermöglichen es der Wirtschaft, sich weitgehend aus der Verantwortung zu stehlen und die avisierte Energiewende komplett vom einfachen Bürger bezahlen zu lassen.

Zigtausende gigantischer, bis 200 Meter hohe Windkraftwerke verschandeln die Landschaft und bedrohen Vögel, Fledermäuse und Insekten gleichermaßen. Manche dieser Monster wiegen bis zu 10.000 Tonnen. Angesichts dieses riesigen Materialeinsatzes sollte man sich die Frage stellen, ob dieser Aufwand auch tatsächlich Sinn macht. Schließlich muss für Herstellung, Errichtung und Betrieb solcher Anlagen Energie investiert werden. Die interessante Frage ist nun, ob eine solche Anlage im Laufe ihres Betriebes die darin investierte Energie auch wieder zurückliefert. Die klare Antwort lautet: Wind- und Solarkraftwerke sind Energiesenken, deren Bau und Betrieb mehr Ressourcen verzehrt, als sie jemals zurückliefern können.

In der Biologie gibt es schon länger den Begriff »Energieerntefaktor«. Damit beschrieb der amerikanische Forscher Charles Hall das Verhältnis zwischen dem energetischen Aufwand, den ein Raubtier treiben muss, um seine Beute zu fangen und zu töten, und dem Nutzen in Form von Energie, die es aus dem Verzehr dieser Beute ziehen kann. Ist die Beute zu klein oder der Jagdaufwand zu groß, wird dieser Erntefaktor negativ, d.h. der Räuber muss bei dieser Aktion einen Teil seiner im Körper gespeicherten Energiereserven zuschießen und erleidet einen entsprechenden Verlust. Bei ein oder zwei Jagdversuchen mag das noch gutgehen. Doch wenn es nicht gelingt, im Durchschnitt aller Jagden mehr Energie zu »erbeuten«, als verbraucht wurde, dann gehen die Reserven über kurz oder lang zu Ende und das Tier wird sterben. Für den Erntefaktor wird häufig auch der englische Fachbegriff EROEI (Energy Returned on Energy Invested) verwendet.

Seit Hall dieses Konzept erstmals auch für die Beurteilung von Kraftwerken verwendete, wird es inzwischen umfassend zur Charakterisierung der unterschiedlichsten Kraftwerkstypen angewandt. Man bilanziert damit die in Bau, Betrieb und Rückbau sowie in die Beschaffung des Brennstoffs investierte Energiemenge einerseits und die in Form von Strom zur Verfügung gestellte Energiemenge andererseits.

Die hier aus einer Publikation des Instituts für Festkörper-Kernphysik in Berlin übernommenen Daten basieren auf einer begutachteten internationalen Publikation von Weißbach et al. im Fachmagazin Energy. Die Autoren fanden sowohl für fossile Kraftwerke als auch für Kernkraftwerke hohe positive Erntefaktoren zwischen 28 und 107. Die einzige Ausnahme betrifft den Einsatz von Biogas zum Betrieb eines Gas-und-Dampf-Kombikraftwerks. Hier wird aufgrund der hohen Aufwendungen zur Bereitstellung des Brennstoffs lediglich ein Erntefaktor von 3,9 erreicht. Obwohl dies vordergründig positiv erscheint, ist es dennoch bei weitem nicht ausreichend.

Kraftwerke, deren Leistungsabgabe nicht exakt dem jeweiligen Bedarf angepasst werden kann, gehören in eine gesonderte Gruppe, da ihre momentan nicht benötigte Produktion in irgendeiner Form gespeichert oder gar abgeleitet werden muss. Neben den »klassischen« EE-Kraftwerkstechnologien wie Wind- und Solarkraftwerke zählen hierzu auch Laufwasserkraftwerke, deren Produktion vom aktuellen Wasserangebot im Fluss abhängt und entsprechenden Schwankungen unterliegt. In jedem Fall müssen bei der Betrachtung des Erntefaktors der Aufwand für die Errichtung und den Betrieb der Speichereinrichtungen sowie die bei der Speicherung auftretenden Verluste mitberücksichtigt werden.

Bezüglich der durch die Speicherung von Energie zu überbrückenden Zeiträume unterscheidet man zwischen Speicherung über kurze Zeiträume – typischerweise im Tagesrhythmus wie beispielsweise bei Solarkraftwerken, die nachts keinen Strom liefern – und längerfristigem Speicherbedarf, wenn saisonale Schwankungen beispielsweise aufgrund unterschiedlicher Wasserzuflüsse z.B. im Hochgebirge berücksichtigt werden müssen. Letzteres ist fast nur beim Betrieb von Talsperren möglich, deren großes Volumen als Speicher genutzt werden kann.

Dieser Aufwand ist bereits in den Baukosten berücksichtigt. Eine saisonale Speicherung etwa der Solarenergie über Monate hinweg ist aufgrund des schwachen Aufkommens im Winter weder technisch noch ökonomisch realisierbar, eben weil es weder in Deutschland noch in den unmittelbaren Nachbarländern die topologischen Voraussetzungen für die Errichtung derart riesiger Speichervolumen gibt. Weitere gern zitierte und ach so umweltfreundliche Speichertechnologien wie Druckluftspeicherung, Wasserstoffproduktion bzw. Methangassynthese (»Windgas«) oder Batteriespeicherung haben gemeinsam, dass sie aufgrund hoher Anlagenkosten sowie geringer Wirkungsgrade den Erntefaktor nochmals erheblich reduzieren.

Bei der Betrachtung der hier ermittelten Zahlen für die verschiedenen Arten der Gewinnung »erneuerbarer« Energien entsteht vordergründig der Eindruck, dass die Ergebnisse zwar nicht berauschend, aber dennoch positiv sind und es demnach nur eine Frage der Installation genügend großer Kapazitäten ist, um letztlich den Energiebedarf unserer Gesellschaft mithilfe von z.B. Sonne- und Windkraftwerken zu decken. Dies ist jedoch ein Trugschluss, denn für einen tatsächlich positiven Beitrag zur Energiebilanz bedarf es in unserer modernen Gesellschaft eines sehr viel höheren Erntefaktors.

Warum das so ist, kann man leicht anhand des Raubtier-Beispiels nachvollziehen. Ein Erntefaktor von 1 würde bedeuten, dass dieses Tier ständig am Rande des Hungertodes entlang vegetiert und keine Möglichkeit hat, seine Reserven für Notzeiten aufzustocken. Für Tiere, die Winterschlaf halten müssen, wäre dies das Todesurteil. Ein wesentlich höherer Erntefaktor als 1 wird auch benötigt, um Nachwuchs zeugen und aufziehen zu können. Ohne dies wäre die Art innerhalb kürzester Zeit zum Aussterben verurteilt.

Somit ist der Erntefaktor 1 noch nicht einmal für Schwarzafrika hinnehmbar, denn die Reproduktionsrate ist dort ja besonders hoch.

Beim Menschen mit seiner komplexen und energieintensiven technischen Zivilisation sowie der außerordentlich hohen Aufwendungen, die wir beispielsweise in die Ausbildung unseres Nachwuchses investieren (Sarkasmus: hier ist nicht Deutschland gemeint), sind entsprechend höhere Erntefaktoren zu berücksichtigen. Deshalb muss ein Energiesystem einen Überschuss erzeugen, der groß genug ist, um damit Nahrung sowie alle Dinge des täglichen Bedarfs produzieren zu können. Darüber hinaus müssen auch die Ressourcen für die Errichtung von Gebäuden und Infrastruktur sowie den Betrieb von Spitälern und Universitäten bereitgestellt werden, und letztlich ist auch noch der Aufwand für die kulturellen Bedürfnisse der Bevölkerung zu decken. Technologisch hochstehende Zivilisationen wie die in Europa, Japan oder in den USA erfordern aus diesen genannten Gründen einen minimalen Erntefaktor von 14.

Betrachtet man nun in diesem Zusammenhang verschiedene Kraftwerkstypen, so wird klar, dass alle grünen Hirngespinste zu regenerativen Energien ein ausgemachter Blödsinn sind, wenn es uns als Gesellschaft nicht gelingt, mit einem dafür erforderlichen Erntefaktor von kleiner als 7 wirtschaften zu können:

Art der Energieerzeugung	EF
Fotovoltaik, Süddeutschland (Dach)	4
Windenergie, Deutschland	12
Wasserkraftwerk Deutschland	50
Biogasanlage / Kraftwerk	3,5
Gaskraftwerk Erdgas	28
Braunkohle Kraftwerk	30
Druckwasserreaktor, 100 Prozent Zentrifugenanreicherung	107

Nur Wasserkraft hätte das Potential, eine ökonomisch sinnvolle Energieausbeute zu liefern, wofür jedoch eine entsprechende Topologie vorhanden sein muss. Windenergie ist scheinbar ebenfalls eine gerade noch gut nutzbare Quelle regenerativer Energie. Doch auch in diesem Bereich übersteigt der Aufwand den Nutzen erheblich. Da Wind nur eine geringe Energiedichte aufweist, braucht man für die Gewinnung nennenswerter Strommengen entsprechend viele und vor allem sehr große Anlagen. Hierfür werden enorme Ressourcen verbraucht, wie eine Vergleichsrechnung zwischen Windenergieanlagen des Typs Enercon E126 und einem Kohlekraftwerk mit 1.300 MW zeigt:

Allein in Fundament und Turm dieser 200 m hohen Riesenmaschine stecken 6.300 t Stahlbeton, die Maschinengondel bringt 340 t auf die Waage und die Nabe nebst Rotorflügeln nochmals 320 t. Erzeugt werden damit pro Jahr rund 15.000 MWh elektrische Energie. Ein einziges Kohlekraftwerk mit einer Leistung von 1.300 MW erzeugt dagegen aufgrund seines höheren Nutzungsgrades von rund 90 Prozent im gleichen Zeitraum 10.250.000 MWh. Das ist das 680-fache. Um auch nur nominell die gleiche Energiemenge zu erzeugen wie das Kohlekraftwerk, brauchte man also 680 dieser riesigen Windräder. Berücksichtigt man dazu noch die doppelte Lebensdauer des Kraftwerks, so käme man auf folgenden Ressourcenbedarf:

Alles in allem also rund 10 Millionen Tonnen Stahl, Metalle, Zement und Kunststoffe. Das ist rund das Zwanzigfache der Ressourcen, die für die Herstellung des Kraftwerks benötigt werden. Und fast all dies muss bergbaulich gewonnen werden. Ein schönes Beispiel dafür, wie gedankenlos verschwenderisch gerade diejenigen, die der Industrie ständig die Verschwendung von Ressourcen vorwerfen, bei der Vertretung ihrer eigenen Interessen mit natürlichen Ressourcen umgehen. Vom energetischen Einsatz – so ist beispielsweise die Herstellung von Zement ein extrem energieintensiver Prozess – einmal ganz zu schweigen.

Wegen der hohen mechanischen Belastungen hält so ein Windrad auch kaum länger als 20 Jahre. Wenn Deutschland im Zeitraum 2025 bis 2050 den Anteil erneuerbarer Energien an der Stromversorgung von heute 35 Prozent auf 100 Prozent erhöhen will, würden die Kosten dafür drei bis vier Billionen Dollar betragen. Laut einer im Spiegel zitierten Schätzung würde eine drei- bis fünffache Erhöhung des Anteils erneuerbarer Energien bis 2050 Kosten von 3,4 Billionen Euro bedeuten – das ist das Siebenfache der Summe für den Zeitraum 2000 bis 2025. Zwischen 2000 und 2019 ist der Stromanteil aus erneuerbaren Quellen von 7 auf 35 Prozent gewachsen. Bei diesen Schätzungen reden wir von etwa einem Drittel aller Sparguthaben der deutschen Bevölkerung. Innerhalb der Erneuerbaren ist der Anteil der Bioenergie gleich groß wie der der Solarenergie – obwohl Ersteres nach Ansicht von Wissenschaftlern umweltschädlich ist. Es stellt sich bei derart hohen Kosten die Frage, wer das schultern soll, denn bei 41 Millionen Haushalten komme ich über 25 Jahre hinweg auf eine jährliche Kostenbelastung von ungefähr 4.000 Euro pro Haushalt!!! Wer von Hartz 4 lebt, wird sich hier wohl nicht einbringen, sodass in der Realität noch deutliche höhere Kosten auf den verbliebenen Rest der deutschen Bevölkerung zukommen werden.

Um es in aller Deutlichkeit zu sagen: Als Autor dieses Buches habe ich keinerlei Toleranz, diese völlig verpeilte Politik ohne jeden Sinn und Verstand mitzutragen. Ich werde mich aktiv wehren, so wie ich es bereits mit diesem Buch begonnen habe, und wenn dieses Vorgehen keinen Erfolg hat, werde ich aus diesem Land verschwinden, so wie dies bereits Familien der gut ausgebildeten Mittelschicht tun. Es ist für mich keine Option, mich von wissenschaftlich unbedarften grünen Tagträumern regieren und zur Kasse bitten zu lassen!

Nur 8 Prozent der insgesamt benötigten 7.700 km langen neuen Stromleitungen sind erstellt worden – dabei ist Stromspeicherung sowohl teuer als auch ineffizient. »Ein Großteil der Energie geht verloren«, schreiben die Reporter über ein vielgelobtes Projekt mit Wasserstoff als Energieträger, »und die Effizienz ist unter 40 Prozent … Daraus kann kein lebensfähiges Geschäftsmodell entwickelt werden.« Nach meiner persönlichen Schätzung liegt die Energieeffizienz von Wasserstoff sogar unter 20 Prozent, weshalb unter 40 Prozent nicht falsch, aber eben doch zu optimistisch ist.

Ähnlich vernichtend sieht diese Bewertung auch für Solarzellen aus, denn auch hier wird mit hohem Energieaufwand und hochgiftigen Komponenten gearbeitet:

*In vermutlich 140.000 deutschen Solardächern mit sogenannten Dünn-
schichtsolarzellen ist das giftige Cadmiumtellurid enthalten, das diese Dächer
zu Sondermüll macht. Die in den Boomzeiten der Solarbranche vollmundig
abgegebenen Entsorgungsversprechen dürften sich in den nächsten Jahren mit
dem immer rasanteren Niedergang der Branche in Luft auflösen.*

*So mancher Hausbesitzer wird dann ernüchtert feststellen, dass sein Heim
schwer verkäuflich ist, weil potenzielle Käufer unkalkulierbare Entsorgungs-
risiken auf sich zukommen sehen. Die Wahrscheinlichkeit, demnächst in ent-
legenen Gebüschen über illegal entsorgte Solarpaneele zu stolpern, dürfte in
den nächsten Jahren signifikant ansteigen.*

*Schon diese wenigen Beispiele untermauern eindrucksvoll die Tatsache, dass
die bei Vertretern des grünen Lagers beliebte Disziplin des Eindreschens auf
Bergbau und Rohstoffgewinnung durchaus auch auf sie selbst zurückfallen
kann, wenn man sie nur konsequent auch auf die von den gleichen Herr-
schaften so hochgelobten »grünen« Technologien anwendet.*

Auch Solarzellen halten nur wenig länger als 15 Jahre, was sich mit der Pro-
duktionsverlagerung nach Fernost nicht unbedingt verbessern wird.

Auch wenn dies keiner unserer CO$_2$-Hasser hören will, ist abgesehen
von der Wasserkraft derzeit wirklich keine der Methoden zur Nutzung sogenannter regenerativer Energien ökologisch sinnvoll, denn der Nettoertrag
an Energie steht in keinem akzeptablen Verhältnis zum Aufwand, der für
den Aufbau und Betrieb dieser technischen Anlagen erforderlich ist. Wasserkraft ist durch die Topologie und die Verfügbarkeit von Wasser limitiert.
Wirklich jeder, der heute ganz bewusst sogenannten »grünen Strom« bezieht, ist ganz gegen seine eigentliche Absicht ein »Öko-Terrorist«, und für
diesen Wahnsinn zahlen wir Deutsche jährlich auch noch 30 Milliarden
Euro in diese völlig blödsinnige Energiewende ein.

Neben allen bereits aufgeführten Nachteilen wird ganz aktuell ein weiteres Problem regenerativer Energiegewinnung offenbar, welches die nun in
die Jahre gekommenen Windkraftanlagen betrifft. Bei deren Projektierung
ist wohl ganz vergessen worden, über die Fragen Rückbau und Recycling
nachzudenken. So kann der im Boden eingelassene und um die 600 Tonnen wiegende Klotz aus Stahlbeton nicht sinnvoll entfernt werden, und

auch Mast und Flügel bestehen weitgehend aus Verbundwerkstoffen, die nicht aufgearbeitet werden können. Somit stapeln sich an Feldrändern die Schrotthaufen aus Sondermüll, und Böden können nicht mehr als Ackerfläche rückgebaut werden, da es an erforderlichen Konzepten mangelt. Es beschleicht mich das Gefühl eines bösen Traums, denn was sonst haben wir hier vor uns?

E-Mobilität

Um nun international nicht gänzlich blöd dazustehen und aus Furcht den Chinesen und Amerikanern auch noch diesen Markt zu überlassen, hat unsere Politik das Thema E-Mobilität entdeckt – bemerkenswerterweise noch vor der eigentlich für solche Fragen zuständigen Wirtschaft – womit jedoch weder E-Bikes noch E-Scooter gemeint sind.

Die mit besonderer Bildung gesegneten grünen Tagträumer sind der ernsthaften Überzeugung, man könne – so wie in anderen Ländern auch beschlossen – bis 2030 die heutige weit entwickelte Technologie der Verbrennungsmotoren durch Elektromotoren ersetzen.

Aus Daten des statistischen Bundesamtes geht hervor, dass die installierte Kraftwerksleistung im Jahr 2016 bei ungefähr 220 Gigawatt gelegen hat, wobei etwa 45 Prozent durch fossile Energieträger abgedeckt wurden. Was würde es also für die erforderliche Kraftwerksleistung bedeuten, wenn Deutschland komplett auf E-Mobilität umgestellt würde? Das ist selbst für den Laien sehr gut nachzuvollziehen, denn die aktuelle Kraftwerksleistung ist gemessen an den Frequenzschwankungen im Frühjahr 2019 völlig am Limit. Eventuelle Abschaltungen von Kohlekraftwerken, oder diese durch zum Beispiel Windkraft ersetzen zu wollen, ist an infantiler Naivität schon nicht mehr zu überbieten. Doch bleiben wir bei der für unsere neuen Fahrzeuge bereitzustellenden Leistung, denn diese müssen wir ja mit Blick auf die bereitzustellende Kapazität ermitteln.

Für Elektrofahrzeuge ergibt sich ein zusätzlicher Leistungsbedarf von mindestens 194 Gigawatt, wie folgende einfache Rechnung zeigt:

Nur PKW	64.800.000,00	
Ladeleistung (niedrig angesetzt)	100	KW
zeitgleiche Ladung	3 %	
zusätzliche Kraftwerksleistung	194.400.000,00	KW
	194,40	GW

In der Rechnung wurden nur PKW berücksichtigt, und die hier angeführte Ladeleistung liegt weit unter den 300 KW, die heute bereits möglich sind. Das wird jedoch durch eine kürzere Ladezeit kompensiert. Sicherheiten sind nicht einkalkuliert, wobei jedoch viele Ladevorgänge in den Nachtzeiten stattfinden dürften. Nennen wir es eine Milchmädchenrechnung, die uns jedoch einen recht guten Anhaltspunkt für die benötigte Kraftwerksleistung in Deutschland liefert: Diese müsste nämlich mindestens verdoppelt werden! Nebenbei bemerkt hat selbst unser verehrter Harald Lesch in einer seiner Sendungen zugunsten der Brennstoffzelle mit 350 GW an zusätzlichem Bedarf gerechnet. Kein Wunder – die Energieeffizienz von Wasserstoff sollte eigentlich jede weitere Diskussion überflüssig werden lassen. Stellen Sie sich eine Raststätte an der A9 bei München zur besten Ferienzeit vor. Diese Erfahrung haben sicher schon viele gemacht und man weiß daher, dass dort gut und gern ständig bis zu 15 Fahrzeuge am Tanken sind – ein Vorgang, der heute 10 Minuten in Anspruch nimmt. Will man hingegen eine Lithium-Batterie mit 300 kW Ladeleistung befüllen, dann erfordert es ungefähr 70 Minuten, um 80 % Ladung zu erreichen. Ich müsste also, verglichen mit den heutigen Zapfsäulen, diese Raststätte mit der siebenfachen Ladesäulenkapazität ausstatten, um den bisherigen Fahrzeugdurchsatz bedienen zu können. Bei ungefähr 70 zeitgleich mit 300 kW ladenden Fahrzeugen (allein das Bild macht mir Angst), kämen wir auf einen Energiebedarf von ungefähr 21 Megawatt! Für eine solche Leistung würde jede Rastanlage ein eigenes Umspannwerk benötigen.

Unterstellt man also, man könnte all dies landesweit mit einer ständig steifen Brise und neuesten 1,5-Megawatt-Windkraftanlagen stemmen, dann benötigt man ohne jegliche Sicherheitsreserve hierfür nur knapp 130.000 zusätzliche Windräder – geht ja noch, oder? Hinzu kommen weitere 2.500 Windräder für den Kohleausstieg. Dabei sei noch einmal daran erinnert, dass sich nicht jedes Gelände für so eine Windmühle eignet und ein dauerhafter Flächenbedarf von bis zu 0,4 Hektar benötigt wird. Hinzu kommen pro Windrad ungefähr 350 m2 versiegelter Fläche und dass Wind eben nicht ständig in erforderlicher Stärke zur Verfügung steht.

Anstatt also darüber nachzudenken, wie diese Kraftwerkskapazität überhaupt je erreicht werden kann, fordern diese ideologisch hirnamputierten CO_2-Hasser nichts weniger als den sofortigen Ausstieg aus der Kohle. Wir werden also mehr Elektroenergie benötigen und lösen das Problem durch den Rückbau unserer Kraftwerkskapazität – wie völlig dämlich ist das eigentlich?

Aber das ist ja nur eine Seite der Medaille. Hinzu kommt nämlich der aktuelle CO_2-Fußabdruck der Elektrofahrzeuge selbst, welcher nicht ganz so vernichtend wie bei Windkraftanlagen ausfällt, aber dennoch den ganzen Ansatz komplett in Frage stellt. Hierzu wurde erst unlängst folgende Studie veröffentlicht, die beispielsweise die erforderliche Energieinfrastruktur noch gar nicht eingerechnet hat:

München (dpa) - Elektroautos entlasten die deutsche Klimabilanz nach einer Studie des Kölner Physikprofessors Christoph Buchal nur auf dem Papier – in Wirklichkeit erhöhten sie den CO_2-Ausstoß sogar.

Sobald der CO_2-Ausstoß bei der Herstellung der Batterien und der deutsche Strom-Mix in der Rechnung berücksichtigt werde, belaste ein E-Auto das Klima um 11 bis 28 Prozent mehr als ein Dieselauto, heißt es in der vom Ifo-Institut in München veröffentlichten Studie.

Lithium, Kobalt und Mangan für die Batterien würden mit hohem Energieeinsatz gewonnen und verarbeitet. Eine Batterie für einen Tesla Model 3 belaste das Klima mit 11 bis 15 Tonnen CO_2.

Bei einer Haltbarkeit des Akkus von zehn Jahren und einer Fahrleistung von 15.000 Kilometern im Jahr bedeute allein das schon 73 bis 98 Gramm CO_2 je Kilometer, rechneten die die Studienautoren Buchal, Hans-Dieter Karl und Hans-Werner Sinn vor.

Dazu kommen noch die CO$_2$-Emissionen des Stroms. In Wirklichkeit stoße der Tesla zwischen 156 und 181 Gramm CO$_2$ pro Kilometer aus und damit deutlich mehr als ein vergleichbarer Diesel-Mercedes.

Dass die europäische Politik Elektroautos als Null-Emission-Autos einstufe, sei eine Täuschung, kritisierten die Forscher. Der ab 2030 vorgeschriebene CO$_2$-Grenzwert von 59 Gramm pro Kilometer entspreche einem Verbrauch von 2,2 Liter Diesel oder 2,6 Liter Benzin je 100 Kilometer und sei «ingenieurtechnisch unrealistisch».

Deshalb müssten die Autobauer bald den Großteil ihrer Autos als E-Autos an die Kunden bringen. Für das Klima besser wären mit Methan betriebene Ottomotoren, ihr CO$_2$-Ausstoß sei um ein Drittel niedriger als der eines Diesels.

Zu dieser Studie wurde übrigens recht schnell eine Gegendarstellung entwickelt – diesmal von echten Experten. Das Szenario gleicht sehr stark der öffentlichen Widerlegung der Argumentation zur weitgehenden gesundheitlichen Unbedenklichkeit von Stickoxiden. Auch hier wissen wir mittlerweile, dass einmal Spagetti mit Tomatensoße auf einem Gasherd zubereitet 300-mal mehr Stickoxid in der Raumlauft erzeugt, als in Stuttgart an der befahrensten Kreuzung überhaupt zugelassen sind. Es grenzt schon an absolute Lächerlichkeit, wie sich Establishment und Mainstream-Medien hier an letzte Strohhalme der Argumentation klammern, um die Kartenhäuser aus verpeilten Theorien vor dem Einsturz zu bewahren.

Ein weiterer interessanter Punkt bei der Elektromobilität sind die riesigen Lithiumbatterien. Für diese Batterien sehen die Hersteller derzeit garantierte Laufzeiten von zirka acht Jahren vor, sodass die Frage des Recyclings derzeit noch nicht aktuell ist. Derzeit existiert hierfür auch kein wirtschaftliches Verfahren, einfach weil die Gewinnung neuen Lithiums aktuell fünfmal günstiger ist als jegliche Aufarbeitung. Einige Hersteller sehen vor, ältere Batterien in der Stromspeicherung einzusetzen. Abgesehen vom Recycling ist jegliche Energiequelle der Elektromobilität eine potenziell explosive Gefahrenquelle, sobald es bei Unfällen zum Beispiel zu Kurzschlüssen kommt. Um alle Technologien beleuchtet zu haben, gibt es da noch das Szenario der Nutzung von Wasserstoff in Kombination mit der Brennstoffzelle, welche aus dem Wasserstoff direkt Elektroenergie erzeugen kann.

Wenn also der hierfür notwendige Wasserstoff nachhaltig durch Elektrolyse erzeugt werden soll, dann ist die Effizienz begrenzt. Industriell verfügbare Elektrolysezellen erreichen trotz ihrer Geschichte von über 100 Jahren nur eine Effizienz von etwa 70 Prozent, bessere Prozesse konnten Forschung und Entwicklung noch nicht hervorbringen. Thermische Prozesse zur Wasserstofferzeugung bewegen sich im Bereich von 30 bis 40 Prozent. Im Ergebnis erfordern die Erzeugung von 5 kg Wasserstoff und die Kompression für den Tank über 300 kWh Strom. Es kommen aber letztlich nur etwa 100 kWh bei den Elektromotoren an.

Brennstoffzellen werden zwar immer wieder phänomenale Effizienzwerte zugeschrieben, aber die gelten nur für extrem niedrige Leistungen. Schon etwas höhere Leistungsanforderungen – wie im PKW-Betrieb üblich – bringen große Verluste mit sich. Im praxisrelevanten Bereich liegt die Effizienz solcher Brennstoffzellen eben nur noch bei etwa 50 Prozent. Bei einem Zehntel der maximalen Leistung ist die Effizienz etwas höher, bei der vollen Leistung noch etwas niedriger.

Der Grund dafür liegt in der Aktivierungsenergie, die für die Reaktion nötig ist. Immerhin müssen Sauerstoff- und Wasserstoffmoleküle gespalten werden, und die Elektronen des Wasserstoffs müssen vom Atomkern getrennt werden. Das passiert zwar auch spontan. Dann bekommt die Brennstoffzelle die Aktivierungsenergie geschenkt, aber das geschieht nur sehr langsam. Bei höherer Leistung muss deshalb ein Teil der Zellspannung für diesen Zweck aufgewendet werden. Bei höheren Temperaturen verschwindet dieses Problem, aber dafür sinkt die freie Energie des entstehenden Wasserdampfs und damit die maximal mögliche Zellspannung. Umso niedriger die Zellspannung ist, desto niedriger ist die Effizienz. Dazu kommt bei hohen Leistungen noch der elektrische Widerstand in der Zelle.

Natürlich kann die Technik auch nach einem halben Jahrhundert noch weiter optimiert werden. Aber die physikalischen Grundlagen sind inzwischen gut bekannt. Man kennt die Flaschenhälse und arbeitet an ihnen. Brennstoffzellen werden zwar schrittweise verbessert, aber ein Durchbruch ist vorerst nicht zu erwarten.

Im Betrieb können wegen des hohen Stromverbrauchs keinerlei Kosten eingespart werden. Das Fehlen der Infrastruktur kommt noch hinzu, ist aber dabei eher ein Randproblem. Es soll vorläufig durch eine Home Energy Station zumindest zum Teil gelöst werden. Das ist eine Elektrolysezelle mit Kompressor und Zwischenspeicher. Eine volle 5-kg-Tankladung Wasserstoff kann sie aber nur alle 2,5 Tage erzeugen. Der dafür nötige Strom kostet mehr als das Benzin, das der Wasserstoff ersetzt.

Die Bilanz eines 60.000 US-Dollar teuren Brennstoffzellenautos ist damit einfach niederschmetternd. Der Kaufpreis ist zu hoch, mit dem Treibstoff lassen sich weder Energie noch Geld sparen. Die Energieeffizienz ist einfach zu schlecht, als dass die Technik kurz vor dem Durchbruch stehen könnte, egal, wie oft das behauptet wird. Auch hier war sich unser Professor Lesch nicht zu schade, für diese wirklich völlig ineffiziente Technologie zu werben, deren Wirkungsgrad derzeit sogar unter 20 Prozent liegt – das ist in etwa das Niveau der Dampfmaschine, und die war weit weniger gefährlich, denn Wasserstoff ist wegen der erforderlichen niedrigen Temperaturen für Verflüssigung und Betankung technisch schwer handhabbar und stellt aufgrund seiner Reaktionsfreudigkeit eine ständige Gefahrenquelle dar.

Wenn man all diese Zusammenhänge und den desaströsen Wirkungsgrad von Wasserstoff kennt, dann ist man vom medialen Hype um dieses Thema eigentlich nur angewidert. Im »Spiegel« gab es unlängst einen Artikel, »Der grüne Sauberstoff«, welcher die Herstellung von Wasserstoff aus regenerativen Energien zum heiligen Gral der Energiegewinnung erhob. Ein anderer in der »Welt« erschienener Artikel berichtete von der unglaublichen Energieeffizienz, sobald man Essigsäure anstelle von Wasser als Grundstoff zur Herstellung des Wasserstoffs benutzen würde. Wie man die benötigten großen Mengen an Essigsäure herstellt, wurde nicht erläutert. Vermutlich geht es beim Loblied auf den Wasserstoff nur um die Refinanzierung einer in den Sand gesetzten Forschung. In meiner Heimat nennt man eine solche Herangehensweise »Mit dem Schinken nach der Bratwurst werfen«, wobei hier gleich mit zehn Schinken nach einer Bratwurst geworfen wird.

Eine ernsthafte Alternative kann ich im Wasserstoff nur hinsichtlich der Nutzung in Fusionsprozessen erkennen, was jedoch derzeit eher nicht als marktreif betrachtet werden kann.

Nach meiner persönlichen Einschätzung kann E-Mobilität nur in Kombination mit Kernenergie einen Sinn ergeben, denn nur diese lässt sich ökonomisch sinnvoll und ohne dieses ach so schreckliche CO_2 erzeugen, wobei dieser Ansatz noch durch geeignete Speichertechnik zu ergänzen wäre. Anstelle der zeitaufwändigen Ladevorgänge ist ein austauschbares energiereiches Medium eventuell ein brauchbarer Ansatz. Auch der Austausch der Akkus ist eine bereits erfolgreich getestete Lösung, wobei wir hier wegen der zusätzlich vorzuhaltenden Akkus erneut in die Problematik der effizienten Nutzung von Ressourcen geraten werden.

Wenn CO_2 jedoch gar kein tatsächliches Problem ist, wie in diesem Buch bereits festgestellt, dann spräche eigentlich nur der Verbrauch der Ressource Erdöl gegen aktuelle Antriebskonzepte!

Genauso oder ähnlich sehen das auch die meisten anderen Staaten dieser Welt, bis auf Deutschland, dessen Automobilindustrie einen Dieselmotor mit bis zu 40 Prozent Energieeffizienz hervorgebracht hat, also doppelt so effizient wie ein Wasserstoffantrieb. In Frankreich und vielen anderen Ländern dieser Welt werden Dieselantriebe gefördert, zumal diese auch noch 30 bis 40 Prozent effizienter als Otto-Motoren sind. Wieso muss also die deutsche Politik wirtschaftlichen Selbstmord betreiben?

Energiewende ist Nonsens

Ein Zwischenfazit zeigt, dass die gesamte deutsche Energiewende ein von ahnungslosen Politikern getriebenes Projekt ist, welches letztlich sogar mehr Energie benötigt, als es tatsächlich erzeugt. Selbst im Spiegel fand sich eine Schlagzeile darüber, dass die bisherigen Anstrengungen für das Klima nichts gebracht hätten – obwohl natürlich das Kalkül dieser Schlagzeile nicht darin besteht, den Sinn der bisherigen Herangehensweise zu hinterfragen. Die Elektromobilität setzt dem Ganzen noch eins drauf, denn dadurch würde die benötigte Kraftwerkskapazität nochmals verdoppelt, während die Fahrzeuge selbst hinsichtlich Herstellung und Betrieb die reinste Umweltkatastrophe sind. Unsere Politik schreit derweil nach mehr Elektrofahrzeugen auf unseren Straßen und legt hierfür milliardenschwere Förderprogramme auf – wie dämlich ist das eigentlich?

Der einzig noch sinnvolle komplementäre Ansatz der Nutzung von Kernenergie wurde im grünen Deutschland vom Tisch gewischt, weil im fernen Japan eine Kombination von Naturkatastrophen ein Kraftwerk in die Luft fliegen ließ. Das genügte, um unserer Kanzlerin unter völlig anderen Rahmenbedingungen eine von purer Panik getriebene Entscheidung abzuringen. Zusätzlich fordert heute ein fehlgeleiteter Mob die Abschaffung von Kohlekraftwerken – am besten noch in den kommenden sechs Jahren.

Im Ergebnis der deutschen Energiepolitik sehen wir uns hier mit vollständig heruntergelassenen Hosen, in der Hoffnung, dass die Energieerzeugung unserer Nachbarn unseren geistigen Dünnschiss schon kompensieren wird, während wir selbst Unsummen für dieses Schildbürgertum aufbringen müssen.

Dem normal denkenden Menschen ist meines Erachtens nicht mehr zu vermitteln, dass unsere Bundeskanzlerin eine promovierte Physikerin sein soll.

Diesem wahnwitzigen politischen Treiben steht überdies auch noch entgegen, dass Deutschlands Anteil an den weltweiten CO$_2$-Emissionen einfach lächerlich gering ist, und selbst eine technisch unmögliche 100-prozentige Vermeidung von CO$_2$ würde keinen messbaren Effekt auf das Klima haben – Resultat ist nur der Ruin des Landes selbst.

Im Rahmen der immer wieder vom Weltklimarat IPCC auf Basis seiner Klimaberichte ausgegebenen Leitlinien für Entscheidungsträger und der diversen Klimakonferenzen sehen die Industrienationen scheinbar gute Gründe, sich dem Klimaschutz zu verpflichten, wobei es jedoch Ausnahmen gibt. Unter diesen finden wir dann Länder wie die USA, Russland, China oder Indien, welche zurzeit aus zum Teil ganz unterschiedlichen Gründen nicht im notwendigen Maß zum Klimaschutz beitragen können. Es ist nur leider so, dass genau diese vier Länder den größten Einfluss auf die angeblich menschengemachte Klimaerwärmung haben, denn diese Länder verursachen gemeinsam den weltweit höchsten CO$_2$-Ausstoß – also des Gases, welches maßgeblich für die Klimaänderung verantwortlich sein soll. Wie kann es also Sinn ergeben, dass Deutschland mit einem CO$_2$-Emissionsanteil von nur 2,23 Prozent Milliarden Euro in die CO_2-Vermeidung steckt, während dies für die tatsächlichen CO_2-Sünder kein großes Thema ist? Die im Netz schnell auffindbaren Statistiken sprechen hinsichtlich der CO_2-Emissionen eine deutliche Sprache:

- China   28,1 %
- USA   15,99 %
- Indien   6,24 %
- Russland   4,53 %

Diese vier Länder verursachen mit in Summe ca. 55 Prozent mehr als die Hälfte aller von Menschen verursachten CO_2-Emissionen. Dabei soll nicht behauptet werden, dass in diesen Ländern nicht auch Maßnahmen zum Klimaschutz ergriffen wurden und werden. Die USA haben zum Beispiel in Kalifornien vergleichbar hohe Standards etabliert, wie wir diese heute in Europa vorfinden.

Es wird mir in diesem Kontext ewig ein Rätsel bleiben, was den deutschen Michel zu einer derart überzogenen und derzeit in religiösen Eifer ausartenden Klimapolitik treibt, zumal klar ist, dass er sich damit ruiniert und überdies keinerlei messbare Reduktion der globalen Temperaturen bewirken wird.

Wie dämlich muss man eigentlich sein, um diesen Schwachsinn auch noch weiter medial zu befeuern und politisch zu hoffieren? Es braucht keine hellseherischen Fähigkeiten, um herauszufinden, dass die etablierten politischen Eliten nicht für diese Fehlentwicklung einstehen werden und die begangenen Fehler einräumen würden. Stattdessen klammert man sich hier an die Macht und greift auch nach dem Strohhalm einer verpeilten Klimapolitik, wenn dadurch noch ein paar Monate Einfluss und Geld herausgeschunden werden können. Falls dann doch klar wird, welcher Wahnsinn hier regiert hat, wird man sich selbst glorifizieren, denn man hat ja die anderen Völker dieser Welt am eigenen Beispiel davor bewahrt, die gleichen Fehler zu begehen.

Der Klimaschutz in den Medien

Bereits die ersten Zeilen dieses Buches waren ein Seitenblick auf die aktuelle mediale Übersteigerung des Klimaschutzes und den damit verbundenen Hype um eine schwedische Schülerin namens Greta Thunberg. Dieses junge Mädchen ist jedoch nur die Spitze des Eisbergs, und Greta kann genaugenommen auch kein Vorwurf gemacht werden. Im Gegenteil – sie folgt ihrer persönlichen Überzeugung, was jedoch von ihrem Elternhaus sowie den Medien und Politikern konsequent ausgenutzt wird. Sie instrumentalisieren dieses junge Mädchen auf schamlose Weise und nutzen das entstandene Momentum, um möglichst viele und vor allem junge Menschen für ihre Ziele zu sensibilisieren. Unsere aus der Politik bekannte Katrin Göring-Eckardt (Bündnis90/Die Grünen) hat es ja nicht zu einem anerkannten Studienabschluss gebracht, aber in einer Kanzelrede in der evangelischen Salvatorkirche in Duisburg, anlässlich des Kulturfestivals »Duisburger Akzente«, erhob Göring-Eckardt Greta Thunberg nun in den Status eines Propheten:

> *»Mich erinnert Greta an die Stelle aus dem Prophetenbuch Amos, wo es heißt: Sie hassen den, der im Tor Recht spricht, und verabscheuen den, der die Wahrheit sagt«, stellte die grüne Politikerin auf der Kanzel fest. Propheten blickten nicht etwa weit in die Zukunft, sondern beobachteten die Gegenwart genauer als andere, so Göring-Eckardt. Und sprächen dann die Wahrheit aus »sehr entschieden, sehr kundig und sehr klug.«*

Unsere Protagonisten des Klimaschutzes sind also Propheten, darunter machen wir es nicht. Wenn wir also hier von der Spitze des Eisbergs sprechen, macht es sicher Sinn, sich einen kurzen Überblick zu bekannten medialen Verlautbarungen zum Thema Klimaschutz zu verschaffen. Ein kleiner Rückblick auf die diesbezüglichen Inhalte der Leitmedien der letzten Tage gibt bereits Anhaltspunkte:

*Klimaschutz: Warum wir strengere Regeln brauchen, SPIEGEL ONLINE –
Kultur – 22.06.2019*
*Wenn es so weitergeht mit dem Klima, sterben wir aus. Doch die Volksparteien
versuchen bloß, die eigene Vorherrschaft zu retten. Motto: Lass' es sausen.*
…
*Mobilität: »Ich nehme das ernst«, DER SPIEGEL – Interview Wirtschaft –
22.06.2019*
*Lufthansa-Chef Carsten Spohr, 52, über Flugscham, Tickets für 9,99 Euro
und seine Ideen für eine CO_2-Abgabe*
…
*USA: Trump-Kandidatin nennt Klimawandel »echtes Risiko für unseren
Planeten« SPIEGEL ONLINE – Politik – 19.06.2019*
*Donald Trump will sie als oberste US-Diplomatin zur UNO schicken - doch
Kelly Craft widerspricht ihrem Präsidenten in einem wichtigen Punkt: Sie
ruft zum Kampf gegen die Erderwärmung auf.*
…
Merkel: Klimaneutralität bis 2050
*Dortmund – Bundeskanzlerin Angela Merkel hat sich zum Ziel einer Kli-
maneutralität bis zum Jahr 2050 bekannt. Die Bundesregierung habe sich
entschlossen, zu sagen: «Ja, wir setzen uns unter Druck. Wir wollen bis 2050
klimaneutral sein», sagte die CDU-Politikerin beim Evangelischen Kirchen-
tag in Dortmund. Es sei gut, dass die Jugend die Politik aus dem bisherigen
Tempo «herausgerissen» habe und die Dringlichkeit des Klimaschutzes jetzt
deutlicher geworden sei.*
…
Den Haag drängt auf EU-Steuer auf Flugbenzin zum Klimaschutz
*Den Haag - Die Niederlande drängen auf eine europaweite Flugbenzin-Steu-
er. Dies sei eine wirkungsvolle Maßnahme für den Klimaschutz, sagte der
Staatssekretär für Finanzen, Menno Snel, am Donnerstag bei der Eröffnung
einer internationalen Konferenz über Flugsteuern in Den Haag. »Wir sollen
allen Transport auf dieselbe Weise besteuern.« Die niederländische Regierung
verwies auf eine wissenschaftliche Studie, nach der eine Kerosin-Steuer den
CO_2-Ausstoß um elf Prozent verringern würde. EU-Kommissar Pierre Mo-
scovici begrüßte die Initiative der Niederlande.*

Wir könnten hier tausende Seiten an weiteren Beispielen aufführen, doch wozu sollte man hier die im Internet ganz einfach aufzufindenden Beiträge nochmals duplizieren? Schauen Sie einfach selbst auf den Seiten von Spiegel, Focus, Die Welt und so weiter nach, nutzen Sie die dort verfügbaren Suchfunktionen, und Sie werden von den Ergebnissen regelrecht erschlagen. Unser Thema endet dabei nicht auf der Nachrichtenebene, sondern zieht sich auch durch Hollywood-Blockbuster und Dokumentationen, dass es schon regelrecht schwierig ist, sich dem Thema Klimawandel noch in irgendeiner Form zu entziehen. Eines der bekanntesten Beispiele entstand in den USA unter Federführung eines Präsidentschaftskandidaten.

In diesem natürlich auch politisch motivierten Großprojekt wurde der Film des US-Politikers und Klimaenthusiasten Al Gore – »Eine unbequeme Wahrheit« – in allen Medien gefeiert und war im Jahr 2006 in aller Munde. Im darauffolgenden Jahr gab es hierfür gar den Oscar für den besten Dokumentarfilm. Wenn Sie in Deutschland nach »Al Gore« fragen, wird Ihnen so gut wie jeder von diesem Film berichten können. Doch so gut wie niemand wird wissen, dass dieser Film in England für Unterrichtszwecke verboten worden ist. Dort ist es gesetzlich verboten, in Schulen politische Propaganda zu betreiben – und als solche wurde dieser Film eingestuft. Der Film verbreite nach richterlicher Auffassung einseitige und übertriebene Darstellungen, was mit nicht weniger als neun Punkten begründet wurde:

- »Der Film behauptet, dass die Eisschmelze am Kilimanjaro ein Beweis für die globale Erwärmung sei. Der Regierungsvertreter musste zugeben, dass dies nicht wahr ist.
- Der Film deutet an, dass Daten aus Eisbohrkernen bewiesen, dass die Zunahme von CO$_2$ den Temperaturanstieg der letzten 650.000 Jahren verursacht hätte. Das Gericht hält den Film für irreführend: In dieser Zeit folgte die Zunahme an CO$_2$ jeweils um 800 bis 2.000 Jahren dem Temperaturanstieg und konnte daher nicht die Ursache sein.
- Der Film bedient sich emotionaler Bilder vom Hurrikan Katrina und unterstellt, dass dies die Folge der globalen Erwärmung gewesen sei. Der Fachmann der Regierung musste zugeben, dass es nicht möglich ist, einzelne Ereignisse der globalen Erwärmung anzulasten.

- Der Film zeigt Bilder vom Austrocknen des Tschad-Sees und behauptet, dies sei durch die globale Erwärmung ausgelöst worden. Der Regierungsvertreter gab zu, dass dies nicht der Fall sei.
- Der Film behauptet, eine Studie zeige, dass Eisbären ertrunken seien, weil das arktische Eis verschwände. Es stellte sich heraus, dass Herr Gore die Studie falsch gedeutet hatte. Tatsächlich waren die vier Eisbären wegen eines besonders heftigen Sturms ertrunken.
- Der Film droht damit, dass die globale Erwärmung den Golfstrom stoppen und dies Europa eine Eiszeit bringen könnte: Der Kläger konnte wissenschaftliche Beweise erbringen, dass dies eine Unmöglichkeit sei.
- Der Film gibt der globalen Erwärmung Schuld am Artensterben, insbesondere dem Ausbleichen der Korallenriffe. Die Regierung konnte dafür keine Beweise vorlegen.
- Der Film unterstellt einen Meeresspiegel-Anstieg um sieben Metern, der die Umsiedlung von Millionen Menschen verlange. Der tatsächlich zu erwartende Meeresspiegel-Anstieg in den nächsten 100 Jahren liegt bei etwa 40 cm und stellt somit keine Bedrohung dar, die eine derart massive Wanderbewegung nötig macht.
- Der Film behauptet, der Meeresspiegel-Anstieg würde die Evakuierung einer bestimmten Pazifik-Insel bei Neuseeland erfordern. Die Regierung konnte das nicht bestätigen und das Gericht hielt daher die Behauptung für unbegründet«.

So ist das also mit der unbequemen Wahrheit – sie wird gerade hier in Deutschland einfach unter den Teppich gekehrt, denn von diesen Gegebenheiten hat man hierzulande von offizieller Seite nichts erfahren können. Der Klimawandel ist in unseren Medien präsent wie nie zuvor. Vor zwei Tagen war es Indien mit einer Hitzewelle, obwohl Hitzewellen für diese Region und Jahreszeit absolute Normalität sind. Gestern wurde am frühen Morgen über einen Eisbären in der sibirischen Stadt Norilsk berichtet, am selben Abend war es bei n-tv ein wegen dem Klimawandel ausgehungerter Eisbär und damit die Top-Nachricht. Wer in dieser Frage sensibilisiert ist, stellt schnell fest, dass bei wirklich jeder sich bietenden Gelegenheit aktuell der Klimawandel immer mit von der Partie ist, gerade so, als ob dies eine in den Redaktionen der Medien neu verankerte Regel wäre, obwohl man sich auch gut vorstellen kann, dass Klima-Stories dort automatisch bevorzugt werden. Unsere politische Landschaft überschlägt sich nach Greta und Rezo und sucht sich mit immer wieder neuen Zielsetzungen zum sogenannten Klimaschutz zu übertrumpfen.

Man könnte ein Buch mit mehr als tausend Seiten mit weiteren Beispielen medialen Blödsinns füllen, aber ich will es bei nur wenigen folgenden Zitaten belassen, die ein Schlaglicht auf den Klimakonsens werfen und die Sie nun anhand der neugewonnen Erkenntnisse mit sicherlich großem Amüsement lesen werden:

Jedes Kilo Kohle fängt über das Verbrennungsprodukt Kohlendioxid ein Hundertfaches der Wärme, die wir aus ihr gewinnen, in der Atmosphäre ein – es ist längst Zeit für eine Wende in der Energieversorgung.
Carlo Rubbio, Physik-Nobelpreisträger von 1994 in Germanwatch: Die Welt am Scheideweg, S. 103

Die Erde hat Fieber - und das Fieber steigt.
Albert ‚Al' Gore, amerikanischer Politiker und Unternehmer am 10.12.2007 anlässlich der Verleihung des Friedensnobelpreises

Die Emission von Treibhausgasen … führt zur globalen Erwärmung in einem Tempo, das zu Anfang signifikant war, dann alarmierend geworden ist und langfristig unerträglich sein wird.
Tony Blair, ehemaliger britischer Premierminister. In Flannery: Wir Wettermacher, S. 277

»Wie ein freigesetzter Flaschengeist erfüllt der Kohlenstoff dem Homo sapiens jeden Energiewunsch und lässt die Überflussgesellschaft entstehen. Doch gleichzeitig erhitzt der rasend aufsteigende Luftkohlenstoff den Globus über alle zuträglichen Maße und wendet sich damit gegen seine Befreier. Ergo geht unsere Zivilisation den Weg in die Selbstverbrennung – aus Gier, aus Dummheit und vor allem aus Versehen. … Immer noch kann sich der Mensch von der fossilen Verführung lossagen und vor dem selbsterrichteten Scheiterhaufen

kehrtmachen. Wenn Wissen und Wollen umgehend zusammenfinden. Und wenn wir deutlich mehr Glück als Verstand haben.«
Hans Joachim Schellnhuber: Selbstverbrennung (2015), S. 3

Die durch zivilisatorische Anreicherung der atmosphärischen CO_2-Konzentration bis Ende des 21. Jahrhunderts provozierte Erwärmung wird bis weit über das Jahr 3000 hinaus nahezu ungeschwächt fortbestehen.
S. Solomon, Klimaforscher, zit. nach Hans Joachim Schellnhuber, Selbstverbrennung (2015), S. 346

»Meereis hat den Eisbären zu dem gemacht, was er ist. Und ohne dieses Eis wird er aufhören zu existieren.«
Michael Engelhard, Eisbärenkenner. In: Zeit, 08.12.2016, S. 38: »Er will doch nur fressen«

Der Anstieg des Meeresspiegels wird langfristig eine der schwerwiegendsten Folgen der globalen Erwärmung sein.
Stefan Rahmstorf, Klimawissenschaftler

Ein kleiner Nachtrag zu dem Zitat mit den armen Eisbären: Diese Art lebt genetisch nachgewiesen seit schlappen 600.000 Jahren auf diesem Planeten und hat weitaus wärmere Zeiten durchlebt als unsere aktuelle Kaltzeit. Die Pole waren in dieser Zeit, die einen Teil des Pleistozäns abdeckt, mindestens viermal eisfrei! Und wissen Sie was, es sind in den letzten Jahren sogar deutlich mehr von diesen zottigen Vierbeinern geworden, denn deren Anzahl steigerte sich von 5.000 Exemplaren auf heute ungefähr 25.000 Stück – also das Fünffache. Dann kann es ja nicht mehr lange dauern, bis die Robben vom Klimawandel verschlungen werden, denn die sind nun mal die Leibspeise der niedlichen weißen Bären, und die brauchen einfach nur genug zu fressen und ab und zu ein kühles Bad. Wenn sich der gute Mann da also als Eisbärenkenner outet, dann bin ich ab morgen ausgewiesener Schönheitschirurg in Malibu, Kalifornien.
Völlig abgesehen von der direkten Platzierung durchgeknallter Horrorfantasien haben Medien und Medienkonsum einen weiteren ganz

wesentlichen Einfluss auf die breite Wahrnehmung des Klimawandels, denn Medienkonsum führt dazu, dass nicht mehr hinterfragt wird – es wird einfach nur konsumiert. Vergleichen Sie einfach die Medien der frühen 80er Jahre mit den Möglichkeiten im Jahr 2019: Drei Fernsehprogramme und ein Dutzend Illustrierte stehen heute einer geballten Medienmacht gegenüber, bestehend aus mindestens einhundert nur deutschen Fernsehkanälen, Smartphones mit nahezu unendlichen Unterhaltungsmöglichkeiten, Spielkonsolen, Personal-Computern und weiß der Geier was sonst noch mit Social-Media und Streaming-Diensten hinzugezählt werden müsste. Wie soll da selbst ein wacher und gebildeter Geist noch die Motivation finden, mal selbst was zu entwickeln oder eben auch zu hinterfragen? Unser heutiges Medienumfeld ist perfekt, um ganzen Völkerscharen den größten Bären aufzubinden, wie der geneigte Leser auch in meinem ersten Buch zum Thema Geopolitik nachvollziehen kann.

Nur so kann es passieren, dass tausende junge und eigentlich gebildete Menschen in Aachen demonstrieren und glauben, dass in zwölf Jahren die Welt untergeht, wenn man nicht gestern etwas dagegen getan haben wird. Leute, ich sage das nicht gern, aber: Handyglotzen macht einfach nur dämlich!

Wenn wir über unsere öffentlich-rechtlichen Medien reden, sollten wir uns darüber im Klaren sein, dass deren Auftrag in einer objektiven, fairen und ausgewogenen Information besteht, wie dies auch bei der ARD nachgelesen werden kann:

Der Auftrag des öffentlich-rechtlichen Rundfunks ergibt sich aus dem Grundgesetz, er ist darüber hinaus unter anderem im Rundfunkstaatsvertrag gesetzlich festgeschrieben. Danach soll der öffentlich-rechtliche Rundfunk mit seinen Programmangeboten »zur Information, Bildung, Beratung, Kultur und Unterhaltung einen Beitrag zur Sicherung der Meinungsvielfalt und somit zur öffentlichen Meinungsbildung« leisten. [...]. Der öffentlich-rechtliche Rundfunk ist außerdem zur Ausgewogenheit verpflichtet. Dazu gehören das Gebot einer fairen und unabhängigen Berichterstattung und die Verpflichtung zur Überparteilichkeit. Die Abbildung verschiedener Meinungen im Programm soll insgesamt ausgewogen sein. Diese Vorgaben gelten in besonderem Maße für Nachrichten oder politische Sendungen.

Zum Auftrag des öffentlich-rechtlichen Rundfunks gehört es auch, einen Überblick über das internationale, nationale und regionale Geschehen zu geben und damit die europäische Integration und den gesellschaftlichen Zusammenhalt in Deutschland zu fördern. Es gilt, so viele Menschen wie möglich zu erreichen, deshalb umfasst der Auftrag die Verbreitung der Sendungen und Informationen auch über das Internet zur mobilen und zeitunabhängigen Nutzung.

Es gibt heute meines Erachtens so gut wie keine mediale Repräsentation der Gegner des vom Menschen verursachten Klimawandels, mit dem Argument, dass man solcherlei Ansichten nicht auch noch eine Plattform bieten müsse. Es gebe ja zum Thema einen nahezu vollständigen wissenschaftlichen Konsens. Bürger, die sich skeptisch mit dem Thema auseinandersetzen, werden als Klimaleugner oder Verschwörungstheoretiker diffamiert, und der öffentliche Diskurs wird mit den genannten Totschlagargumenten vermieden. Das betrifft übrigens nicht nur Klimathemen.

In dieser Frage gab es in den Jahren um 2010 noch eine deutlich vielfältigere Berichterstattung, welche aus mir unbekannten Gründen heute nicht mehr stattfindet.

Stattdessen überschlagen sich Presse und Rundfunkanstalten in der Meldung »beispielloser« Wetterereignisse, und im Wetterbericht sieht man eine in den Farbtönen Rot bis tief Lila schimmernde Wetterkarte, obwohl die Temperaturen noch nicht einmal 30 Grad Celsius erreichen. Ein aktuelles Beispiel vom 7. August 2019 findet sich im Anhang.

Beliebt ist auch die Verbreitung von Nachrichten zu beispiellos niedrigen Pegelständen der Flüsse, wodurch teils die Schifffahrt eingestellt werden musste. Die Sache mit der Schifffahrt ist soweit korrekt, denn im letzten Jahr begann in den Raffinerien die Versorgung mit Rohöl zu einem Dilemma zu werden, welches die generelle Versorgung des deutschen Tankstellennetzes zunehmend schwieriger werden ließ. Allerdings kann von »beispiellos« keinerlei Rede sein, denn ähnlich niedrige oder sogar noch niedrigere Pegelstände gab es in unserer jüngeren Geschichte, auch durch Bilder belegt, bereits in den Jahren 1904, 1911, 1953, 1954 und 2003. Heute titelte »Die Welt«:

»Game of Thrones ist so schädlich wie ein Inlandsflug« … Eine Studie zeigt, dass Streamingdienste 300 Millionen Tonnen CO$_2$ pro Jahr verursachen. Warum Pornografie schlimmer ist als YouTube – und wie wir das Problem mithilfe von Überwachungstechnologie lösen können …

Gemessen an den insgesamt etwas mehr als 30 Milliarden Tonnen CO$_2$ pro Jahr ist das immerhin beinahe 1 Prozent unseres Energieverbrauchs. Sollen sich doch bitteschön Leute, die das brauchen, einen von der Palme schütteln – das ist mir lieber, als noch mehr Vergewaltigungsopfer oder Messerattacken akzeptieren zu müssen. Es ist völlig verrückt, was in unserer heutigen Zeit alles in einen Klimakontext gebracht wird. Wenn Sie also im Kontext von Wetter und Klima mit dem Eigenschaftswort »beispiellos« konfrontiert werden, sollten bei jedem normal denkenden Menschen alle Alarmglocken läuten, denn was wir hier vor uns haben, ist eine in der Tat beispiellose Kampagne zur Vermittlung wissenschaftlichen Unsinns.

Es gilt in Deutschland, das aktuelle Momentum des Klimawahns auszubauen und eine breite Akzeptanz für weitere Investitionen und Belastungen der Bevölkerung herzustellen.

Die Klima-Skeptiker

In all dieser Hysterie muss man sich fragen, ob denn dieser einmal in Fahrt gebrachten Bewegung der Klima-Alarmisten und Klima-Aktivisten noch irgendetwas entgegengesetzt werden kann.

So wie es im Mittelalter Ketzer und Leugner gab, finden sich auch heute aufgeklärte Menschen, die sich nicht ohne Weiteres dem sogenannten Klima-Konsens anschließen, einfach deshalb, weil die Beweislage für den anthropogenen Klimawandel viel zu dünn ist und eigenes Wissen und Ausbildung nahelegen, dass hier etwas nicht stimmen kann. In dieser Gruppierung finden wir vor allem Ingenieure und Naturwissenschaftler aus der Mittelschicht, die sich nicht nur in Deutschland, sondern vor allem auch in den USA aktiv in die Thematik einbringen und entsprechende Petitionen und Thesen auf den Weg gebracht haben.

Auch wenn ich als Autor dieses Buches den Klimawandel als reale Situation anerkenne, gehöre ich zur Gruppe der Ketzer, die auf Wikipedia sogar eine eigene Seite spendiert bekommen haben. Aktuell findet sich dort folgende Definition:

Die Leugnung der menschengemachten globalen Erwärmung ist das Ablehnen, Nicht-wahrhaben-Wollen, Bestreiten oder Bekämpfen des wissenschaftlichen Konsenses der Klimaforschung zur gegenwärtig stattfindenden globalen Erwärmung. Hierzu zählt insbesondere das dogmatische Abstreiten, dass sich die Erde zurzeit erwärmt, dass dieser Effekt anthropogen, das heißt menschengemacht, ist und dass die Erwärmung große gesellschaftliche und ökologische Probleme zur Folge hat. Neben diesen drei Grundkategorien Trendleugnung, Ursachenleugnung und Folgenleugnung wird oft auch eine vierte Kategorie Konsensleugnung hinzugezählt, also das Bestreiten, dass diese Kernaussagen in der Forschung seit Langem unstrittig sind. Insbesondere als Selbstbezeichnung werden auch Klimawandelskepsis, Klimaskepsis und Klimaskeptizismus genutzt.

Wer sich also nicht dem Mainstream und der vermeintlichen Mehrheit der vom menschengemachten Klimawandel überzeugten Wissenschaftler anschließen möchte und gar offen gegen diese These auftritt, der ist vermutlich ziemlich allein, denn wie wir ja aus unseren Medien tagtäglich erfahren können, sind sich die Mehrheit aller Wissenschaftler (man spricht von jenen ominösen 97 Prozent) über die menschgemachte Natur des Klimawandels einig. Was von diesem Konsens zu halten ist, haben wir bereits erfahren dürfen.

Aber es ist eben nicht nur die Story hinter dem Konsens, welche hier berechtigte Zweifel aufkommen lässt, sondern auch der Fakt, dass viele Wissenschaftler begonnen haben, aktiv gegen die aktuell völlig politisch gefärbte Sicht der Dinge vorzugehen. So gibt es in den USA das erst unlängst ins Leben gerufene »Global Warming Petition Project«, in welchem sich mittlerweile mehr als 31.000 nachgewiesene Wissenschaftler gegen diese These positioniert und diese Petition unterzeichnet haben.
http://www.petitionproject.org

Folgende Fakten können in Bezug auf diese Petition auf der angegebenen Webseite nachgeschlagen werden:
- Die Gegenthese zum menschengemachten Klimawandel
- Petitionsunterzeichner
- Wissenschaftliche Qualifikation der Unterzeichner

Auf der Webseite finden sich überdies klare Aussagen zur Expertise der Unterzeichner der Oregon-Petition:
Signatories are approved for inclusion in the Petition Project list if they have obtained formal educational degrees at the level of Bachelor of Science or higher in appropriate scientific fields. The petition has been circulated only in the United States.
The current list of petition signers includes 9,029 PhD; 7,157 MS; 2,586 MD and DVM; and 12,715 BS or equivalent academic degrees. Most of the MD and DVM signers also have underlying degrees in basic science.

Jeder der hier gelisteten Unterzeichner verfügt über eine formal nachgewiesene Ausbildung in passenden Spezialisierungsgebieten, welche eine qualifizierte Bewertung der Gegenthese zum Klimawandel erlaubt. Auf der Seite werden im Folgenden die Unterzeichner in 7 Kategorien klassifiziert:

- 3.805   Umweltwissenschaftler
- 935   Mathematiker und Spezialisten für Computermodelle
- 5.812   Physiker und Luftfahrtwissenschaftler
- 4.822   Chemiker, teils auf molekulare Interaktion in unserer Atmosphäre spezialisiert
- 2.965   Biologen
- 3.046   Mediziner
- 10.102 Ingenieure und Generalisten

Mit einem Besuch auf der genannten Webseite findet man noch weit mehr Fakten und eine weitere Detaillierung der Qualifikationen der bisherigen Unterzeichner der Petition. Versuche, diese Petition und deren Unterzeichner ins Lächerliche zu ziehen, weil dort angeblich Namen von Schauspielern und Comic-Figuren aufgetaucht waren, scheiterten kläglich – denn die Personen gab es letztlich doch mit genau diesen Namen.

Die Medien erwähnen derartige Aktivitäten nicht, oder haben Sie bei ARD und ZDF in den letzten Jahren je etwas vom begründeten Zweifel an der Klimakatastrophe und der Schädlichkeit von CO_2 gehört? Seit ungefähr 2014 ist hier die letzte verbliebene Objektivität auf wundersame Weise verschwunden.

Es wird hingegen von jenen 60 Nobelpreisträgern gesprochen, die in einem Memorandum zur Bewältigung des Klimawandels und zur Bekämpfung der weltweiten Armut aufgefordert haben. Sie waren vom »Cambridge Program for Sustainability Leadership« (CPSL) und dem Potsdam Institut für Klimafolgenforschung (PIK) eingeladen worden. Schirmherr der Veranstaltung war Prinz Philip. Von den eingeladenen Nobelpreisträgern, die unterzeichnet haben, waren 28 aus den Geisteswissenschaften, vier Friedensnobelpreisträger, 20 aus der Chemie – unter den Chemikern nur zwei (Paul Crutzen und Mario Molina) für die Untersuchung des atmosphärischen Ozon, und acht aus der Physik, von denen kein einziger das Gebiet Atmosphärenphysik, Geophysik, Klimatologie oder Meteorologie als Fachgebiet hatte. Man muss sich natürlich fragen dürfen, welche Kompetenz diese Kapazitäten auf dem Gebiet der Klimatologie besitzen. Die Antwort ist dabei denkbar einfach, denn diese Damen und Herren waren hier ebenso vom Fach wie unsere an extremer Inkompetenz leidende Bundesregierung, welche erst jüngst wieder die kampferfahrenste und im Pulverdampf des Heeresdienstes ergraute Frau AKK zur Verteidigungsministerin kürte – Inkompetenz ist in Deutschland definitiv eine notwendige Bedingung zur Erlangung höchster Staatsämter.

Im dank unserer Medien kaum bekannten Heidelberger Appell äußern hingegen über 3000 Wissenschaftler, darunter 74 Nobelpreisträger, skeptisch ihre Bedenken gegenüber der Klimawissenschaft und -Politik. Darunter sind allein 6 deutsche Nobelpreisträger. 66 der 74 Unterzeichner sind Preisträger in den Naturwissenschaften Physik, Chemie und Medizin. Ihre sechs skeptischen Aussagen:

Sie äußern sich »besorgt … über die Entstehung einer irrationalen Ideologie …«

Sie erklären, dass es auf der Erde »einen ´natürlichen Zustand´ nicht gibt«. Sie fordern, dass eine Bestandsaufnahme zum Zustand der Erde, »auf wissenschaftlichen Kriterien beruhen muss«.

Sie »betonen die Verantwortung und Pflichten der Wissenschaft gegenüber der Gesellschaft als Ganzes«.

Sie »warnen die Regierungen und Autoritäten … davor, Entscheidungen zu treffen, die auf pseudowissenschaftlichen Argumenten oder falschen und unwesentlichen Daten beruhen.«

Sie fordern, die armen Länder dabei zu unterstützen, sich »nachhaltig zu entwickeln, ohne sie in ein Netz von unrealistischen Verpflichtungen zu verstricken«.

Wenn also 74 Nobelpreisträger einschlägiger Fachrichtungen derart massiv an Politik und Wissenschaft appellieren, wenn sie so konsequent auf die Einhaltung wissenschaftlicher Korrektheit drängen, wenn sie dazu noch so drastische Vokabeln verwenden, dann muss doch an der ganzen Klimakampagne etwas faul sein. In jedem Fall muss man resümieren, dass das gebetsmühlenartig bemühte Argument der zum menschengemachten Klimawandel übereinstimmenden wissenschaftlichen Meinung schlicht und ergreifend eine Lüge ist! Die an dieser Meinungsbildung beteiligten Wissenschaftler sind zum großen Teil weder fachlich qualifiziert, noch kann auf eine genauere Nachfrage, wie denn diese Aussage des wissenschaftlichen Konsenses zum Klimawandel ganz genau begründet wird, eine nachvollziehbare Antwort gegeben werden.

Mit diesen Feststellungen wird nicht nur das wichtigste Argument in der gesamten Klimadebatte in Frage gestellt, sondern sogar das Gegenteil bewiesen. Ja, Klimawandel gibt es heute und gab es schon immer, aber er ist allenfalls zu einem kaum messbaren Bruchteil vom Menschen verursacht.

Die eigentliche Klimakatastrophe

Wenn also CO_2 ganz offensichtlich nichts Schlimmes ist und wir trotz allem mit einem Klimawandel konfrontiert sind, stellt sich die Frage, worin nun die konkrete Klimakatastrophe besteht.

Politisch ist Klimaschutz nach heutiger Sachlage weitgehend auf CO_2-Emissionen und den damit angeblich verbunden globalen Temperaturanstieg fokussiert, ein sehr wahrscheinlich komplett falscher Ansatz, der dieses lebenswichtige Spurengas in ein völlig falsches Licht stellt, wie wir ja bereits feststellen konnten. Es ist aber ganz klar festzustellen, dass die globalen Temperaturen über die letzten 50 Jahre tendenziell gestiegen sind, woraus sich auch entsprechende Auswirkungen auf Lebensräume und die Verfügbarkeit von Trinkwasser ergeben haben. Diese Klimaänderung unterliegt ganz natürlichen Mechanismen, welche von ihrer Dimension her kaum vom Menschen zu beeinflussen oder in irgendeiner Form steuerbar sind.

Möglicherweise gibt es an dieser Stelle einige Enthusiasten, die auf Themen wie Geoengineering und Chemtrails hinweisen würden, doch diesen Themenkreis habe ich bewusst nicht vertieft, einfach deshalb, weil die mir vorliegende Faktenlage nicht ausreichend ist.

Das tatsächliche Problem

Der Klimawandel ist also real und ein immerwährender Bestandteil unserer Umwelt. Auch wenn aktuell vieles darauf hindeutet, dass sich die Temperaturen nur noch marginal erhöhen oder dem Sonnenzyklus folgend in den kommenden Jahren sogar absinken könnten, bleibt die entscheidende Frage, warum ein sich änderndes Klima aus heutiger Sicht eine so fürchterliche Katastrophe zu sein scheint, dass sich ganz aktuell mehrere Städte veranlasst sahen, den Klimanotstand auszurufen. Beispiele sind Kiel, Ludwigslust und Konstanz in Deutschland, sowie weltweit Städte wie London, Vancouver und Los Angeles. Folgende im Internet verfügbare Definition zeigt auf, welche politischen Konsequenzen aus besagtem Klimanotstand zu ziehen sind: *Durch den Ausruf des Klimanotstands muss künftig bei allen Entscheidungen und Beschlüssen der Stadt immer auch danach geguckt werden, was das aus Klima-Sicht bedeutet. Alles, was gut fürs Klima ist, soll dann schneller vorangetrieben werden.* »Das ist ein starkes Signal der Landeshauptstadt für den Klimaschutz«, *sagte Schleswig-Holsteins Umweltminister Jan Philipp Albrecht (Grüne).* »Es zeigt, dass die Kommunen ihrer Verantwortung im Klimaschutz zur Erreichung der Klimaziele gerecht werden wollen, und das ist ein wichtiges Signal, denn der Bund tut da derzeit zu wenig und lässt uns Länder, die wir voranschreiten wollen, eigentlich alleine«, *so Albrecht.*

Wie kommt man auf eine solche Idee? Zumindest die hier genannten Städte leiden bei weitem nicht unter vergleichbaren Belastungen wie beispielsweise Peking oder Kairo. Es ist der pure vom IPCC und den Medien getriebene Aktionismus einer bereits völlig verängstigten Politikerkaste, die selbst nicht über den Sachverstand verfügt, um auf dem Gebiet des Umweltschutzes noch rational entscheiden zu können. Es ist ein wenig wie im Mittelalter, als jedermann vom Glauben an den Himmel und das Fegefeuer beseelt war und jegliche Widerworte umgehend zu Anklagen wegen Ketzerei führten. Während seinerzeit mit dem Scheiterhaufen zu rechnen war, ist in unseren Tagen bereits der Volkszorn entfacht, und Propheten wie Greta Thunberg und die heiligen Apostel des IPCC wollen uns erklären, wie diese Welt zu funktionieren hat. Dem folgen mittlerweile große Teile der weltweiten Bevölkerung, wobei wir gerade in Deutschland eine regelrechte Hysterie erleben.

Was passierte denn noch vor wenigen Jahrhunderten, wenn beispielsweise ein Jahr ohne Sommer auftrat? Die Leute litten Hunger, und wer noch bei Kräften war, der suchte das Weite. So zogen viele Menschen aus dem süddeutschen Raum die Donau hinunter, und genau aus diesem Grund hatte sich in Siebenbürgen in Rumänien eine deutsche Kolonie etabliert. So funktionierte die Welt schon immer. Waren die Bedingungen in einem menschlich besiedelten Gebiet nicht mehr erträglich, dann suchte man sein Glück in der Ferne. Die Frage ist, was wohl heute passieren würde, wenn ein Abschmelzen der Gletscher im Himalaja die großen Flüsse Indiens zu Rinnsalen verkommen ließe – mal ganz abgesehen von deren bereits heute stattfindenden exzessiven Nutzung. Haben wir heute eine Chance, den in diesem Gebiet lebenden einer Milliarde Menschen eine neue Heimat zu bieten? Die Antwort ist ein klares NEIN, denn die Menschheit hat diesen Planeten vollständig in Besitz genommen. Abgesehen von unwirtlichen Gebieten in Sibirien oder dem Norden Kanadas sind alle Lebensräume aufgeteilt. Auf dem Planeten Erde gibt es keine Pufferzonen mehr, die größere Fluchtbewegungen problemlos aufnehmen könnten – ganz abgesehen davon, dass die betroffenen Menschen in einem solchen Fall weitgehend mittellos wären.

Das ist die eigentliche potenzielle Tragödie des Klimawandels – eine Welt ohne Pufferzonen, kombiniert mit einer fortschreitenden Überbevölkerung, erlaubt kaum noch Fluchtbewegungen, welche noch vor wenigen hundert Jahren möglich waren. So ist der Mensch nicht mehr in der Lage, sich mit einfachen Mitteln an sich ändernde Rahmenbedingungen anzupassen.

Nicht die Klimaänderungen, sondern eine intensive Wassernutzung für immer mehr Menschen führte zum Austrocknen des Aral-Sees und zum Niedrigwasser im Toten Meer. Auch der Iran ist in diesem Kontext ein sehr aktuelles Beispiel zum Thema Bevölkerungswachstum und natürliche Ressourcen. Dessen Wasserressourcen haben vor einem halben Jahrhundert noch gut ausgereicht, doch mit der heutigen Bevölkerungsverdopplung kann das Wasser nicht mithalten. Der Wasserbedarf führt im Sommer zu komplett trockenen Flüssen, und wenn das noch durch eine Dürreperiode überlagert wird, ist die humanitäre Katastrophe perfekt. Es wird oft gesagt, dass dieser Planet locker zwölf Milliarden Menschen ernähren könnte. Diese These berücksichtigt meines Erachtens jedoch nicht den soeben erläuterten erforderlichen Puffer, um auf globale ganz normale Änderungen der Natur reagieren zu können. Dabei sind diese globalen Änderungen bereits mehr als einmal buchstäblich über Nacht über die Menschheit hereingebrochen. Ein großer Vulkanausbruch der Kategorie 7 genügt völlig, um unser geschütztes Klima komplett aus dem Gleichgewicht zu bringen.

Es ist ein zeitgeschichtlicher Fakt, dass die Menschheit gerade nach der kleinen Eiszeit nicht nur industriell zugelegt hat, sondern von zirka 2 Milliarden auf über 6 Milliarden zugelegt hat – also in einer Zeit, als auch sonst vergleichsweise heiße Klimazonen moderate Temperaturen und Niederschläge aufwiesen. In eben diesem moderaten Klima und dieser Zeit besiedelten Menschen vor allem in Indien, Afrika und Asien vermeintlich einladende Lebensräume, welche jedoch im Rahmen der Rücksetzbewegung der Temperatur nun weit unwirtlicher sind und werden, als dies noch vor hundert Jahren vorhersehbar gewesen wäre. Das ist der ursächliche Kern dessen, was wir heute als drohende humanitäre Katastrophe zu befürchten haben. In diesem Punkt stimmt dieses Buch auch mit den Ergebnissen des Weltklimarates überein, der soeben vor den negativen Auswirkungen auf die Nahrungsmittelproduktion warnt.

Klimatisch wendet sich das Blatt, und zwar zur eigentlich normalen Situation. Es handelt sich, wie schon gesagt, um den Rücksetztrend nach der kleinen Eiszeit, der gemessen an den bisher erreichten 0,75 Grad Celsius Erwärmung noch nicht einmal abgeschlossen sein kann. Doch in unseren Medien spricht man von Katastrophen und dem vom Menschen verursachten Klimakollaps. Würde man beispielsweise die historischen Temperaturen auf dem indischen Subkontinent genauer untersuchen, so dürfte sich herausstellen, dass hier während der mittelalterlichen Warmzeit noch weit heftigere Temperaturen geherrscht haben, als wir dies heute messen können. Eine derartige Untersuchung böte die Chance, abseits der wenig glaubhaften Klimamodelle die lokalen Risiken besser einschätzen zu können, denn was immer wir in der Frage des Klimaschutzes an Modellen und Theorien erarbeiten werden, nichts wird den natürlichen Vorgang des Klimawandels aufhalten können. An dieser Tatsache ist zum Beispiel auch Ankor Wat im heutigen Kambodscha gescheitert. Mit über einer Million Einwohner und einer Fläche größer als das heutige Berlin war Ankor die größte bekannte Stadt im Mittelalter und sah sich nach 600 Jahren Wachstum dem Niedergang preisgegeben – sehr wahrscheinlich wegen Wassermangel bzw. der Kombination aus einem sich ändernden Klima und der entstandenen Überbevölkerung.

Lösungsansatz möglich

Mit dem Fokus auf der Vermeidung von CO$_2$ werden wir mit absoluter Sicherheit nichts, aber auch gar nichts an den Folgen der sich normalisierenden globalen Mitteltemperatur ändern. Der weit wichtigere Ansatz bestünde darin, die Änderungen zu akzeptieren und daraus die richtigen Schlussfolgerungen für bedrohte Siedlungsgebiete abzuleiten. Während in entwickelten Industrienationen bereits ein Rückgang des Bevölkerungswachstums zu verzeichnen ist, sehen wir in Afrika und Asien ein kulturell und gesellschaftlich noch immer notwendiges und gefördertes ungebremstes Bevölkerungswachstum.

Wenn es also nicht gelingt, Bevölkerungswachstum und Fluchtbewegungen in einer sinnvollen und für Natur und Gesellschaft verträglichen Form zu steuern, dann ist die humanitäre Katastrophe eigentlich unabwendbar. Die im Umfeld der CO$_2$-Vermeidung heute eingesetzten Mittel würden sehr viel mehr bewirken, wenn sie genau in diesem Bereich eingesetzt werden könnten. Doch stattdessen nutzt die hiesige Politik die entstandene Hysterie zur Durchsetzung einer völlig hirnrissigen Energiewende.

Es ist meine persönliche Überzeugung, dass dies den wahren Lenkern dieser Welt absolut klar ist. Doch mit der Investition in gesellschaftliche Veränderung lässt sich nun mal kein schnelles Geld verdienen, und die zu erwartende humanitäre Katastrophe wird das Problem ohnehin lösen, so oder so – denn eine weitere globale Erwärmung ist nun mal Teil der ganz normalen natürlichen Rücksetzbewegung der globalen Durchschnittstemperaturen nach der kleinen Eiszeit.

Wenn man an die kaum besiedelten Weiten Russlands oder Kanadas denkt, könnten mit dem derzeit im Klimaschutz versenkten Geld sehr viel sinnvollere Projekte zur Umsiedlung von Menschen realisiert werden – aber hierfür müssten sich Politik und Wissenschaft outen und zugeben, dass man ein totes Pferd geritten hat. So etwas ist kaum zu erwarten, wenn nicht die Reiter ausgetauscht werden, denn die sitzen fest im Sattel und hängen nun mal an ihrem toten Pferd.

Die Politische Religion

Im bisherigen Verlauf unserer Betrachtungen zum Thema Klimawandel ist klar geworden, dass ein von Menschen verursachter Klimawandel eher unwahrscheinlich ist, obwohl der Anstieg der Konzentration von Kohlendioxid ganz klar auf menschliche Aktivitäten zurückzuführen ist. Dieses Spurengas hat jedoch nicht die klimatische Relevanz, welche man in den 80er Jahren aus rein politischen Gründen hineininterpretiert hat und ist überdies Teil unserer Lebensgrundlage. Langsam aber sicher stellt sich da die Frage, weshalb es überhaupt zu dieser Verteufelung von Kohlendioxid kommen konnte und warum dessen Wahrnehmung in unserer Zeit fast schon groteske Züge angenommen hat.

Fakt ist, die Politik hat das Thema aufgegriffen und mit dem Weltklimarat eine scheinbar wissenschaftliche Institution ins Leben gerufen. Gründung und Auftrag des IPCC haben wir ja bereits im Detail in früheren Kapiteln besprochen und herausgearbeitet, dass die Zielsetzung des IPCC keinem wissenschaftlichen Anspruch genügt.

Haben Sie eine Vorstellung davon, wie schwierig es ist, Menschen hinter einem gemeinsamen Ziel zu vereinen? Schauen Sie sich Parteien an oder besuchen Sie einfach mal eine Gemeinderatssitzung. Standpunkte sind so gut wie immer kontrovers und der Interessenausgleich beliebig schwierig zu bewerkstelligen, denn es geht immer um die Verteilung von Mehrwert, um Vorteile und Nachteile, und natürlich um den persönlichen Status, der unsere im Hirn befindliche Hypophyse zur Ausschüttung von Glückshormonen – den Endorphinen – animiert. Es gibt nur eine Art von Politik, der es weltweit mehrfach gelungen ist, dieses Kunststück eines übergreifenden Konsenses zu erreichen, und das sind unsere Religionen. Deren Macht erklärt sich aus einer eingängigen Story, der klaren Definition von Gut und Böse sowie der ganz entscheidenden Antwort auf die Frage, ob es über den Tod hinaus eine Perspektive für uns gibt.

Heutige Think-Tanks haben derartige Mechanismen studiert und beherrschen die Anwendung der daraus resultierenden Methoden im Detail.

Wer auch nur irgendwie glaubt, dass in der Politik noch Dinge zufällig geschehen, der hat diese Welt nicht verstanden.

Wenn also eine hegemoniale Macht auf diesem Planeten nach einer neuen Weltordnung strebt – kurz auch als NWO (New World Order) bekannt – dann wird eine Ideologie oder Religion benötigt, hinter der man nicht nur ein Volk oder eine Religion vereinen kann. Man braucht eine Ideologie, der sich die gesamte Weltgemeinschaft anschließen könnte, und genau das hatte man mit dem Thema Klima und Weltklimarat gefunden und gefördert. Das gesamte Thema trägt alle typischen Kennzeichen einer Religion in sich, als da wären:

- Eine eingängige Story über die Zerstörung und den Schutz des Planeten
- Die guten Klimaschützer und ihre Kirche, der Welt-Klima-Rat, auch als IPCC bekannt
- Umweltverschmutzer und Leugner
- Der Glaube, dass CO$_2$ das Gift des Teufels ist und seine Verbannung diese Welt retten wird
- Die Perspektive, dass wie alle gemeinsam diese Welt für unsere Kinder retten können

Ich persönlich finde diese Herangehensweise einfach nur genial, zumal diese neue Religion noch nicht einmal Gefahr läuft, mit den bereits etablierten Religionen zu kollidieren, sondern sie existiert komplementär. Darüber hinaus wird alle paar Jahre eine neue Bibel veröffentlicht, nämlich der Sachstandsbericht des IPCC zusammen mit den Empfehlungen an die Entscheider dieser Welt. Unsere Medien hypen das Thema im Schlepptau der Politik, und man darf die entstandene Bewegung durchaus schon mit einer Massenhysterie vergleichen. Es ist übrigens auch ein in Deutschland medial unter den Teppich gekehrter Fakt, dass diese Religion in kaum einem anderen Land so hipp ist, und folglich ist auch grüne Politik in keinem anderen Land so prominent wie eben hier in Deutschland.

Meine persönlichen Erfahrungen zeigen, dass die mediale Indoktrinierung und die allgegenwärtige Verbreitung der Klimareligion fatale Wirkung zeigen, denn selbst gebildete Gesprächspartner machen dicht, sobald ich die Klimathesen unserer Jünger des IPCC und unsere Politik in Frage stelle. Fakten werden rundweg abgelehnt und klargestellt, ich könne das nicht wissen und man glaube den öffentlichen Verlautbarungen. Um es mal etwas philosophischer auszudrücken, die Leute wissen also, dass sie nur glauben – aber da sie dabei Teil einer offensichtlich großen wissenschaftlich geleiteten Gemeinschaft sind, betrachten sie gegenteilige Argumente als Angriff auf ihr Weltbild und ihr Selbstverständnis. Wir finden hier also bereits die klaren Wesenszüge und Verhaltensmuster religiösen Denkens, welches vor allem durch die Akzeptanz von Dogmen geprägt ist. Auch das funktioniert selbst heute noch bei unseren Kirchen, deren Anhänger auch wissenschaftlich gebildet sein können und doch die Dogmen der christlichen Lehre akzeptieren.

Lassen Sie uns nun kurz betrachten, wie sich Ereignisse vor der Europawahl im Frühjahr 2019 direkt auf die darauffolgende Politik in Deutschland ausgewirkt haben.

Ein Klimabeben

Nach den Europawahlen 2019 scheint nun – nur zwei Wochen später – der neue zusätzliche Inhalt der Union als Volkspartei gefunden zu sein. Klimapolitik wurde als der Stein der Weisen identifiziert, und schon wird von schmerzhaften, aber notwendigen Einschnitten für die Bürger gesprochen. Man will endlich etwas ändern und im Volk als »Wächter des Klimas« wahrgenommen werden. Welche Kompetenz unsere Politiker in dieser Frage haben, ist so klar wie ein Bergsee in den ersten Sonnenstrahlen des Morgens – nämlich gar keine. Sie wissen nicht, wovon sie reden, aber das mit dem größten Feuereifer, denn am Ende zählt nur eines: der Erhalt der eigenen Position, denn besser kann es ja dank oftmals eher niedrigem Bildungsstand kaum werden.

Wieso also um alles in der Welt wird die Union nun grün? Um diese Frage zu beantworten, muss man sich einfach die letzten Jahre großer Koalition mit der nun völlig ruinierten SPD betrachten. Auch hier bestand der Trick der Union darin, ureigene Themen der Sozialdemokraten für sich zu beanspruchen und so dieser Partei durch die Hintertür die Wähler abspenstig zu machen. Ein Unterschied in den politischen Positionen von Union und SPD ist heute kaum noch wahrnehmbar, und dieser Verlust an eigenem Profil hat die SPD auch ihre Wählerschaft gekostet. Gemessen am Erfolg dieser Vorgehensweise wäre die Union also einfach nur gut beraten, diese Methode auch mit den Grünen durchzuziehen, die so unerwartet viel Zuspruch erfahren konnten.

Diesen doch recht unerwarteten grünen Sinneswandel des wählenden Volkes muss man auf jeden Fall noch einmal genauer untersuchen, denn die perfekt konzertierte Manipulation ist in diesem Fall wirklich von besonderer Qualität. So war bereits lange vor der Europawahl klar, dass die sogenannten Volksparteien SPD und CDU mit massiven Verlusten zu rechnen haben würden. Diese Stimmenverluste würden sich letztlich als Zugewinne auf AfD, Linke und die Grünen verteilen – so kam es ja auch. Wenn also konkrete Interessen gewahrt werden sollten, so mussten massive Gewinne der AfD und der Linken unterbunden werden, woraus sich das Gebot der Stunde ergab, nämlich eine starke Unterstützung für Bündnis 90/Die Grünen zu entwickeln. Mit den Grünen konnte man im neoliberalen Lager rechnen, denn mit Joschka Fischer hatte man bereits beste Erfahrungen hinsichtlich einer deutschen Beteiligung an einem völkerrechtswidrigen Krieg sammeln können. Und wie Jürgen Trittin den blöden Deutschen die Energiewende für eine Kugel Eis im Monat verkaufte, ringt selbst seinen Kritikern bis auf den heutigen Tag tiefen ehrlichen Respekt ab.

So brachte man die heilige Greta in Stellung, eine direkte Verwandte des Erfinders des Treibhauseffektes auf CO$_2$-Basis, natürlich mitsamt ihrer medial bestens vernetzten Eltern. Leider würde eine Analyse der Zahlungsflüsse in diesem Theater den Rahmen dieses Buches sprengen, wäre aber mit Sicherheit die Mühe wert. Mit »Fridays for Future« war die Jugend bereits perfekt sensibilisiert, als man den YouTuber Rezo wie ein Kaninchen aus dem Zylinder zog und so hinsichtlich Timing und Inhalten den Sack zumachte. Dass nach den Wahlen durchsickerte, dass unser YouTuber sehr geschickt medial platziert und mit den entsprechenden Informationen versorgt worden war, hat dann keine Rolle mehr spielen können.

All diese Zusammenhänge werden hier geschildert, um wenigstens eine gewisse mediale Sensibilität zu entwickeln, denn die uns umgebende Propaganda wird immer besser und subtiler.

Doch zurück zu unseren Unionsparteien, die nun retten wollen, was noch zu retten ist, indem sie sich zum Beschützer des Klimas aufschwingen. Gelingt ihnen das, so haben sie Chance, die zu den Grünen übergelaufenen Wähler zum Teil wieder von sich zu überzeugen, ganz klar auf Kosten der Grünen. In diesem Vorgehen liegt die einzig verbleibende Chance, bei den kommenden Wahlen erneut den Auftrag zu einer Regierungsbildung zu erhalten.

Im Fahrwasser der Klimahysterie werden wir uns deshalb recht bald mit Themen wie einer CO_2-Steuer und einer forcierten Planung und Umsetzung der völlig blödsinnigen Energiewende konfrontiert sehen. Zahlen wird die Zeche der kleine Mann, während man Unternehmen erneut vor den fürchterlichen Wettbewerbsnachteilen einer solchen Vorgehensweise schützen wird. Nichts davon ist neu, bisher hatte all das den Namen »Erneuerbare-Energien-Gesetz« – kurz EEG.

Nach all den Fakten zum Klima und Klimapolitik bleibt festzustellen, dass Klimaänderungen zu unserer Welt gehören wie Tag und Nacht, Sonne und Mond, Licht und Schatten. Die historischen Daten legen nahe, dass Sonneneinstrahlung, kosmisches Wetter und Vulkanismus die wesentlichen Einflussgrößen für Klimaänderungen sind. CO_2 spielt eine unwesentliche Rolle, und hinsichtlich Ursache und Wirkung ist CO_2 historisch gesehen stets ein Resultat steigender Temperaturen und eben nicht deren Ursache.

Trotz dieser klaren Faktenlage wird dem deutschen Michel demnächst noch mehr abverlangt werden, und das Beste daran ist, dieser Blödmann hat sogar darum gebettelt, zur Ader gelassen zu werden. Wir sehen hier also einen der am besten eingefädelten politischen Coups der jüngeren Geschichte Deutschlands vor uns – bitte schauen Sie genau hin und lernen Sie davon, denn eine Wiederholung dieser erfolgreichen Masche ist vorprogrammiert.

In der jüngeren Vergangenheit haben sich vor allem die Staaten Europas zu CO_2-Einsparungen verpflichtet, die unsere heimische Wirtschaft in den Ruin treiben werden. Unser Stromnetz ist bereits heute so instabil wie niemals zuvor, und ein Kollaps hätte Konsequenzen auf unsere heutigen Wertschöpfungsketten, die sich leider nur wenige vorstellen können. Viele ahnen es und ich weiß es sicher, ohne Strom und Informationstechnologie erreicht heute kaum ein Brot unseren Supermarkt. Wir zahlen bereits heute Unsummen für den Wahn der sogenannten erneuerbaren Energien, und mit Elektromobilität wird bereits die nächste Sau durchs Dorf getrieben. Wir haben zu diesen Themen bereits detaillierte Betrachtungen in den vorangegangenen Abschnitten lesen können.

Diese Technologien müssen weiter erforscht werden, aber es ist völlig verrückt, Elektromobilität unter den gegenwärtigen Bedingungen halbgarer und ressourcenverschwendender Technik mit politischen Mitteln in den Massenmarkt drücken zu wollen, während man die erforderliche Kraftwerkskapazität auch noch abbaut und das Stromnetz auch ganz ohne Elektromobilität bereits an seine Grenzen führt. Wie wahnwitzig ist das alles, und wie inkompetent muss man sein, um diese Fehlentwicklung nicht zu erkennen?

Unsere Politiker werden Ihnen keine sinnvollen Konzepte zu diesem Thema anbieten können, denn sie sind damit schlicht und ergreifend intellektuell und wissenschaftlich überfordert. Kaum ein aktueller Minister unserer Regierung – es gibt ein paar Ausnahmen – kann auf eigene Sachkompetenz verweisen. Unsere Ministerin für Forschung und Bildung hat kaum eine höhere Bildungsanstalt von innen gesehen. In den Reihen der Grünen tummeln sich Sozialpädagogen, Theologen und Studienabbrecher – eine ernstzunehmende Sachkompetenz sucht man auch hier vergebens. So kam es sicher auch, dass ein Herr Trittin die auf die Bevölkerung umgelegten Kosten für die Energiewende auf eine Kugel Eis im Monat geschätzt hatte. Die Belastung für meinen Drei-Personen-Haushalt liegt im Jahr locker bei 3.000 bis 4.000 Euro, bestehend aus EEG-Umlage, Mineralölsteuer und verdeckten Kostenumlagen auf alle möglichen Produkte, deren Produktionskosten durch Steuern und Emissionszertifikate signifikant gestiegen sind. Vielleicht meinte Herr Trittin nicht eine Kugel Eis, sondern eine Kugel Koks. All dies zahlen wir, um ein sehr wahrscheinlich gar nicht existierendes CO$_2$-Problem zu lösen, welches allenfalls deshalb Treibhausgas genannt werden kann, weil es eben in Treibhäusern zur Verbesserung des Pflanzenwachstums eingesetzt wird. Der immer wieder heraufbeschworene Treibhauseffekt der Atmosphäre existiert nicht, er ist physikalisch unmöglich! Aber es gibt atmosphärische Komponenten, die einen Einfluss auf unsere Temperaturen haben, wobei dem Wasserdampf in jeglicher Hinsicht eine zentrale Rolle zukommt.

Neben dem Fakt, das eigene Land mit unerreichbaren (und nebenbei sinnfreien) Klimazielen zu malträtieren, nimmt man sich auch heraus, den Ärmsten dieser Welt günstige Energie zu versagen. Der IWF – seine Rolle haben wir bereits behandelt – finanziert keine Kohlekraftwerke, wo man in diesen Ländern doch angeblich eine Grundversorgung mit Solarenergie und Windenergie so viel günstiger bekommen kann? Dass die Menschen wegen der fehlenden Energie im eigenen Dreck verrecken müssen, interessiert unsere Klimaschützer wenig. Man muss den Tatsachen eben auch ins Gesicht blicken können: Allein die Atmung von sieben Milliarden Menschen erzeugt schließlich zirka zwei Milliarden Tonnen CO_2 pro Jahr – das sind ungefähr 8 Prozent der CO_2-Emissionen der Menschen pro Jahr.

Klimawahn an Schulen

Auch unsere Schulbücher sind voll von horrendem Blödsinn, denn Fördermittel sind rar, und sollten Bildungseinrichtungen nicht mit Konformität glänzen, so ist mit harschen Eingriffen in verfügbare Mittel zu rechnen. Schulleiter sind bei weitem nicht so frei in ihren Entscheidungen, wie dies der gesunde Menschenverstand nahelegen würde. Propaganda für den Klimawandel beginnt bereits bei den Schulbuchverlagen, welche sich nicht zu schade sind, entsprechend alarmierendes Bildmaterial gleich auf dem Cover zu präsentieren – so ist wenigstens sichergestellt, dass der Schüler auch wirklich täglich mit diesem Schwachsinn indoktriniert wird:

Technisch unbedarfte Zeitgenossen sehen hier pures CO_2 aus diesem Kraftwerk aufsteigen. In Wirklichkeit ist auf diesem Bild nicht ein Gramm CO_2 zu sehen, denn es handelt sich bei diesen Installationen um die Kühltürme eines Kraftwerkes, die Wasserdampf entspannen und so weitgehend in den Brauchwasserkreislauf des Kraftwerks zurückführen.

Kühltürme sind ein bei Klima-Alarmisten weithin gängiges Sinnbild für die Schuld des Menschen am Klimawandel, denn da kommt richtig was raus. Ich wette, wenn ich mit diesem Bild bei den Grünen aufkreuze, gibt es kaum einen, der um die Funktion und die tatsächliche Emission dieser Gebäude weiß. Man verwendet solche Bilder also weitgehend aus Dummheit, und der Erfolg gibt dieser Vorgehensweise ja auch noch Recht.

Unlängst gab es im Biologieunterricht meines Sohnes das Thema Ökologie, in dessen Kontext doch glatt das Aussterben der Eisbären vorhergesagt wurde – natürlich als direkte Folge des menschengemachten Klimawandels. Eisbären haben wir ja bereits im Kapitel »Klimaschutz in den Medien« erörtert und wissen, dass es genau umgekehrt ist: Die Population wächst nahezu exponentiell.

Überdies wurde an derselben Schule ein »Klimapavillion« eingeweiht, in welchem auf sechs großformatigen Tafeln verschiedene Bereiche des vom Menschen verursachten Klimawandels näher erläutert werden. Es ist kaum zu glauben, welch hanebüchener Unsinn hier eine Heimat fand, ohne dass es zum Inhalt Einspruch gegeben hätte. Neben der Verwendung gefälschter Bilder und der Vorhersage eines Anstiegs der Meeresspegel um 58 Meter, gipfelte die fachliche Inkompetenz in der Aussage, dass unsere Atmosphäre im Rahmen des natürlichen Treibhauseffektes den Großteil der einfallenden Strahlung (Energie) zurückhalten würde. Normalerweise müsste jeder Zehntklässler und erst recht jeder Fachlehrer wissen, dass man einem System nicht unbegrenzt Energie zuführen kann, ohne dass diese auch wieder abgegeben werden muss – andernfalls wären die Konsequenzen katastrophal. Doch solcherlei Aussagen findet man an einem deutschen Gymnasium, ohne dass sich Widerspruch regen würde. Jährlich gibt es die »Green Apple Week« und den CO₂-freien Schulweg, und weil man mit all diesen Dingen so wunderbar konform im Mainstream mitschwimmt, gibt es eben auch Fördermittel, die einer in dieser Frage

weniger engagierten Bildungseinrichtung eben nicht zur Verfügung gestellt werden.

Während also den Klimawandel-Alarmisten Tür und Tor geöffnet werden, wird diesbezügliche Kritik eher als störend und lästig empfunden, denn man hat sich ja eingerichtet und fährt mit einer konformen Meinung einfach besser, als sich in einer staatlichen Einrichtung vor den fahrenden Zug zu werfen. Es scheint, dass in der Klimadiskussion das Neutralitätsgebot der Schulen nicht mehr gilt, zumal hier ganz andere Sorgen den Alltag bestimmen, allen voran der immer weiter zunehmende Lehrkräftemangel. Es ist mir jedoch persönlich wichtig, gegen solcherlei offensichtlich politische Propaganda vorzugehen und unsere Kinder wenigstens im Rahmen meiner Möglichkeiten vor gänzlicher Verblödung zu bewahren.

Die Chancen für dieses Unterfangen stehen jedoch denkbar schlecht, wie unlängst aus einem Gastbeitrag einer Lehramtsstudentin zu entnehmen war. Mit gerade einmal zwanzig Jahren hat diese Studentin ganz offensichtlich ein innerer Zwang dazu getrieben, sich sehr ausführlich zum Thema Indoktrinierung und gezielter Beeinflussung unserer Jugend an den Schulen und der Rolle der Lehrkräfte zu äußern. Als Autor dieses Buches fand ich das Handeln der Studentin persönlich sehr ermutigend und habe aus diesem Grund den vollständigen Beitrag im Anhang aufgenommen, denn besser könnte auch ich nicht beschreiben, was diesbezüglich staatlich gesteuert an den Schulen mit unseren Kindern passiert.

Eine Ökonomie erfindet neue Tätigkeitsfelder

Warum also um alles in der Welt ziehen Medien, Politik und ein Teil der Forschung am selben Strang und erheben den Klimaschutz und in diesem Kontext die Vermeidung von CO$_2$-Emissionen zum wichtigsten Thema der gesamten Menschheit? Um diese Frage beantworten zu können, braucht es einen kleinen Rückblick auf 80er Jahre. Ohne Übertreibung könnte man sagen, dass zu dieser Zeit alle wichtigen Erfindungen und technologischen Entwicklungen stattgefunden hatten und größere Innovationsschübe vorerst nicht zu erwarten waren. Eine solche Stagnation ist jedoch für die westliche Wirtschaft und das auf Verzinsung und Kreditaufnahme beruhende Schuldgeldsystem pures Gift, denn ohne Wachstum können auch die im System verankerten Zinsen nicht erwirtschaftet werden und eine Finanzkrise ist unausweichlich. Unser ökonomisches System funktioniert nur, wenn immer wieder eine neue Sau durchs Dorf getrieben, die Finanzsysteme rülpsen dürfen und hin und wieder auch Krieg gespielt wird.

Zu dieser Zeit traten also ein paar Wissenschaftler auf den Plan, die eine vermeintliche Korrelation zwischen der CO$_2$-Konzentration in der Luft und der Lufttemperatur ermittelt haben wollten. Die Rede war damals von der sogenannten Mauna Loa-Kurve:

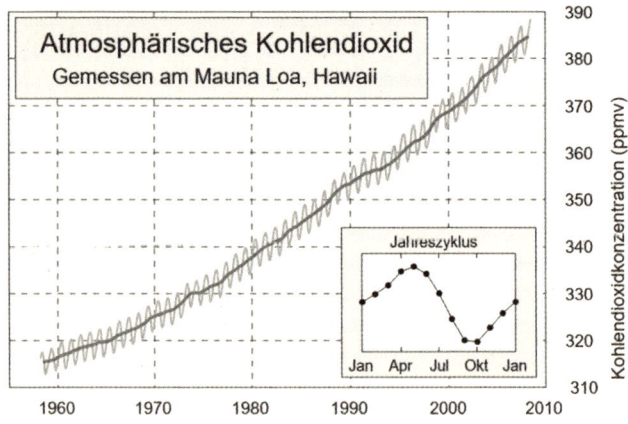

Diese Kurve belege den Anstieg des CO$_2$ in der Atmosphäre auf für damalige Verhältnisse eindrucksvolle Weise. Über den konstruierten Kausalzusammenhang mit der Temperatur, welche also nun erheblich von der CO_2-Konzentration abhängen sollte, wurden ganz neue Katastrophenszenarien entwickelt, die ihren Höhepunkt im bereits besprochenen Dokumentarfilm von Al Gore fanden.

Im Bild findet sich übrigens die Kurve seit 1960, welche auf einem Vulkan gemessen wird, der wiederum selbst CO_2 abgibt – aus wissenschaftlichen Gesichtspunkten also der ideale Ort für eine solche Messung (Sarkasmus).

Ohne bis heute über grundlegende Erkenntnisse über den exakten thermischen Einfluss von CO_2 in der Atmosphäre zu verfügen, begann man auf Basis dieser vermeintlichen Korrelation und britischer politischer Willenskraft Forschungszentren und den Weltklimarat zu etablieren, welche allesamt dem Nachweis des menschengemachten Klimawandels verpflichtet wurden. Die Frage nach der Zufälligkeit der vermeintlichen Kausalität grenzt heute an Ketzerei. Das Ende der kleinen Eiszeit um 1850 und der damit einhergehende wirtschaftliche Aufschwung brachten genau die steigenden CO_2-Emissionen ins Spiel, die heute als Beweis einer Kausalität herangezogen werden, deren wissenschaftliche Grundlagen noch immer weitgehend ungeklärt sind.

Weltweite Klima-Konferenzen wurden ins Leben gerufen und Staaten begannen, sich mit sogenannten Klimazielen zu beschäftigen, welche allesamt auf den einen vermeintlich wesentlichen Einfluss ausgerichtet sind, nämlich die CO_2-Konzentration in der Umgebungsluft.

Wirtschaftlich gesehen konnte gar nichts Besseres passieren, denn plötzlich gab es einen Bedarf an einer nahezu umfänglichen Erneuerung aller etablierten Technologien, die in irgendeiner Form zu CO_2-Emissionen führten. Neue Energietechnologien, neue Motoren, emissionsarme Flugzeugturbinen, neue Methoden der Gebäudeisolierung – all das wurde in neuen Normen gefasst und zu Gesetzen erhoben. Neue Steuern und Abgaben wurden eingeführt, um nicht nur die neugeschaffenen Institutionen, sondern auch die wachsende Klimaindustrie großzügig zu subventionieren. In Deutschland entstanden riesige Unternehmen zur Produktion von Solarmodulen oder Windkrafträdern. Weltweit ergaben sich ganz neue Geschäftsfelder, ohne dass jemals deren CO_2-Ausstoß als Problem betrachtet worden wäre. In jüngster Zeit glaubt man ernsthaft, ab dem Jahr 2030 keine Fahrzeuge mit Verbrennungsmotor mehr zulassen zu müssen. Dem stehen eine fehlende energetische Infrastruktur zum Nachladen der Fahrzeuge, begrenzte Rohstoffe zur Herstellung aktueller Energiespeicher sowie eine generell sehr fragwürdige Nachhaltigkeit dieser Technologie entgegen. Neben den sehr grundsätzlichen Problemen der Elektromobilität haben wir auch ein sehr ernstes Problem mit der Energieerzeugung, denn die natürlichen Schwankungen der Windkraft und der Solarenergie sind alles andere als einfach zu kompensieren. Wer sich mit dem Thema ernsthaft auseinandersetzt, wird schnell feststellen, dass eine Reihe technischer Hürden existieren, welche die grünen Hirngespinste unserer Politiker schnell zum Platzen bringen werden. Ein Beispiel ist die erforderliche Synchronisierung von Wechselstromquellen, bei welcher dafür gesorgt werden muss, dass jegliche Einspeisung in das existierende Stromnetz exakt phasengleich erfolgt. Andernfalls baut sich aus den Phasendifferenzen eine Blindleistung auf, welche im ungünstigen Fall nicht nur die Netzkapazität reduziert, sondern auch zum Durchbrennen der Leitungen führen kann. Es braucht also immer eine exakte Taktung und vor allem zentrale Taktgeber dieser Einspeisung aus regenerativen Energiequellen. Überdies müssen Leistungsabnahme und Leistungseinspeisung mit nur geringen Toleranzen übereinstimmen. Wie dies mit ausschließlich regenerativen Energien möglich sein soll, hat sich mir bisher nicht erschlossen. Ein weiterer Rückbau deutscher Kohlekraftwerke ist jedoch angeblich alternativlos, will man auch nur irgendwie noch in die Nähe der politisch formulierten Klimaziele gelangen.

Vermutlich kennen auch diese von unserer Bundesregierung zugesagten Zielsetzungen nur wenige interessierte Bürger. Aus diesem Grund habe ich mir erlaubt, diese konkreten Zahlen aus einer Veröffentlichung des Bundesministeriums für Umwelt, Naturschutz und nukleare Sicherheit zu entnehmen, welche 2018 unter dem vielversprechenden Titel »Klimaschutz in Zahlen« erschienen ist. Wie aus dieser Quelle zu entnehmen ist, werden wir unser Land bis 2050 auf weitgehend treibhausgasneutral umgestellt haben. Wir werden also dann nicht mehr CO_2 in die Atmosphäre abgeben, als im besagten Zeitraum zum Beispiel durch Biomasse entstanden ist:

Abb. 10: Übersicht über Energie- und Klimaziele der Bundesregierung bis 2050					
			Ziele		
	Status quo*	2020	2030	2040	2050
Treibhausgasemissionen					
Treibhausgasemissionen (gegenüber 1990)	27,7 % (2017)	mind. -40 %	mind. -55 %	mind. -70 %	weitgehend treibhausgasneutral
Erneuerbare Energien					
Anteil am Bruttoendenergieverbrauch	14,8 % (2016)	18 %	30 %	45 %	60 %
Anteil am Bruttostromverbrauch	36,2 % (2017)	mind. 35 %	mind. 50 % EEG 2025: 40 bis 45 %	mind. 65 % EEG 2035: 55 bis 60 %	mind. 80 %
Anteil am Wärmeverbrauch	12,9 % (2017)	14 %			
Anteil im Verkehrsbereich	5,2 % (2017)	10 %**			

Der Vollständigkeit halber hat man in dieser Broschüre auch den aktuellen Stand unserer Bemühungen dokumentiert, welcher eine erforderliche baldige Deaktivierung der deutschen Wirtschaft nahelegt, um die gesetzten wichtigen Klimaziele noch erreichen zu können:

Abb. 13: Emissionsentwicklung nach Treibhausgasen**

Aus dieser Darstellung geht eigentlich klar hervor, dass ein Erreichen der selbstgesteckten Ziele zum Klimaschutz nichts weiter als eine grüne Illusion ist. Und ist das ein Beinbruch für das Klima? Werden wir deshalb allesamt jämmerlich zugrunde gehen? Nein, denn wie schon gezeigt, hat CO_2 allenfalls einen marginalen Anteil am Klima und an dessen Veränderung. Genauso geringfügig ist eben auch der Anteil Deutschlands am Klimaschutz durch CO$_2$-Vermeidung, denn der Anteil der deutschen CO$_2$-Emissionen beträgt nur 2,52 Prozent der weltweit jährlich vom Menschen erzeugten 30 Milliarden Tonnen CO$_2$. Dabei bin ich nicht einmal sicher, ob die menschliche Atmung mitberücksichtigt wurde, denn 7 Milliarden Menschen erzeugen nur durch die Atmung schon etwa 2 Milliarden Tonnen CO$_2$.

Wie dem auch sei, wenn nur 4 Prozent (und es ist sogar noch weit weniger) der weltweiten CO$_2$-Emissionen auf den Menschen zurückzuführen sind, dann beträgt der deutsche Anteil am CO$_2$ gerade einmal lächerliche 0,1 Prozent, für die wir unter einer eigentlich eher konservativen Regierung Milliardensummen vergeuden, unsere Energieinfrastruktur riskieren und dem Bürger das letzte Geld aus der Tasche ziehen, um eine zur Religion verkommene Wissenschaft und deren neu entstandene Devotionalienindustrie mit Sinn und Leben zu erfüllen.

Üblicherweise gibt es bei jedem Umbruch Gewinner und Verlierer. Und auf dem Weg in eine neue CO$_2$-freie Weltordnung wird die Bevölkerung der Industrienationen mit Sicherheit die Zeche allein bezahlen müssen, denn die Schwellenländer streben weiterhin nach einem höheren Lebensstandard, und die Dritte Welt nagt am Hungertuch. Man denke hier nur an den sogenannten Internationalen Klimafonds, der jährlich zusätzliche 100 Milliarden US-Dollar für die angeblich von den Industrienationen in der Vergangenheit verursachten Klimaschäden an die Dritte Welt ausschütten soll, während der für die Zukunft prognostizierte Anstieg der globalen CO$_2$-Emissionen allein von den Schwellenländern verursacht wird – die natürlich nicht in diesen Klimafonds einzahlen werden. Es ist hier auch nicht klar, ob die USA oder Russland ebenfalls als Schwellenländer zu betrachten sind.

Bisher waren wir vielleicht noch fälschlicherweise davon ausgegangen, dass eine globale Anpassung der Lebensbedingungen aller Menschen auf dieser Erde auf unser Niveau in den Industrienationen erfolgen solle – ein Tagtraum linker Fantasten, denn hierfür bräuchte es die Ressourcen von drei Erden.

Wir müssen endlich begreifen, dass wir mit der planwirtschaftlichen »Dekarbonisierung« der Welt gezwungen sein werden, unseren liebgewordenen industriellen Lebensstandard ganz erheblich einzuschränken, im besten Fall auf das aktuelle Niveau der Schwellenländer.

Es ist daher ziemlich unverständlich, dass immer noch eine Mehrheit der Bürgerinnen und Bürger in unserem Deutschland auf die wissenschaftliche Seriosität der Klimawissenschaft und den Amtseid der verantwortlichen Politikerinnen und Politiker vertraut und sich stillschweigend auf der Gewinnerseite einer globalen »Dekarbonisierung« wähnt. Aber bereits heute können etwa eine halbe Million Haushalte in Deutschland wegen der finanziellen Auswüchse des Erneuerbare-Energien-Gesetzes (EEG) ihre Stromrechnungen nicht mehr regelmäßig bezahlen; und mit einer solchermaßen unsicheren Energieversorgung leben diese Haushalte schon jetzt auf dem Niveau der Schwellenländer.

In unserem Drei-Personen-Haushalt zahlen wir mittlerweile jährlich 2.600 Euro für Strom und Heizung. Hinzu kommen weitere ungefähr 3.000 Euro pro Jahr für die Betankung unserer Fahrzeuge. Daraus ergeben sich monatlich knapp 500 Euro, die nur für Energie aufzubringen sind. Nicht mitgerechnet sind die durch höhere Energiekosten gestiegenen Preise aller möglichen Güter des täglichen Lebens.

Kritiker laufen Sturm gegen diese Entwicklung und müssen sich bei öffentlichen Auftritten um ein Höchstmaß an korrekter Ausdrucksweise bemühen, denn kleinste Fehltritte oder gar eine Anstellung im verabscheuungswürdigen Energiesektor führen umgehend zu Diffamierungen, in welchen diesen aufrechten Bürgern Ignoranz und Lobbyismus unterstellt wird. Unsere Klima-Alarmisten dürfen sich hingegen von Versicherungsunternehmen hofieren lassen und gefälschte Statistiken verwenden, ohne hierfür auch nur den Hauch eines Makels befürchten zu müssen, denn sie tun dies ja alles nur in bester Absicht. Weltweit wurden die Budgets für Klimaforschung mehr als verzehnfacht. Aus diesem Geld finanzieren sich Wissenschaftler und ganze Forschungsinstitute unter der Zielsetzung, den vom Menschen verursachten Klimawandel nachzuweisen. Selbst wenn also 97 Prozent der Wissenschaftler der Meinung wären, dass der Klimawandel auf den Menschen zurückzuführen ist, so hat es darunter mittlerweile gut 90 Prozent, die direkt von dieser Position profitieren. Keiner von denen hat Bock darauf, sich als Märtyrer zu profilieren, solange es sich im Rahmen der aktuellen Gegebenheiten sehr komfortabel leben lässt. Im Übrigen zählt man bereits zu diesen 97 Prozent, wenn man den Klimawandel – der ja ständig stattfindet – ebenfalls als Realität anerkennt. Noch besser ist es, wenn man gar einen vom Menschen verursachten Anteil anerkennt.

So gesehen zähle auch ich zu diesen 97 Prozent, denn Klimawandel ist aus meiner Sicht allgegenwärtig, und ich kann auch nicht ausschließen, dass wir nicht doch ein paar Zehntel Grad Celsius Anteil an einer Temperaturänderung haben. Zumindest den Anstieg der CO$_2$-Konzentration können wir klar für uns verbuchen, was jedoch aus Sicht einer im Wortsinn grüner werdenden Natur eher ein positiver Nebeneffekt ist.

Fakten im Überblick

Nach vielen Seiten schwerer Kost, egal ob politisch oder naturwissenschaftlich, bestand eigentlich die Absicht darin, einen kurzen Faktencheck auf eine Seite dieses Buches zu bringen. Trotz erster Bemühungen war das im Lichte der Vielzahl der wichtigen Themen letztlich unmöglich. Alternativ wurden die relevanten Fakten sinnvoll strukturiert, die Abfolge der Punkte logisch sinnvoll gestaltet, um der Leserschaft eine möglichst gut aufgebaute Argumentationsgrundlage für hieraus resultierende Diskussionen mit anderen Zeitgenossen zu bieten. Lassen Sie einfach die folgende Zusammenstellung an Fakten und Argumenten auf sich wirken, denn es ist tatsächlich schwierig, all dies beisammenzuhalten:

- Erdgeschichtliche CO_2-Konzentrationen lagen zum Teil deutlich über 10 Prozent, und doch hat sich bei moderaten Temperaturen Leben entwickelt! Aminosäuren gerinnen bei Temperaturen über 42 Grad Celsius.
- Der größte Teil des erdgeschichtlich in der Atmosphäre enthaltenen CO_2 ist bereits verschwunden und wurde über Millionen Jahre im Sedimentgestein (Muschelkalk) abgelagert (Kalziumkarbonat).
- Die heutige CO_2-Konzentration liegt trotz Industrie bei nur 0,04 Prozent – es ist gerade mal noch ein Spurengas.
- Nur ein Bruchteil des früheren CO_2 steht heute als fossiler Brennstoff zur Verfügung.
- Nur unsere menschlichen Aktivitäten haben den CO_2-Schwund in der Atmosphäre kurzfristig bremsen können.
- Ein theoretisch vollständiger Abbau des atmosphärischen CO_2 hätte das uns bekannte Leben in spätestens 500.000 Jahren beendet, der Mensch erschien also erst 10 Sekunden vor Zwölf (4,2005 Milliarden Jahre als Basis).
- Im Energieaustausch unserer Atmosphäre mit dem All ist Wärmestrahlung der zentrale physikalische Aspekt, wobei jedoch Konvektion und Leitung in der unteren Atmosphäre ebenfalls wesentliche Beiträge zum Energiehaushalt liefern.

- Laborversuche zeigen, dass CO$_2$ nur eine sehr geringe Klimasensitivität von gerade einmal 1,2 Grad Celsius besitzt, während bisherige Modelle von 3 Grad Celsius und mehr ausgegangen waren.
- Weder CO$_2$ noch andere Gase begründen einen Treibhauseffekt! Diese Gase sind in unserer Atmosphäre zu einem gewissen Teil temperaturrelevant – aber das hat rein gar nichts mit den im Treibhaus genutzten Effekten zu tun.
- Die Abnahme der globalen Temperaturen von 1940 bis 1980 kann unmöglich mit CO$_2$ erklärt werden, da es in dieser Zeit ein starkes Wirtschaftswachstum und keinen relevanten Klimaschutz gab.
- Die wesentliche begrenzende Komponente im Energieaustausch mit dem All ist Wasserdampf.
- Die bisherige Annahme der Wasserdampfrückkopplung konnte sich nach neuesten Studien nicht halten, da die Wasserdampfkonzentration sogar abgenommen hat. Der Gedanke war, dass Wasserdampf als wichtigstes aller sogenannten Treibhausgase durch die CO$_2$-bedingte Erwärmung seine Konzentration in der Luft erhöhen würde – genau dies ist aber nachweislich nicht eingetreten.
- Das sogenannte Wasserdampf-Fenster ist der Spektralbereich, in welchem die Erde Wärmestrahlung ins All abgeben kann. In diesem Bereich wird IR-Strahlung nicht vom Wasserdampf absorbiert. Da die Strahlungsabsorption von CO$_2$ nicht im Bereich dieses Wasserdampf-Fensters liegt, ist CO$_2$ fast völlig wirkungslos, denn vom CO$_2$ geblockte ausgehende IR-Strahlung würde ansonsten ohnehin vom Wasserdampf blockiert werden. Wasserdampf und Wolken sind übrigens unterschiedliche Dinge.
- Kondensierter Wasserdampf (Wolken) reflektiert einfallende Sonnenstrahlung und trägt so zu einem Gleichgewicht bei, welches alle jemals vorhergesagten Klimaänderungen ad absurdum führt. Es wird natürlich auch in der Nacht von der Erde ausgehende IR-Strahlung reflektiert, wodurch in einer bewölkten Nacht Temperaturen weniger stark fallen. Der entscheidende Effekt ist jedoch, dass generell weniger Energie zur Erdoberfläche gelangt.

- Klimawandel gab es auf diesem Planeten schon immer und wird es immer geben – ganz ohne menschliches Zutun. Warmzeiten und Eiszeiten, eisfreie Polkappen, all dies gab es schon weit mehrfach in den letzten 600.000 Jahren. Die Zahl ist interessant, weil die Eisbären schon so lange existieren und ganz offenbar auch ohne Eis überleben können.

- Alarmisten verwenden einen statistischen Trick, indem nur die Temperaturänderung nach der letzten kleinen Eiszeit betrachtet wird – ja, in dieser Zeit konnte es ohne weiteren schweren Vulkanausbruch nur wärmer werden, und auch das CO_2 konnte aufgrund der genau zu diesem Zeitpunkt einsetzenden Industrialisierung nur steigen. Dies ging auch noch mit einer nach dem Maunder-Minimum erneut steigenden Sonnenaktivität einher. Die aus den Verläufen von Temperatur und CO_2 abgeleitete Korrelation ist damit schlicht und ergreifend als Zufall erklärt.

- Im großen erdgeschichtlichen Kontext zeigen Eisbohrkerne, dass die CO_2-Konzentration immer erst dem Temperaturanstieg folgt, eine höhere CO_2-Konzentration war also immer das Ergebnis und nicht die Ursache der höheren Temperatur. Der Grund für diesen Effekt liegt vor allem in der CO_2-Bindungsfähigkeit der Ozeane.

- CO_2 ist in unserem Leben noch vor Sauerstoff das zentral wichtige Gas in der Atmosphäre. Ohne die auf CO_2 basierende Photosynthese brächen all unsere Nahrungsketten vollständig zusammen. Das Leben, wie wir es kennen, wäre beendet.

- Der über die letzten 8 Jahre nahezu zum Stehen gekommene Anstieg der globalen Temperatur seit dem Ende der kleinen Eiszeit 1850 beträgt gerade einmal 0,75 Grad Celsius – was noch nicht einmal der zu erwarten Korrektur in Richtung wärmerer Temperaturen entspricht.

Neben den wissenschaftlichen Fakten gibt es auch eine ganze Reihe politischer und wirtschaftlicher Themen, aber ich denke, die Situation kann hier mit weniger Aufwand transparent gemacht werden:

- Der Weltklimarat – kurz IPCC – ist eine politische UN-Organisation mit dem Auftrag, den menschengemachten Klimawandel zu beweisen. Dies widerspricht jeglichem wissenschaftlichen Herangehen, da Forschung immer ergebnisoffen erfolgen muss! Ein korrekter Auftrag würde etwa lauten, den menschlichen Einfluss auf das Klima zu erforschen.

- In seiner Zusammensetzung muss das IPCC den Spielregeln der UN folgen, und jedes Land der UN muss entsprechend repräsentiert sein – ohne dabei die Qualifikation der Beteiligten als erstes Kriterium in Betracht zu ziehen.

- Entgegen der Verlautbarung, dass nur die besten Wissenschaftler unserer Zeit Zugang zum IPCC haben, stimmt dies nachweislich nicht mit der Qualifikation vieler Hauptautoren überein. Wer bereits offen Zweifel am vom Menschen verursachten Klimawandel geäußert hat, wird nie Mitglied dieses Gremiums werden.

- Wissenschaftliche Peer Reviews – also Gutachten – werden mittlerweile durchgeführt, jedoch ohne deren Ergebnisse in die Berichte des IPCC einfließen zu lassen, soweit es kritische und nicht zur Zielsetzung passende Kommentare betrifft.

- Die Berichte des IPCC belegen die meisten der genannten wissenschaftlichen Fakten, es wird jedoch etwas anderes in die Empfehlung an die Entscheider dieser Welt geschrieben.

- Auf der Basis der Empfehlungen des IPCC hat sich eine weltweite Klimaindustrie etabliert, und es werden mittlerweile Billionen Dollar in einem neuen Wachstumsmarkt umgesetzt.

Es darf wohl mit einigem Recht behauptet werden, dass in diesem Buch eine relativ umfassende Sachlage zusammengetragen worden ist, die es auch ohne Mitgliedschaft im Weltklimarat ermöglicht, sich ein Bild von der tatsächlichen aktuellen Situation zu machen. Die Vielzahl der wichtigen Punkte zeigt, mit welch komplexem Sachverhalt wir hier konfrontiert sind.

Es liegt nun an der Minderheit der Menschen, die dieses Thema durchdringen und auch argumentieren können, die mittlerweile regelrecht religiös eifernden Zeitgenossen zu entlarven und die Gesellschaft von der tatsächlichen Sachlage zu überzeugen. Die Alternative ist, sich auch künftig jedes Jahr tausende Euro von Politik und Wirtschaft abzocken zu lassen, um sinnbefreite Projekte zu realisieren, die gegen das für uns so wichtige Spurengas CO_2 gerichtet sind und obendrein gute Chancen haben, Deutschland in ein Agrarland zu transformieren.

Bedenken Sie stets, es gibt auf diesem Planeten kein für unser Leben wichtigeres und ungefährlicheres Spurengas als Kohlendioxid, und jeglicher katastrophale Einfluss wurde aus rein politischen Gründen einfach erfunden.

Wissenschaft anstelle von Politik

Nach dieser Lektüre dürfte klar geworden sein, dass es im Bereich des Klimaschutzes weitaus politischer zugeht, als uns allen lieb sein kann. Es wird manipuliert, geschachert, instrumentalisiert und polemisiert, dass sich die Balken biegen. Ausgerechnet die Deutschen sind in dieser Frage von besonderem Eifer beseelt und werden wegen dieser positiven Grundeinstellung besonders regelmäßig von den Propheten der neuen Klimareligion beehrt. Kaum zu glauben, dass dies einmal das Land der Dichter und Denker gewesen sein soll.

Eine nach Weltherrschaft strebende machtsüchtige kleine Sekte hat das Potenzial erkannt, welches in einem globalen Thema wie dem Weltklima steckt und setzt dieses unter Nutzung der Erfahrungen aus 6.000 Jahren Zivilisation und Manipulation erfolgreich für seine Zwecke ein. Eine natürliche Entwicklung wird vorhergesehen und für eigene Zwecke instrumentalisiert, so wie man einst die leichtgläubigen Menschen früherer Zeiten mit einer Sonnenfinsternis vom Zorn Gottes überzeugen konnte. Was soll man sagen, der Erfolg gibt diesen Missgeburten auch noch recht: Al Gore wurde der erste Karbon-Milliardär. Von jedem CO_2-Zertifikat bekam und bekommt er über den Emissionsrechtehandel seine Provision. Bei jeder Bewegung, egal ob vor oder zurück, muss auf Umwegen mit dem Nobelpreisträger abgerechnet werden. Clever, nicht wahr? Klima – CO_2? Worum geht es? Nur um gigantische Geschäfte. Was meinen Sie, wann und von wem es arrangiert und koordiniert wurde, dass Griechenland in die EU kam und den Euro nutzen durfte? Wenn Sie erfolgreich schnüffeln, kommen Sie zu den gleichen Figuren, die das IPCC, die UNEP, die Öl- und Baumwoll- und Kupferpreise etc. kontrollieren. Wir haben hier ein ähnliches Geschäftsmodell wie den mittelalterlichen Ablasshandel vor uns.

Ein letzter großer Ausbruch des Vulkan Tambora im Jahr 1815 hatte zu einer geschätzten Absenkung der globalen Temperaturen um 3 Grad Celsius geführt. Auch bei diesem Wert finden sich große Unterschiede in den Verlautbarungen. Während in den hierzu existierenden Veröffentlichungen um das Jahr 2010 noch von 3 bis 4 Grad Celsius die Rede war, finden sich in aktuellen Veröffentlichungen nur noch 1 bis maximal 2 Grad Celsius wieder. Die Brisanz liegt hier in der zu unterstellenden Temperaturkorrektur, die eben seit 1815 genau auch in diesem Rahmen liegen muss, soweit nicht andere Faktoren zusätzlich am Werk waren. Sollten wir uns also auf Basis der Daten von 2010 in der Rücksetzbewegung von 1815 befinden, so haben wir mit 1,1 Grad Celsius gerade einmal ein Drittel der noch zu erwartenden natürlichen Temperaturentwicklung hinter uns – ganz ohne menschlichen Einfluss.

Wenn ausgerechnet Deutschland seine viel zu ambitionierten Klimaziele hinsichtlich der CO_2-Emissionen verfehlt, dann müssen hierfür schon ernsthafte Gründe vorliegen. Anhand der hier aufgezeigten Faktenlage steht fest, dass es sich beim Thema Klimaschutz um einen aus finanziellen und geopolitischen Interessen getriebenen Plan handelt, welcher jedoch die eigentlichen Probleme dieser Welt gar nicht adressiert – nämlich Überbevölkerung im Kontext begrenzter Ressourcen. Wie könnte unsere aktuelle Ökonomie auch solcherlei Ideen akzeptieren, ohne den völlig schwachsinnigen Grundsatz des unbegrenzten Wachstums in Frage zu stellen. In den Industrienationen plündert man die Mittelschicht im Namen des Klimawandels. Nutznießer sind vordergründig trittbrettfahrende Forschungseinrichtungen und eine mittlerweile gigantische Klimaindustrie, welche die Natur ebenso ungeniert schändet wie unsere traditionellen Unternehmen im Energiesektor. Doch noch viel wichtiger sind die damit verbundenen neuen Anlagemöglichkeiten und Renditen für die Kapitalmärkte, die in allen anderen Bereichen der Wirtschaft bereits am Anschlag sind. Eventuell ändert sich dies mit dem Quanten-Computer, aber noch sind wir nicht an diesem Punkt, und diese Betrachtung ist auch nicht Gegenstand dieses Buches.

Welcher Schritte bedürfte es denn nun wirklich, um das Thema Klimaschutz vernünftig zu positionieren? Wenn die in diesem Buch präsentierte Faktenlage stimmig ist, dann gibt es darauf keine passende Antwort, denn wenn CO_2 kein Klimagift und globaler Killer ist, dann gibt es meiner Meinung nach auch nichts, wovor man Klima schützen könnte.

Es bleibt die Grundsatzfrage, ob die derzeit betrachtete globale Mitteltemperatur tatsächlich in irgendeiner Form von der Menschheit beeinflusst oder gar stabilisiert (geschützt?) werden kann. Um dieser Frage auf den Grund zu gehen, wäre es vermutlich gut und richtig, die Grundlagenforschung zur Interaktion zwischen Klimagasen und Strahlungskomponenten so weit voranzutreiben, dass endlich Klarheit über den tatsächlichen Einfluss von CO$_2$ hergestellt werden kann. Derzeit existieren bereits Ergebnisse, die CO$_2$ entlasten und klar aufzeigen, dass der vom CO$_2$ ausgehende Klimaeffekt vernachlässigbar gering ist und ein weiterer Anstieg der CO$_2$-Konzentration so gut wie keinen Effekt auf die Temperaturen haben wird. Alle aktuellen Modellrechnungen basieren deshalb nun auf Rückkopplungen und Kippeffekten, welche auch noch mit ganz winzigen CO$_2$-Effekten funktionieren sollen – schließlich darf der vom Menschen verursachte Klimawandel unter keinen Umständen als Zugpferd einer billionenschweren Industrie und Forschung ausfallen.

Ein ehrlicher Umgang mit diesen Erkenntnissen wäre gerade in unserer Situation in Deutschland mehr als hilfreich. Wesentlich wichtiger ist überdies die Rolle des Wasserdampfs, dessen in den Klimamodellen angenommene positive Rückkopplung jedoch nicht existiert. Den echten Klimaforschern ist seit Bekanntwerden dieses Faktes klar, dass alle bisherigen Berechnungsmodelle an genau diesem fatalen Punkt scheitern. Damit ist der menschgemachte Klimawandel nichts als ein Fake, und es muss Gründe geben, weshalb das IPCC in seinen Berichten all diese Tatsachen einräumt, aber in seiner zusammenfassenden Empfehlung an die Entscheider dieser Welt etwas gänzlich anderes schreibt.

Im Lichte der aktuellen religionsähnlichen Handhabung des Klimaschutzes ist eine breite Aufklärung notwendig, die über das Gleichnis eines Treibhauses hinausgeht – zumal dieses generell nichtzutreffend ist. Der Auftrag des Weltklimarates ist zu überdenken und korrekt zu formulieren – im wissenschaftlichen Sinne ergebnisoffen. Im Zuge dieser ganzen unheiligen Diskussion zum Thema CO$_2$ hat diese Welt jegliches Gefühl für die tatsächliche lebensspendende Bedeutung dieses Spurengases verloren. Eine Korrektur dieser Wahrnehmung ist dringend erforderlich.

Nachdem nun dem Klimaschutz so viel Aufmerksamkeit zuteilwurde, wäre es sehr wichtig, den Schutz der Tropenwälder und der Ozeane ebenfalls mit gleicher Gewichtung zu behandeln, denn das Ökosystem Erde funktioniert nur als Einheit – man kann diese Dinge nicht losgelöst betrachten. Flächenversiegelung, Überbevölkerung und ein zum Beispiel in Indien völlig fehlendes Umweltbewusstsein sind Themen, die dringendes Handeln erfordern.

Abgesehen von der Wichtigkeit und der sehr wahrscheinlichen klimatischen Unbedenklichkeit von CO_2 muss der sinnvolle Umgang mit den Ressourcen dieser Welt ein Tagesordnungspunkt bleiben. Gerade beim Erdöl scheiden sich die Geister, wenn es um Prognosen zur Verfügbarkeit dieses Rohstoffes geht. Während in den 70er Jahren bereits das Ende der Ölförderung um das Jahr 2000 zum Thema wurde, haben wir heute, 20 Jahre später, noch immer keine klare Vorstellung über die Entstehung und die Reserven dieses Rohstoffes. Während einige Theorien behaupten, das Erdöl sei eine immer wieder neu entstehende Ressource, besagen andere Studien, dass wir derzeit zirka eine Million Mal mehr Erdöl verbrauchen, als neu entstehen kann. Es kommt vermutlich kein vernunftbegabter Mensch umhin, der Endlichkeit und damit physischen Begrenztheit von Rohstoffen zuzustimmen, denn alles andere widerspricht sehr grundlegenden Naturgesetzen.

Den Politikern würde ich mehr naturwissenschaftlichen Sachverstand wünschen, der sehr viel mehr Objektivität in diese emotionale und rein politisch geführte Diskussion bringen könnte, wenngleich mir klar ist, dass gute Akademiker nicht auf eine Karriere in der Politik angewiesen sind. Umgekehrt wünsche ich mir natürlich auch mehr Wissenschaftler, die den Schneid haben, sich auch mit einer weniger konformen Meinung in den Diskurs einzubringen, statt in einschlägigen Forschungsanstalten wie ein Junkie an der Förderungsspritze zu hängen. Haben diese Leute aktuell jegliche Vorstellung von Moral und Ethik am Bankschalter abgegeben? Warum auch nicht, in der Finanzwirtschaft ist das ja auch die Basis jeglichen Erfolges. Gesellschaftlich ist damit an der aktuellen Situation wirklich überhaupt nichts auszusetzen.

Und wenn wir nun schon bei Moral und Ethik sind, wäre nochmals unsere Bundesregierung unter Frau Merkel zu nennen, denn ich empfinde es als Verbrechen am deutschen Volk, ein Klimaziel zu verfolgen, das keinerlei Effekt auf das Klima dieser Welt haben wird, aber mit großer Sicherheit zum Ruin Deutschlands und weiter Teile seiner Bevölkerung führen wird. Es war bisher meine Überzeugung, dass in einer Demokratie das Volk als Souverän und Dienstherr gesehen wird, dem die Politik verpflichtet ist. Das hat man offensichtlich verstanden und eine bisher beispiellose Kampagne ins Leben gerufen, der speziell die Grünen ihren derzeitigen Höhenflug verdanken.

Lassen Sie uns an dieser Stelle doch noch einen in der Szene prominenten Klimaskeptiker zu Wort kommen lassen, denn seine Aussage ist Wort für Wort und Zahl für Zahl unwiderlegbar, zumal seine Betrachtung den angeblich negativen Einfluss von CO$_2$ gar nicht abstreitet. Herr Professor Lüdecke schreibt also zum Thema:

Das Europäische Klimapaket ist vielleicht als belebendes Element einer Faschingsveranstaltung geeignet, nicht aber als Maßnahme, die irgendeinen Nutzen ausweist. Eine einfache, von jedermann nachvollziehbare Rechnung zeigt dies ...

Der Konzentrationszuwachs an atmosphärischem Kohlendioxid beträgt grob 2 ppm pro Jahr, das ergibt eine Steigerung von 15 x 2 = 30 ppm in den fünfzehn Jahren von 2005 bis 2020. Der deutsche Beitrag an den weltweiten Kohlendioxidemissionen beläuft sich auf zwei Prozent. Man erhält als deutschen Anteil an den besagten 30 ppm demnach 30 x 0,02 = 0,6 ppm. Hiervon sollen nun gemäß EU-Beschluss 14 Prozent eingespart werden, das sind 0,6 x 0,14 = 0,084 ppm.

Der IPCC-Bericht schätzt die globale Temperatursteigerung auf drei Grad Celsius ein, wenn sich die heutige Konzentration von 380 ppm auf 760 ppm verdoppeln würde. Der berechnete deutsche Einsparungsanteil von 0,084 ppm entspricht demnach einer Temperaturreduzierung von 3 x (0,084 / 380) = 0,0007 Grad (gerundet). Dieser Wert ist unmessbar, wird aber der deutschen Wirtschaft Kosten in der Größenordnung von mehreren hundert Milliarden Euro verursachen. Wo bleibt der Aufschrei der Öffentlichkeit angesichts dieses bodenlosen Unsinns der EU-Beschlüsse, insbesondere der Protest der grünen Naturschützer?

Unter Berücksichtigung neuester Erkenntnisse zur Klimasensitivität von CO_2 liegt der hier berechnete Wert zur möglichen Absenkung der Temperatur sogar noch eine ganze Zehnerpotenz niedriger.

Betrachten wir also nochmals eine Zusammenfassung der aktuellen Situation in Deutschland, so wie diese sich nun im Lichte aller genannten Fakten und Zusammenhänge ergeben hat:

- Deutschland hat sich dem technisch eigentlich nicht zu erreichenden Ziel einer klimaneutralen Energieproduktion bis zum Jahr 2050 verpflichtet.
- Es gibt keinerlei Konzept, welches aufzeigt, wie dieses Ziel tatsächlich erreicht werden könnte.
- Bis zum Jahr 2025 wird Deutschland 350 Milliarden Euro in dieses Projekt versenkt haben; für die komplette Umsetzung – falls überhaupt möglich – werden bis zu 4 Billionen Euro fällig werden (Schätzung im renommierten Forbes Magazin).
- Diese 4 Billionen Euro entsprechen etwa dem Zwölffachen des aktuellen deutschen Staatshaushalts bei noch verfügbaren 30 Jahren. Es ist also völlig unmöglich, diesen Betrag von jährlich ungefähr 130 Milliarden Euro aus den aktuellen Einnahmen zu finanzieren – das muss doch jedem klardenkenden Menschen verständlich sein.
- Sollte dieses Projekt tatsächlich Erfolg haben – und das kann es technisch eigentlich nicht –, dann hätte dies einen nicht messbaren Effekt von 0,0007 Grad Celsius auf die globale Durchschnittstemperatur. Unsere Politik investiert also 4 Billionen Euro in einen Hauch von Nichts. Übrigens sind auch die 0,0007 Grad Celsius nur zu erreichen, wenn CO_2 tatsächlich einen Temperatureffekt hätte.
- All dies soll erreicht werden, indem das Volk mit entsprechender Propaganda in Panik versetzt und das lebenswichtige Spurengas CO_2 zum globalen Killer erklärt wird, während grüne Politik aus dem Hintergrund unterstützt wird.

- Die Ignoranz gegenüber den tatsächlichen Ursachen der schon immer allgegenwärtigen Klimaänderung wird dazu führen, dass all diese Bemühungen und Opfer nicht den geringsten Sinn ergeben werden – aber ihr Konto ist leer.
- Deutschlands Weichen sind damit endgültig auf Zusammenbruch gestellt, egal ob es um unsere Industrie, den Euro, Migration oder den Klimawahn geht.
- Spätestens der Ruin dieses Landes wird der internationalen Party, die sich derzeit noch an unserem verbliebenen Wohlstand berauscht, ein jähes Ende setzen.

Deutschlands aktueller jährlicher wissenschaftlicher Etat von 17 Milliarden Euro wird auch noch von diesen Wahnsinnigen verprasst, die zum Beispiel im Potsdamer Institut für Klimaforschung weiter Öl ins Feuer gießen. Kaum auszudenken, wenn die Mittel für den sogenannten Klimaschutz deutscher Wissenschaft und Bildung zur Verfügung stünden. Doch diesem Ressort steht eine Hotelfachfrau vor, so wie die meisten deutschen Ministerien nur noch von Inkompetenz geleitet werden.

Wenn sich also ein Bürger wie ich die Mühe macht, all dies zu hinterfragen und zu recherchieren, warum tut dies dann augenscheinlich keiner der Zeitgenossen, die hierfür auch noch vom Volk bezahlt werden?

Was wir hier vor uns haben, ist Landesverrat im besten Sinne, begangen von einer komplett inkompetenten Regierung im Namen eines bewusst irregeführten Volkes! Wenn also schon unsere Politiker intellektuell nicht in der Lage sind, dieser Argumentation zu folgen, so hoffe ich, wenigstens meine Leser in dieser Frage zum Handeln bewegen zu können. Erheben Sie sich mit mir gegen diese politische Monstrosität, und lassen Sie uns diesem Land und seiner fehlgeleiteten Jugend seine gestohlene Zukunft wiedergeben.

Unsere deutschen Eiferer des vom Menschen verursachten Klimawandels am Potsdamer Institut für Klimafolgenforschung heißen Rahmstorf und Schellnhuber und haben es zu Klimaberatern der Kanzlerin und einigen Einfluss beim IPCC gebracht. Ein treffender Vergleich wäre ein Christ, der sich vom Teufel und seinen Dämonen zu seinem Seelenheil beraten ließe. Oliver Janich – ein in Klimafragen spezialisierter Journalist – hat diese Herren zum öffentlichen Diskurs herausgefordert und für den Gewinner 1.000 Euro ausgelobt. Herr Rahmstorf hat sich auch tatsächlich zu einer Antwort hinreißen lassen, die jedoch nur darin bestand, auf den vermeintlich vorhandenen wissenschaftlichen Konsens hinzuweisen und dass er dies als Wissenschaftler nicht mit einem solchen Verschwörungstheoretiker diskutieren würde. Was wir von diesem Konsens zu halten haben, konnten wir im Rahmen dieses Buches ausführlich erfahren – es ist gelogen! Der feine Herr Klimainquisitor möchte sich nicht mit Leugnern und Ketzern gemein machen und diesen Dämonen der CO_2-Hölle nicht auch noch eine mediale Plattform zur Verbreitung ihres geistigen Unrats bieten. Wir sehen hier entweder pure Angst oder völlig abgehobene Arroganz vor uns.

Fazit

Welche grundsätzlichen Schlüsse können wir nun aus der in diesem Buch dargelegten Sachlage ziehen?

Während Deutschland aktiv seinen Ruin als Industrienation betreibt, stehlen sich die wirklich wichtigen Verursacher von CO_2-Emissionen aus der Verantwortung, und das wird auch noch akzeptiert! Warum fragt sich niemand, weshalb es diese Akzeptanz geben kann? Was gibt völkerrechtlich gesehen vier Ländern dieser Welt das Recht, das Klima der restlichen knapp 200 Länder vermeintlich zu zerstören? Das entbehrt jeglicher Logik und rechtlichen Ausgewogenheit, soweit man CO_2 weiterhin als Giftgas betrachten möchte – oder etwa nicht?

Die 120 größten Kohlekonzerne haben aktuell knapp 1.400 neue Kraftwerke in 59 Ländern in Planung oder sogar schon im Bau, was einem Drittel der aktuell installierten Kapazitäten entspricht. Weshalb ist das möglich, während in Deutschland der Kohleausstieg diskutiert wird?

Es wird akzeptiert, weil einigen beteiligten Entscheidern die wahre Natur der CO_2-Frage völlig klar ist und gegen den politischen Standpunkt der Großmächte ohnehin nichts durchgesetzt werden kann, was deren Interessen zuwiderläuft.

Aber wie ja nun auch wir feststellen konnten, geht dieser ganze Wahnsinn um das für uns so wichtige CO_2 auf den politischen Willen der britischen Regierung der 80er Jahre zurück. Für Industrie und Forschung hat sich daraus ein Milliardengeschäft entwickelt. Doch kaum eines der bisherigen Konzepte ist schlüssig oder liefert hinsichtlich des Aufwands und Nutzens sinnvolle Ergebnisse. Wir stecken tausende Tonnen begrenzter Ressourcen in Technik, die nicht recycelt werden kann und verwandeln gutes Ackerland in nutzlose Brachen.

Unsere deutsche Bundesregierung wird von den Nutznießern dieser Entwicklung beraten und vertraut auf einen Konsens, der ein Witz ist. Deutschland investiert jährlich bis zu 50 Milliarden Euro in nicht zu erreichende und sinnfreie Klimaziele, Tendenz stark steigend.

Politik und Medien spannen den Bogen immer weiter und haben die hiesige Jugend in eine regelrechte Hysterie versetzt, in welcher Rationalität und wissenschaftliches Denken als Leugnertum und Ketzerei angeprangert werden. In den Schulen wird diese Auffassung auch noch aktiv vermittelt und gefördert. Nur wenige Menschen in Deutschland wissen, dass man sich über diese verrückten Deutschen im Ausland ungläubig die Augen reibt und nicht glauben kann, dass dies einmal das Volk der Dichter und Denker gewesen sein soll. Egal, was in Paris beschlossen wurde, der aktuelle Hype um Klimathemen ist eine auf die Bundesrepublik Deutschland begrenzte Entwicklung.

An die Adresse der hiesigen Protagonisten des vom Menschen verursachten Klimawandels richte ich meinen Apell, in sich zu gehen und Abbitte zu leisten, denn der verursachte Schaden ist bereits gewaltig, meine Herren Rahmstorf, Schellnhuber, Lesch und wie ihr auch immer sonst heißen mögt.

Es bleibt die abschließende Frage nach dem Sinn dieser Entwicklung, welche scheinbar auf Deutschland begrenzt ist, denn obwohl auch andere Staaten Klimazielen zugestimmt haben, gibt es in keinem anderen Land dieser Welt eine vergleichbare Hysterie und Geldverschwendung für einen vermeintlichen Klimaschutz. Es gibt viele Zeitgenossen, die hinter all den in Deutschland derzeit in Gang gesetzten mittleren Katastrophen einen größeren Plan vermuten, denn sollte Deutschland in der EU als Nettozahler ausfallen, werden die Gäste dieser Party schnell das Weite suchen. Es ist also nicht nur der Klimaschutz, sondern es sind auch die politische Inkompetenz, die Wirtschaftspolitik, die Währung, die EU-Politik, die Eurobürgschaften und die Migrationspolitik. Unsere etablierten Parteien erheben ein Schulmädchen zur Umweltexpertin. Wir erleben soeben ein Szenario, in welchem auch bei bestem Willen eine erfolgreiche Korrektur kaum noch möglich ist. Eine inkompetente Politikerkaste fährt dieses Land mit Vollgas gegen die Wand.

Aus diesem Grund benötigen wir in Deutschland den »Friday for Future« so dringend wie nie, jedoch bitte mit den richtigen Themen, beispielsweise einem umgehenden Ausstieg aus dem Pariser Klimaabkommen, denn die Hoffnung auf eine doch noch mit Sinn erfüllte Politik in diesem Lande stirbt zuletzt.

Ein alternativer physikalischer Ansatz

Im folgenden Gastbeitrag von Herrn Jochen Wagner wird ein weiteres physikalisches Modell zur Erklärung unserer Welt ins Feld geführt, welches auch zum näheren Verständnis klimatischer Veränderungen herangezogen werden kann. Im Wesentlichen stützt sich dieses Modell auf die Gesetzmäßigkeiten des Elektromagnetismus und schafft so den Brückenschlag zwischen Galaxien und Atomen – ganz ohne Relativität und Quanten, welche damit natürlich nicht ad absurdem geführt werden sollen. Viele Erkenntnisse wären ohne diese Wissensgebiete nicht möglich gewesen, und auch Quantencomputer und Navigationsgeräte würden uns nicht zur Verfügung stehen.

Wir sind jedoch der Meinung, dass die enthaltenen Thesen durchaus eine weitere interessante Perspektive auf das Thema Klima bieten, welche wir Ihnen als Leser nicht vorenthalten wollen.

Doch lassen wir Herrn Wagner nun selbst zu Wort kommen und folgen seinen Erläuterungen zu dieser noch recht neuen Theorie.

Faktencheck Wetter auf Planeten

Wenn ich Themen aus der Wissenschaft betrachte, sehe ich mir stets zunächst das große Ganze an. Ich versuche eigenständig, die Details in einen größeren Zusammenhang zu bringen. Mit den Arbeiten von Experten beschäftige ich mich stets erst im Anschluss an diese Phase, da die Gefahr besteht, von beeindruckendem Detailwissen überrumpelt zu werden, was dazu führen kann, dass man nicht oder nur unzureichend prüft, ob die aufgestellten Theorien einem Realitäts-Check überhaupt standhalten.

Auch beim Klimawandel bin ich deshalb einen Schritt zurückgetreten und habe mir das Thema aus anderen Perspektiven angesehen. Eine dieser Perspektiven möchte ich Ihnen näherbringen, jedoch müssen wir hier zunächst nicht nur einen Schritt zurücktreten, sondern eine ganze Menge Schritte.

Klima ist ja quasi die Langzeitfolge von Wetter. Also sehen wir uns zunächst einmal das Wetter an. Wetter ist Wind, der Energie benötigt, und Wasser in der Luft, wofür zur Verdunstung ebenfalls Energie benötigt wird. Laut den Meteorologen und deren Wettermodell für die Erde ist die Eingangsenergie, die das Wetter antreibt, primär das Sonnenlicht bzw. die Wärmestrahlung der Sonne. Einige wenige bemerken noch, dass es ja auch noch die Erdwärme gibt. Da das Erdinnere aber nach den anerkannten Modellen für die Erde und ihren Kern theoretisch recht gleichmäßig und äußerst langsam abkühlt, ist dies in der Berechnung nahezu eine Konstante. Jetzt vergleichen wir einmal das uns bekannte Wetter der Erde mit dem von anderen Planeten. Beispielsweise auf Uranus sind Windgeschwindigkeiten von 700 km/h ganz normal, und das fernab der Sonne. Auf Uranus und Neptun gibt es sogar Stürme, die Wolken auf über 1000 km/h beschleunigen! Die Strahlung der Sonne ist dort mit diesem Abstand zur Sonne so schwach, dass Solarzellen für Raumfahrzeuge, die dort operieren sollen, keine echte Option sind! Eine Erklärung seitens der Mainstream-Planetologen für die hohen Windgeschwindigkeiten bzw. die Herkunft der Energie gibt es jedoch nicht. »Wir haben keine Ahnung, es ist ein echtes Mysterium«, gestand dazu de Pater von der University of California in Berkeley ein. Auch warum die Temperatur der äußersten Schicht der Uranus-Atmosphäre über 500°C beträgt, kann sich niemand erklären. Man hat für diese Schicht zwar eigens den Namen Thermosphäre geschaffen, ist völlig ratlos, was das Geschehen dort angeht. Uranus strahlt trotz seines Gehaltes an »Treibhausgasen« von 2,3 % Methan plus etwas CO$_2$ etwa das 2,7-fache der Energie ins All, die er als Sonnenstrahlung absorbiert. Weshalb der Planet weit mehr Energie abgibt, als er an Sonnenstrahlung aufnimmt, auch dazu gibt es lediglich wilde Spekulationen, die von Radioaktivität über Restwärme seiner Entstehung bis hin zum »Brechen von Audiowellen« reichen. Das heißt, der Lärm der Stürme erwärmt den Planeten?!? Und woher stammt dann die Energie für den Lärm? Wir wollen uns dieses Erklärungsmodell einmal genauer ansehen, da es ein interessantes Perpetuum Mobile zu sein scheint, das die Astrophysiker da vermuten. In der deutschen Wikipedia nennt man dies »Brechen von Schwerewellen«. Das verwechselt der Laie meist mit Gravitationswellen, und da Gravitation sowieso (fast) niemand versteht, auch nicht die Wissenschaftler, klingt das plausibel. Das ist die gleiche Verschleierungstaktik wie beim sogenannten schwarzen Loch oder der dunklen Energie. Der Laie versteht es nicht und kann es daher als Lösung akzeptieren. Wenn man tiefer bohrt, findet man heraus, dass kaum ein Wissenschaftler etwas weiß und dass viel gestritten wird. Zum Beispiel gibt es mehrere unterschiedliche, miteinander inkompatible Berechnungen für schwarze Löcher, und keine einzige dieser Berechnungen ist mit dem Rest des Universums mathematisch kompatibel, da es immer Eine-Masse-Universen sind, die da berechnet werden. Nebenbei teilt man beim Lösen der Gleichung durch null und tauft das dann Singularität. Die Erfindungen »dunkle Energie« und »dunkle Materie« sind eingeführt worden, da sich Galaxien offensichtlich nicht so verhalten, wie sie sich verhalten sollten, wenn Gravitation die einzige relevante Kraft zwischen Objekten im All ist. Witzigerweise funktioniert das ganze Modell aber immer noch nicht wirklich, obwohl man 97 % des Universums frei erfunden hat, um die restlichen 3 % zu erklären. Doch zurück zum Wetter. Winde und die Temperaturen auf Uranus und Neptun haben, nach allgemeingültigem Wissensstand, unerklärbare Eigenschaften. Und das wird nicht besser, wenn man den Planeten wechselt. Auf dem Mars gibt es Staubteufel (engl. dust devils) genannte Wirbelstürme. Wenn man den Versuch anstellt, solch einen Wirbelsturm in einem auf Marseigenschaften angepassten Computermodell zu simulieren, das im Original einen irdischen Tornado sehr gut simulieren kann, stellt man fest, dass es laut Computermodell den marsianischen Sturm gar nicht gibt, da der Luftdruck viel zu niedrig ist, um einen Wirbelsturm entstehen zu lassen. Da man die Stürme aber zuhauf beobachtet und keiner der Planetologen wirklich erklären kann, wie sie entstehen, kann man daraus schließen, dass das irdische Modell wohl nur zufällig funktioniert und nicht alle Fakten berücksichtigt. Wir halten also fest: Wettermodelle funktionieren nicht wirklich, sonst würden sie sich auf andere Planeten übertragen lassen und man wüsste, woher die Temperaturen und Winde auf anderen Planeten stammen!

Klima auf anderen Planeten

Jetzt betrachten wir einmal das Klima von Planeten (nein, ich will nicht darauf hinaus, dass es eine globale Erwärmung des kompletten Sonnensystems gibt; das wäre nur die halbe Wahrheit und selektive Datenauswahl). Aber Uranus kühlte zunächst etwa 20 Erdenjahre lang ab und ist dann plötzlich schnell wärmer geworden. Damit in Verbindung gebracht wird ein Sturm. Was da genau passiert, weiß man nicht so genau und die Fachleute diskutieren – in Unkenntnis der primären Energiequelle – über die ungelöste »Energiekrise« der Gasriesen. Der Mars erwärmt sich langsam, es wird jedoch behauptet, das Messergebnis könnte auch jahreszeitlich bedingt sein. Marsjahre dauern wesentlich länger als Erdenjahre, die Jahreszeiten der beiden Halbkugeln haben auch noch unterschiedliche klimatische Bedingungen, und Marsstürme haben enorme Auswirkungen auf die Temperatur. Diese Stürme wirbeln viel Staub auf, was die Atmosphäre erwärmt und gleichzeitig den Boden abkühlt. Ganz weit draußen, beim Pluto, wird es wärmer. Die Erwärmung von Pluto ist nicht zu erklären, aber da dies auch jahreszeitlich bedingt sein könnte (das Plutojahr dauert auf der Erde Jahrhunderte), lassen wir Pluto einmal außen vor. Ich könnte weitere Beispiele anführen, wollte jedoch nur eines klarmachen: Trotz des Faktes, dass man Klimadaten zu anderen Planeten vorsichtig betrachten muss, zumal Langzeitbeobachtungen meist eine sehr dünne Datenlage haben, sieht man schon am Wetter, dass es anders ist, als es zu erwarten wäre, wenn nur die Strahlung der Sonne die antreibende Energie wäre.

Zusammengefasst: Die Planeten zeigen unterschiedliche Reaktionen auf die gleiche angenommene Ursache, die Sonnenstrahlung. Noch kürzer: Wir wissen jetzt, dass die Wissenschaftler, die mit den allgemein anerkannten Standardmodellen arbeiten, nicht wirklich erklären, wie Wetter entsteht. Gibt es denn auch Forscher, welche die Faktenlage nicht ignorieren?

Ja, es gibt beispielsweise Dr. Paul Olsen (Columbia University New York), der in Sedimenten abliest, dass die Umlaufbahnen anderer Planeten das Erdklima beeinflussen. Moment mal! Die Umlaufbahn eines anderen Planeten hat welchen Einfluss auf die Sonnenstrahlung unseres Planeten? Das bitte mal im Hinterkopf behalten!

Ebenfalls eine interessante Arbeit ist »Planetophysical State of The Earth And Life« von Prof. Dr. Alexey N. Dmitriev von 1997. Mainstream-Gläubigen, die die Existenz des Mannes bezweifeln, sei gesagt: Es gibt ihn tatsächlich, er ist nur im Westen völlig unbekannt. Dmitriev fand heraus, dass sich eine leicht verdichtete Wolke aus galaktischem Plasma vor dem Sonnensystem aufgestaut hatte, dann ins Sonnensystem eingedrungen und dort rapide expandiert ist. Er schreibt, bei jedem Himmelskörper, der in den Einflussbereich dieses Plasmas kam, könne man dramatische Änderungen in Messwerten verzeichnen. Atmosphären dehnen sich aus, Magnetfelder verändern sich stark, Temperaturen ändern sich rapide. Er geht noch weiter und beschreibt, dass dies seiner Ansicht nach massive Auswirkungen auf Planet Erde und das Leben darauf impliziert. Man kann jetzt geteilter Meinung über diese Arbeit sein, relevant für mich sind die Hinweise auf in Systeme eingedrungenes Plasma in Verbindung mit anschließend veränderten Messwerten.

Plasma – ionisiertes Gas

Ich möchte kurz auf physikalische Grundlagen aus der Elektrotechnik eingehen, damit Sie verstehen, worauf ich in diesem Kapitel hinauswill. Der 1928 entstandene Name Plasma für ein »Teilchengemisch auf atomar-molekularer Ebene, dessen Bestandteile teilweise geladene Komponenten, Ionen und Elektronen sind« kommt tatsächlich von Blutplasma, da sich Plasma so verhalten kann, dass es optisch an Blut und darin enthaltene Blutzellen erinnert. Grund sind zellförmige Strukturen aus sogenannten Plasma-Doppelschichten. Eine solche Doppelschicht besteht aus zwei gegensätzlich elektrisch geladenen Schichten, die räumlich sehr dicht beisammen sind. Wenn sich jetzt mehrere, leicht kugelförmige Blasen bilden, deren Haut eine solche Doppelschicht ist, die innen eine z.B. elektrisch positive Ladung hat und auf der Außenschicht elektrisch negativ ist, dann stoßen sich diese einzelnen Blasen gegenseitig ab, da außen gelegenen Schichten alle ähnlich negativ geladen sind. Wir wissen aus dem Labor, dass sämtliche Plasmaeffekte »frei skalierbar« sind. Das bedeutet: Was in Größenordnungen von

Mikrometern passiert, funktioniert genauso auch im Bereich von Metern oder Kilometern. Ich möchte noch etwas weitergehen und betonen, dass es dann auch in den Dimensionen AE (Astronomische Einheit = mittlere Entfernung von Sonne zur Erde) oder Lichtjahren (unser Nachbarstern Proxima Centauri ist etwa 4 Lichtjahre entfernt) funktioniert. Eine ganz wichtige Eigenschaft von Plasma ist, dass es ein elektrischer Leiter ist. Wenn man Ströme durch Plasma schickt, organisieren sich diese in sogenannten Birkeland-Filamenten (nach Kristian Birkeland). Diese kennen Sie von den Plasma-Glaskugeln, bei denen diese Filamente den Fingern folgen, wenn man diese außen auf die Kugel legt. Birkeland-Filamente treten in der Natur gerne paarweise auf und winden sich dann oft um sich selbst.

Im Prinzip lässt sich jedes Material ionisieren und damit zu Plasma umwandeln, wenn es einem elektrischen Feld ausgesetzt ist. Bei Gasen ist das ja durch Bildröhren oder auch Leuchtstoffröhren allgemein bekannt, aber bei ausreichend hohen Spannungen geht das auch mit Feststoffen. Das Ionisieren funktioniert einfacher bei niedrigerem Druck. Der Druck ist im All unstrittig sehr niedrig, also gibt es im All eigentlich keine »Gase«, sondern man muss immer von Plasma ausgehen!

Was ist Elektromagnetismus?

Einfach formuliert ist elektrischer Strom der Transport von elektrischen Ladungsträgern. Damit sind herkömmlich nicht nur Elektronen gemeint, auch die atom- oder molekülgroßen Ionen im Plasma. Ein elektrischer Strom erzeugt immer ein magnetisches Feld, das grundsätzlich senkrecht zur Stromrichtung gepolt ist. Außer im Sonderfall Supraleiter, der in der Natur unseres Wissens nach so gut wie nie vorkommt, erfolgt dabei immer eine Erwärmung des Leiters. Das magnetische Feld wiederum kann elektrischen Strom erzeugen, wenn ein Leiter hindurchbewegt wird. Ein Generator bspw. im Windkraftwerk funktioniert so, dass ein elektrischer Leiter in Form eines Kupferdrahtes durch das Magnetfeld eines Magneten geführt wird. Der Permanentmagnet ist die einzige Ausnahme, bei dem ein Magnetfeld nicht durch einen fließenden Strom erzeugt wird!

Also kurz noch einmal die beiden Ausnahmen: Strom erzeugt nur dann keine Erwärmung des Leiters, wenn es ein Supraleiter ist. Magnetfelder sind immer das Resultat eines fließenden Stroms, außer beim Permanentmagnet.

Zusammengefasst: In einem durch ein Magnetfeld bewegten Leiter werden Ladungsträger dazu angeregt, sich in eine bestimmte Richtung zu bewegen und das nennt man elektrischen Strom. Dieser wiederum erzeugt beim Fließen ein Magnetfeld.

Elektromagnetismus in der Astrophysik

»Halt, Stopp!« wird jetzt so mancher denken. In der Astrophysik hat man doch um 1920 die elektromagnetische Kraft für irrelevant erklärt, da die Reichweite dieser Kraft so kurz sei. Man hatte zu diesem Zeitpunkt aufgrund fehlender Messdaten aber noch nicht wirklich eine Ahnung davon, was im All passiert, auch wenn die Forschungen von Kristian Birkeland u.a. am Nordlicht die entscheidenden Hinweise hätten liefern können. Von Plasmaphysik hatte man aber ebenfalls noch keine Ahnung. Diese wurde in diesen Jahren gerade erst nach und nach entdeckt. So wurden Einsteins Theorien populär und man klammert sich bis heute mit fest geschlossenen Augen daran. Selbst dann, wenn ein Objekt im All beweist, dass die zugrundeliegende Theorie grober Unfug ist, klammert man sich weiter daran fest. Sogenannte Zombie-Sterne (kein Witz) sind Sterne, die immer wieder einmal in eine Supernova »explodieren«. Beispielsweise der Stern mit der Bezeichnung iPTF14hls »explodierte« 1954 und 2014. Die Erklärungsversuche hierfür lesen sich ungefähr so unterhaltsam wie die Versuche einer bestimmten Fraktion, eine flache Erde zu erklären. Man muss heutzutage schon fast gewaltsam wegsehen, um nicht die zehntausenden Hinweise zu sehen, dass im Modell der heutigen Astrophysik etwas fehlt! Ich sprach davon, dass Plasma ein elektrischer Leiter ist und davon, dass bewegte Ladung gleichzusetzen ist mit elektrischem Strom. Demnach ist logischerweise z.B. der Sonnenwind, der aus bewegten Ionen besteht, ein elektrischer Strom. Der Astrophysiker, der die elektromagnetische Kraft zwischen Himmelskörpern wegdiskutieren möchte, sitzt also quasi mitten in einem stromführenden Kabel und erklärt, den elektrischen Strom könne es nicht geben, da wäre ja kein Kabel. Beim Max-Planck-Institut für Radioastronomie unter der Überschrift »Gigantische Magnetfelder im Universum« kann man lesen: »An den Rändern dieser Galaxienhaufen fanden sie außergewöhnlich geordnete Magnetfelder, die sich über viele Millionen Lichtjahre erstrecken. Sie stellen die größten bekannten Magnetfelder im Universum dar.« Den zugehörigen Hufeisenmagneten, der da wohl im All hängen muss, hat jedoch noch niemand gesehen? Oder ist es – logischerweise – eben doch elektrischer Strom, der diese Magnetfelder erzeugt? Strom ist nämlich – außer dem Permanentmagneten – die einzige bekannte Quelle für Magnetfelder! Es wäre deshalb vorteilhaft, wenn Astrophysiker ihr Wissensdefizit in Plasmaphysik beheben und mit Ingenieuren sprechen, die damit im Labor arbeiten. Später im selben Artikel ist dann die Rede von »Sie zeugen von gewaltigen Gasströmungen, die die Struktur des Universums beständig verändern.« Das ist der Moment, wo ich »Halt, stopp!« rufen muss. Bei dem niedrigen Druck, der dort im All herrscht, ist das genannte »Gas« ionisiert und somit Plasma. Das sind also keine »Gasströmungen«, sondern ein elektrischer Strom in Form von galaktischem Plasma. Logisch, dass dieser Strom Magnetfelder erzeugt. Jetzt noch einmal ein Gedanke zur angeblich so geringen Reichweite der elektromagnetischen Kraft. Jede elektrisch geladene Entität, egal ob es um ein Elektron geht, ein Proton, ein ionisiertes Molekül, die angesprochenen Plasmablasen im Bereich von Mikrometern oder die vielen AE wie z.B. das Sonnensystem. Jedes dieser Teilchen/Entitäten muss ja lediglich benachbarte ähnliche Entitäten beeinflussen, diese Nachbarn wieder ihre Nachbarn usw., und somit gibt es Effekte über viele Lichtjahre Reichweite, auch wenn das einzelne Objekt z.B. beim H+(Wasserstoff)-Ion nur im Mikrometerbereich größere Kräfte entwickelt. Diese Effekte führen dann dazu, dass eine Spiralgalaxie wie die Milchstraße, in der das Plasma spiralförmig nach innen beschleunigt, Differenzen in der Rotationsgeschwindigkeit außen und innen hat, für die der Astrophysiker allerlei Esoterisches zur Erklärung benötigt, bspw. dunkle Materie, dunkle Energie oder auch »Mathmathemagie« wie schwarze Löcher. Wenn man den Elektromagnetismus nicht ignorieren würde, könnte man zum Beispiel erklären, weshalb ein Kugelsternhaufen, in dem Sterne sehr dicht beieinander stehen, nicht implodiert. Die Heliopause, also das Äußere der Plasmablase dieser Sterne, hat die gleiche Ladung wie das Äußere vom Nachbarstern.

Somit stoßen sich diese Sonnensysteme, sollten sie sich zu nahe kommen, gegenseitig ab, und zwar ganz ohne dunkle Energie! Wenn man sich die Jets ansieht, die Spiralgalaxien im Zentrum 90 Grad zur galaktischen Ebene ausstoßen, wo das Plasma vermutlich aufgrund der Magnetfelder auf annähernd Lichtgeschwindigkeit beschleunigt wird, kann man verstehen, warum ein elektrisch geladener Stern dort extrem enge, schnelle Bahnen zieht. Und das alles mit Physik, die wir aus dem Labor kennen. Ganz ohne schwarze Löcher oder ähnliche Dinge aus der Trickkiste der Mathemagiker. Man benötigt nur Realität, keine aus der Luft gegriffenen Ideen.

Die Heliopause ist nach dem Modell des elektrischen Universums eine sogenannte virtuelle Kathode (Minuspol), während die Sonne die Anode (Pluspol) darstellt. In diesem Modell werden die Teilchen des Sonnenwinds von der Sonne heraus beschleunigt und ganz außen an der Heliopause relativ heftig gebremst, da sich dort an der Hülle der Plasmablase die elektrischen Spannungsverhältnisse auf kurzer Distanz stark ändern. Genau das kann man beobachten! Man hat den Sonnenwind gemessen und stellte fest, dass er bei der Venus langsamer ist als bei der Erde und weiter hinaus beim Mars noch schneller. Die Raumsonde Voyager 1 stellte in einer Region, die Astrophysiker als »bizarr und rätselhaft« bezeichnen, fest, dass der Sonnenwind bremst. Nach Standardmodell hätte er gar nicht erst beschleunigen dürfen! Der Sonnenwind besteht ja aus Materie, die der Gravitation unterliegt. Die Sonne müsste also theoretisch den Sonnenwind durch ihre Gravitationskraft anziehen und somit bremsen. Die Beschleunigung wurde mit Erstaunen zur Kenntnis genommen, doch kaum ein Astrophysiker hinterfragt das offensichtlich falsche Modell!

Übrigens sind so gut wie alle Messwerte von den Voyager-Sonden nicht das, was man erwartet hatte. Im Gegenteil – das meiste ist geeignet, große Teile des Standardmodells in Stücke zu schlagen.

Das Hinterhersenden eines neuen Satelliten namens IBEX hat es für die Astrophysiker noch mehr verkompliziert. Man fand ein unerklärliches magnetisches Band, das man als Plasmaphysiker mit Birkeland-Filamenten erklären kann, die die Haupt-Stromversorgung für die Sonne darstellen.

Die Bedeutung für das Wetter

Der aufmerksame Leser hat mitbekommen, dass mir wichtig war, zu betonen, dass nur ein Supraleiter nicht erwärmt wird, wenn Strom hindurchfließt. Jeder andere Leiter wird warm. Also zum Beispiel auch die ionisierte Luft der Erdatmosphäre oder der Planet selbst, wenn der elektrische Strom in den Boden fließt. Bei den Gasriesen unseres Sonnensystems hat man sogenannte »Hotspots« an den Polen gefunden. Auch am Nordpol des Saturn gab es laut Jet Propulsion Laboratory diesen »unerwarteten« heißen Punkt, obwohl der Nordpol über zehn Erdenjahre in der Winterkühle primär im Schatten lag. Auf der Erde fand man kürzlich durch Zufall ein Gebiet nahe des Südpols, wo unter drei Kilometer dickem Eis auf einer Fläche von »dem Doppelten von Greater London«, also auf 3000 km2, das Eis einfach wegschmilzt. Als Erklärung wird ein Hotspot genannt. Da aber Polarforscher nicht mit Planetologen reden, die Neptun und Saturn beobachten, wird der »Hotspot« mit »radioaktivem Gestein« erklärt. Das mit dem Stein soll mir der Erd-Polarforscher jetzt mal bitte für die Saturn- und Neptunpole erklären (die kein Gestein enthalten)!

In Polnähe kann man anhand der Polarlichter oft sogar sehen, dass da Strom fließt. Nicht nur auf der Erde, sondern auch bei den Gasriesen gibt es eindrucksvolle Polarlichter zu sehen. Es ist davon auszugehen, dass dieser Strom den Leiter, durch den dieser Strom fließt, erwärmt.

Wenn also behauptet wird, dass die Sonne sich kaum verändert hat und deshalb die Klimaänderung auf der Erde nur menschgemacht sein kann, ist das grober Unfug, da man aus all den Indizien in Kombination mit nachvollziehbarer, sowohl im Labor als auch im Ingenieurwesen angewandter Physik klar nachvollziehen kann, dass im Sonnensystem starke elektrische Ströme fließen. Im Saturnsystem kann man z.B. den Eintrittspunkt der durch die Monde gebündelten elektrischen Ströme in die Atmosphäre sehen. Das Gleiche wird dann wohl auf der Sonne mit ihren Planeten der Fall sein. Wir erinnern uns – die Position der Planeten hat einen Einfluss auf das Wetter! Wenn man noch einen Schritt zurücktritt, wird man feststellen, dass sich das Sonnensystem und seine Nachbarsysteme in Spiralform um den Spiralarm der Galaxie bewegen, der spiralförmig Richtung Zentrum der Galaxie läuft. Da der Spiralarm unterschiedlich dichteres Plasma darstellt und wir auf dem Weg hindurch unterschiedliche Zonen passieren und auch die Einflüsse von Nachbarsonnen sich verändern, ist es logisch, dass all diese spiralförmigen Bewegungen auf der Erde in der Geologie ablesbare Zyklen hinterlassen. Das erklärt, warum der Meeresspiegel in den letzten bekannten Millionen Jahren immer wieder mal 120 m unter heutigem Niveau war und dann wieder anstieg auf ein Niveau, das zum Teil auch über dem heutigen lag. Das erklärt, warum immer wieder einmal eine Eiszeit mit weniger elektrischem Strom ausbricht, abgelöst durch Warmzeiten mit mehr elektrischem Strom, der auf den Planeten einwirkt.

Das erklärt auch Meldungen wie die, dass der schnellste Gletscher der Welt seine Geschwindigkeit verdoppelt hat, obwohl er 15 m an Stärke verloren hat. Gletscher werden langsamer, wenn sie Stärke, also Gewicht verlieren, außer die Wärme kommt von unten oder der Gletscher wird besser geschmiert durch z.B. viel Wasser. Da es hier um Jakobshavn Isbrae, den größten Gletscher Grönlands geht, kann man wohl aufgrund der Topologie die flächendeckende bessere Schmierung durch Wasser ausschließen, außer das Wasser entsteht flächig unter dem gesamten Gletscher, weil der komplette Boden von innen wärmer wird.

Wetter und damit auch Klima als Langzeitfolge ist wesentlich elektrischer, als allgemein angenommen wird. Bei Gewittern spricht man von einer Ladungstrennung durch Luftreibung. Das ist die allgemein akzeptierte Ursache, es hat aber noch nie jemand im Labor nachvollziehen können. Man kann eine Katze streicheln und sich dabei aufladen. Oder ein Hubschrauber lädt sich mit der Luftreibung auf, dass bei der Landung ein Funke überspringt. Aber wie ein Gas durch Reibung eine Wolke aufladen soll, ist mir unerklärlich.

Seit wenigen Jahren akzeptiert man die vorher ins Reich der Legenden verbannten tausendfachen Sichtungen sogenannter Kobolde (Sprites) und Elfen (Elves) in der Meteorologie. Es handelt sich hierbei um Lichterscheinungen oberhalb von Gewittern, entweder als relativ langlebiges rotes oder grünes großflächiges Glühen, ringförmige Entladungen, die teilweise quallenähnlich aussehen können, oder kurzes Aufflackern von Gebieten mit mehreren hundert Kilometern Durchmesser in sehr großer Höhe. Daneben gibt es auch noch hochenergetische kurze Entladungen, die »blue Jets«, also blaue Blitze gigantischer Dimensionen oberhalb von Gewittern. Wenn man diese Erscheinungen im Zusammenhang mit dem darunter stattfindenden Gewitter sieht, dabei noch bedenkt, dass sehr viel elektrischer Strom über den wechselhaften Sonnenwind in Richtung Erde fließt, hat man eventuell eine bessere Erklärung für das Wetterphänomen Gewitter. Ein Kurzschluss zwischen Ionosphäre und Erdoberfläche ist etwas, das man im Labor simulieren kann. Das ist quasi ein elektrischer Kondensator, der bei Überspannung durchschlägt. Zum Verständnis: Ein Kondensator als elektrisches Bauteil in seiner einfachsten Form besteht aus zwei Metallplatten mit einem Isolator dazwischen. Wenn man eine elektrische Spannung anlegt, wandern die Elektronen aus der einen Platte heraus, die andere wird gefüllt damit. Zwischen den Platten bildet sich dabei ein elektrisches Feld. Also leben wir auf einem kugelförmigen Kondensator. Das Prinzip ist ähnlich wie bei der Sonne. Der Planet ist die Anode und die Ionosphäre stellt die virtuelle Kathode dar.

Hat Nikola Tesla das gewusst, als er mit seinem Wardenclyfe Tower angeblich »freie« Energie erzeugt hat?

Eine größere Anode sorgt logischerweise für mehr Strom, also mehr Energie. Wundert sich jetzt noch jemand, warum die wesentlich größeren Planeten Jupiter, Saturn und Neptun so viel Energie für ihr Wetter haben?

Bei der NASA Mission THEMIS beobachtete man im Februar 2008 mit Satelliten und Bodenstationen direkt die Auswirkungen von Teilchenstürmen von der Sonne auf die Erde. In der Presse konnte man davon lesen, dass »elektrische Tornados« Polarlichter verursachen. Bei irdischen Tornados werden extrem hohe elektrische Spannungen im Tornado und seinem Umfeld gemessen. Obwohl sich sogar die Terminologie vom »Space Weather«, also dem Weltraumwetter, und dem irdischen Wetter sehr ähnelt und die Effekte sich so stark ähneln, dass man identische Wörter verwendet, ignoriert man hier einfach komplett, dass es da einen Zusammenhang gibt. Würde man diese Ignoranz aufgeben, könnte man eventuell auch ein Modell schaffen, das sowohl den Tornado auf dem Mars erklärt, der primär elektrisch funktioniert, als auch den auf der Erde, wo aufgrund anderer Dichte der Atmosphäre und dadurch anderer elektrischer Eigenschaften derselben etwas mehr Thermodynamik und etwas weniger Strom ins Spiel kommen. Auch der in der Elektrotechnik gebräuchliche Begriff »Ionenwind« bekommt eine ganz andere Bedeutung, wenn man sich beispielsweise die Oberfläche von Kometen ansieht. Ein Komet hat einen Atmosphärendruck, der gegen null geht. Man fand aber zum Beispiel mit der Rosetta Mission nicht den erwarteten »schmutzigen Schneeball«, sondern eine Felslandschaft mit Dünen und auch Steine im Sand, hinter denen sich im Windschatten Sand oder Staub angesammelt hatte. Unter Ionenwind versteht man den gerichteten Fluss von Ionen. Man kann zum Beispiel in der deutschen Wikipedia zum Thema Ionenwind Folgendes lesen: »Durch den Ionenwind kann auch normaler Wind im Sinne einer Luftströmung erzeugt werden. Es können Lüfter konstruiert werden, die ohne bewegliche Teile auskommen und daher fast geräuschfrei arbeiten können. Es werden Strömungsgeschwindigkeiten erreicht, die mit 2,5 m/s über der Geschwindigkeit mechanischer Lüfter liegen.« Wenn jetzt noch einer der Herren Astrophysiker darauf kommen würde, dass, wenn man damit einen Lüfter bauen kann, das Ganze dann auch in der Natur bei jedem Vorgang vorkommen **muss**, bei dem Ionen gerichtet bewegt werden, also z.B. in jedem Gewitter, viel extremer noch in den Jetstreams, beim Polarlicht und sogar im Ozean! In der Wikipedia steht dann eine Zeile tiefer noch: »In der Weltraumtechnik werden Ionentriebwerke mit Edelgasen als Steuertriebwerke verwendet.« Das ist es, was ich meine, wenn ich sage, man muss schon gewaltsam wegschauen, wenn man die vielen Hinweise auf ein elektrisch funktionierendes Universum ignorieren möchte. Der Wissenschaftler bedient ein Ionentriebwerk, um seine Sonde genau an die richtige Stelle über dem anderen Planeten zu bringen und ignoriert genau den Effekt, der seine Sonde antreibt, dann bei der Planetologie.

Ein Wettermodell, das den elektrischen Strom ignoriert, der ganz offensichtlich in unserem Sonnensystem fließt, ist technisch gesehen auf dem Stand von vor 1920. Leider wird seit über 100 Jahren nicht mehr wirklich wissenschaftlich gearbeitet, sondern alles, was nicht ins aktuelle Weltbild passt, wird wegdiskutiert, und was nicht direkt ins eigene Fachgebiet passt, wird weitestgehend ignoriert. Vor 100 Jahren war es noch möglich, Modelle durch neue zu ersetzen. Das Rutherfordsche Atommodell wurde beispielsweise wegen diverser Unzulänglichkeiten sehr zügig vom neueren Bohrschen Atommodell abgelöst. Was in der Astrophysik läuft, ist, als ob man das Rutherfordsche Modell weiterlaufen lässt und jede nicht erklärbare Eigenschaft des Modells mit aus der Luft gegriffenen nicht zu beobachtenden esoterischen Eigenschaften zusammenflickt. Esoterisch ist bei mir immer im Sinne der ursprünglichen Bedeutung zu lesen, also eine ausschließlich für einen kleinen Kreis von Eingeweihten zugängliche Lehre. In diesem Falle meine ich damit die komplexe Mathematik, die oft keinerlei Realitätsbezug mehr aufweist. Deshalb nenne ich das dann auch Mathemagie, da hier Dinge aus dem Nichts hervorgezaubert werden. Anders als uns das z.B. ein Prof. Harald Lesch mit seinen Fernsehsendungen zu Astrophysik weismachen will, ist das Standardmodell der Astrophysik keine eindeutig nachvollziehbare Wissenschaft, bei der man Vorhersagen treffen kann und diese treten dann überwiegend auch so ein. Wenn man sich intensiv mit Astrophysik beschäftigt, abseits von Protagonisten wie Lesch, die immer eine einfache Antwort anbieten, stellt man schnell fest, dass bei neuen Raumfahrtmissionen oder neuen Ergebnissen älterer Installationen extrem häufig Adjektive wie »unerwartet«, »überraschend« oder »ungewöhnlich« benutzt werden. Das ganze Fachgebiet ist ein gigantischer Flickenteppich, der kaum noch zusammenhält.

Lichtblick am Horizont

Seit über hundert Jahren forschen Menschen bereits an einem kompletteren Modell der Astrophysik, das die elektromagnetische Kraft einschließt. Kristian Birkeland war nur der Beginn, und man könnte annehmen, dass auch der Wardenclyfe Tower von Nikola Tesla auf der Basis solcher Forschungen konzipiert war. Wir reden hier von einer Technologie, die vom elektrischen Strom der Sonne gespeist wird. Die Sonne hat ihre Energie vom Strom im

Spiralarm der Galaxie. Wir hätten also quasi die komplette Galaxie als rotierende Schwungmasse, die wir abbremsen können, um aus der Differenz Energie zu ziehen. Das ist doch mal Netzstabilität!

Seit 100 Jahren wird das Thema immer wieder mehr oder weniger erfolgreich aufgegriffen. »Worlds in Collision«, also »Welten im Zusammenstoß« von Immanuel Velikowski war wohl der populärste Vertreter dieser sonst weitestgehend totgeschwiegenen Forschung. Seine Schüler arbeiten heute noch daran, mittlerweile unterstützt von Wissenschaftlern aus diversen unterschiedlichen Fachgebieten und Ingenieuren, die in Plasmakammern Dinge gesehen haben, die sie auf Fotos des Hubble-Teleskop wiedererkannten. Es geht nicht nur um das Wetter oder Klima. Von Paläontologie, Archäologie, Geologie bis hin zur Biologie. Ja, das gesamte naturwissenschaftliche Spektrum mit allen angrenzenden Fachgebieten ändert sich radikal, wenn man dieses Modell des Elektrischen Universums verstanden hat. Die Klimaforschung alleine schon deshalb, weil die C14-Radiokarbondatierung im EU-Modell so nicht funktioniert. Das Thunderbolts-Projekt veranstaltet jährlich einen wissenschaftlichen Kongress dazu. Leider ignoriert die Fachwelt diese Menschen oder man pickt sich ein winziges Detail aus dem Modell heraus, reißt es aus dem Zusammenhang, »widerlegt« es dann unter Missachtung des restlichen Modells und behauptet, dass die ganze Theorie nichts tauge. Nebenbei ist das Modell trotz jahrelanger Arbeit von mittlerweile immer mehr Menschen bei weitem nicht komplett. Das ist das herkömmliche Standardmodell, an dem viele tausend Menschen arbeiten, aber auch nicht. Es ist jedoch in vielen Punkten wesentlich plausibler, und man kann damit sogar Vorhersagen treffen, die dann auch eintreten. Das wird auch regelmäßig getan – und von NASA/ESA & Co. dann stets ignoriert. Zum Beispiel Wallace Thornhill hat schon des Öfteren vor einer Raumfahrtmission nur anhand dessen, was öffentlich aus der Planung der Mission bekannt war, sehr detaillierte Vorhersagen dazu getroffen, was bei Missionen schiefgehen wird. Er erklärt, warum das so ist und hat auch vorhergesagt, was der Unterschied sein wird zwischen dem, was die Raumfahrtagentur an Messdaten erwartet und was wirklich zu messen sein wird. Seine Vorhersagen treten weitestgehend ein!

Wer sein Modell der Elektrogravitation verstanden hat, kann zum Beispiel auch verstehen, warum die Groß-Dinosaurier und andere große Tiere wie meterlange Libellen sehr plötzlich fast zeitgleich auf dem ganzen Planeten ausgestorben sind, während kleinere Tierarten überlebten. Das ist eine Sache, an die er selbst bestimmt nicht gedacht hat, aber wenn man ein anderes Weltbild bekommt, hat man einen anderen Blickwinkel und versteht plötzlich Dinge, die vorher rätselhaft waren.

Beim Thunderbolts Project finden sich auch Menschen wie Piers Corbyn, Andrew Hall, Bill Nichols und Ben Davidson, die meiner Meinung nach wesentlich plausiblere Klimaforschung betreiben, als das mit herkömmlichen Modellen möglich ist. Obwohl das nur eine winzig kleine Gruppe ist, kommen von dort wesentlich mehr Innovationen, als ich bei anderen Klimaforschern sehen kann.

Im Sommer 2019 herrschten in Deutschland Rekordtemperaturen von über 40 Grad. Zeitgleich waren es ein paar hundert Kilometer östlich von Moskau gerade einmal um die 15 Grad. Es gab nicht die extreme Erwärmung der gesamten Nordhalbkugel, die uns die Medien erklären wollen. Es gab im Durchschnitt lediglich eine ganz leichte Erwärmung. Die Extremtemperaturen kamen dadurch zustande, dass der Jetstream nicht wie normalerweise relativ geradlinig von West nach Ost unterwegs war, sondern in ausgeprägten Schlangenlinien. Westlich von Deutschland ging der Wind nach Norden und hat dadurch heiße tropische Luft nach Deutschland transportiert, während zeitgleich arktische Luft östlich von Moskau in den Süden geströmt ist. Wer das besser verstehen möchte, kann sich beispielsweise mit Piers Corbyns Arbeit befassen.

Finde das Muster!

Zum Schluss noch ein Denkanstoß: Wenn Wasser in der Badewanne abläuft, ändert sich die Drehrichtung des entstehenden Wirbels, je nachdem, ob man auf der Nord- oder Südhalbkugel ist. Das ist so zu erwarten aufgrund der Erdrotation. Doch die über dem Wasser entstehenden Wirbelstürme haben immer die gleiche Drehrichtung! Völlig *unabhängig davon*, ob sie auf Nord- oder Südhalbkugel entstehen! Wir erinnern uns daran, dass ein elektrischer Strom immer im rechten Winkel zur Flussrichtung ein

Magnetfeld erzeugt und Gas unter elektrischen Feldern ionisiert. Ionisiertes Gas ist Plasma und wird somit vom Magnetfeld beeinflusst. In einem Gewitter ist die Drehrichtung übrigens umgedreht, da hier nicht der Abwind, sondern der Aufwind rotiert.

Schlagen Sie doch einmal die »Rechte-Hand-Regel« nach!

Alle im Anhang befindlichen Skizzen und Bilder finden Sie in Farbe und hoher Auflösung im Internet-Blog zum Buch:
https://www.klimafaktencheck.de

Anhang

Abbildungen

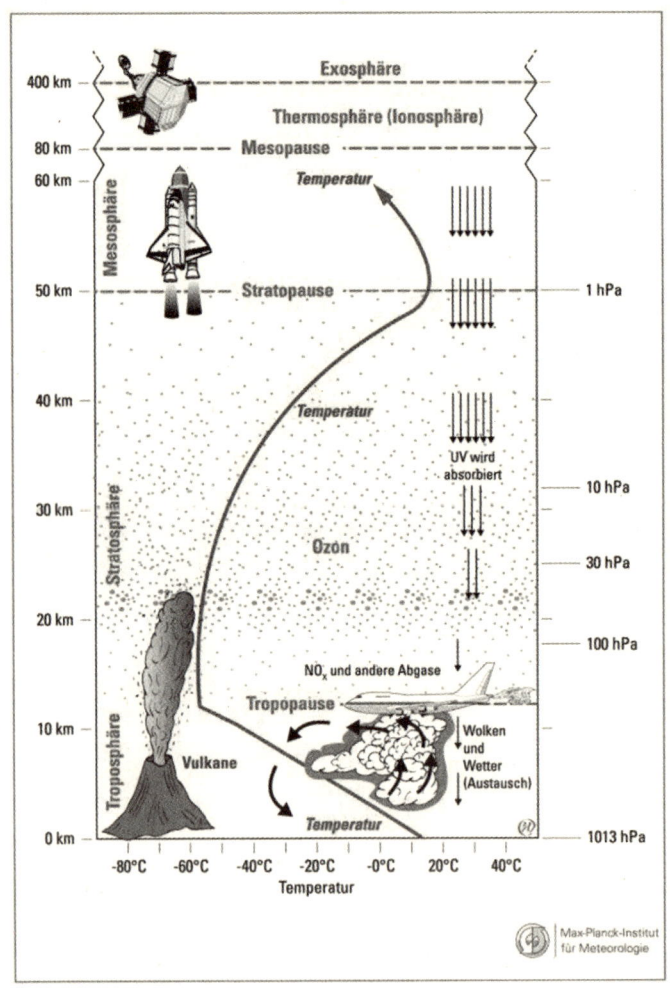

Abbildung 1

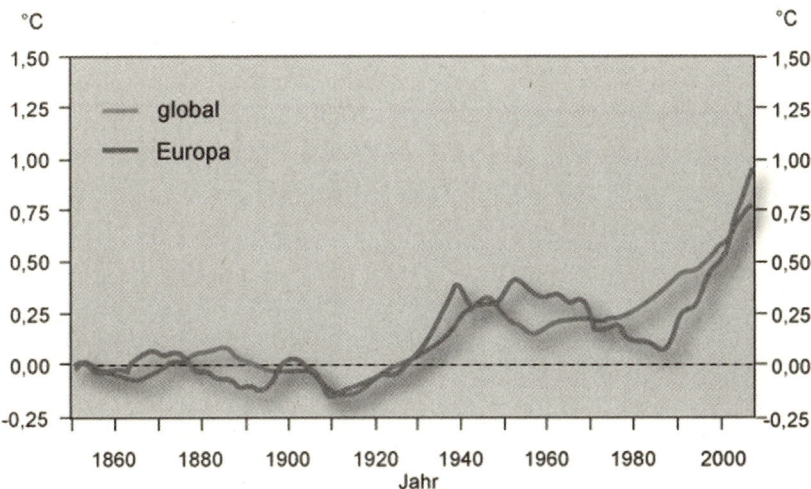

Abbildung 2

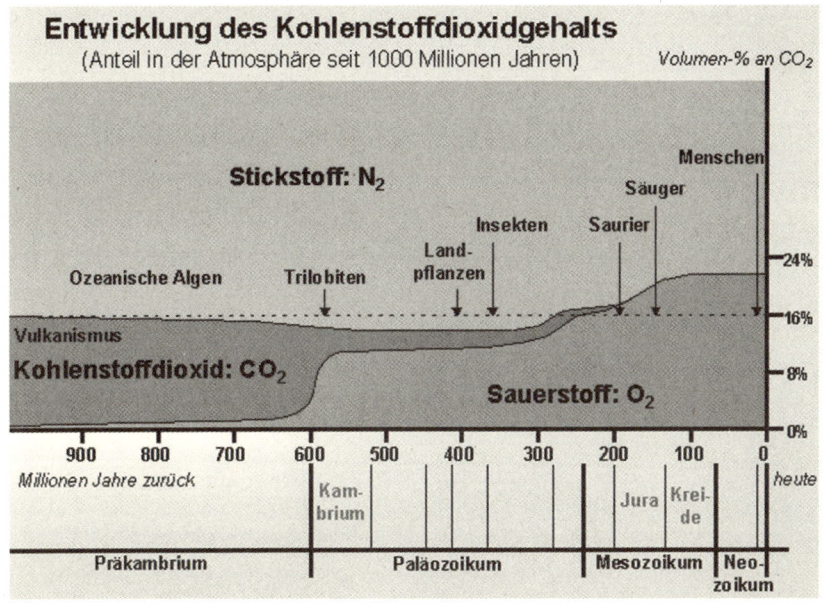

Abbildung 3

Entwicklung globaler Temperaturen seit 1850:

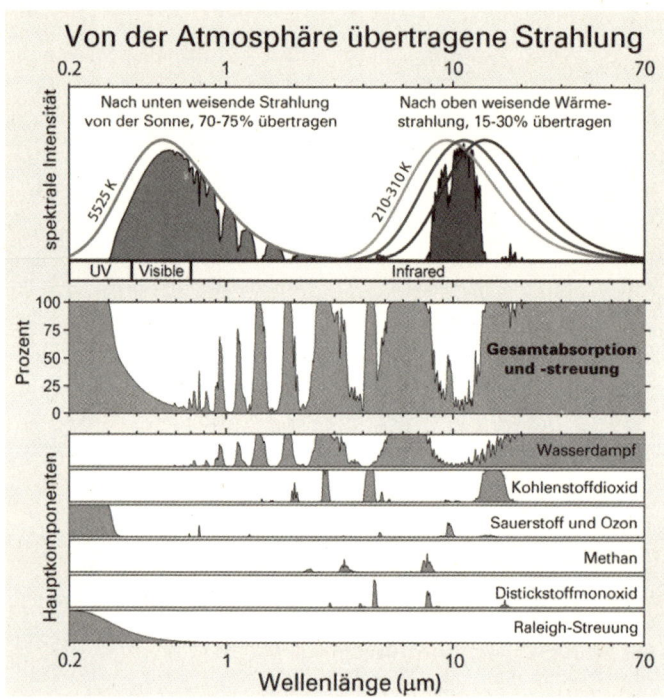

Abbildung 4

Wetterkarte der ARD vom 07.08.2019

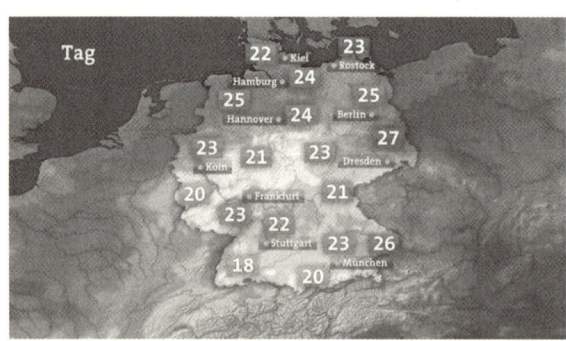

Abbildung 5

Ein tiefes Rot umgibt die Insel der Glückseeligen, welche in Deutschland ganz offensichtlich durch die erfolgreiche Vermeidung von CO$_2$ entstehen konnte.

DWD-Karte 1989

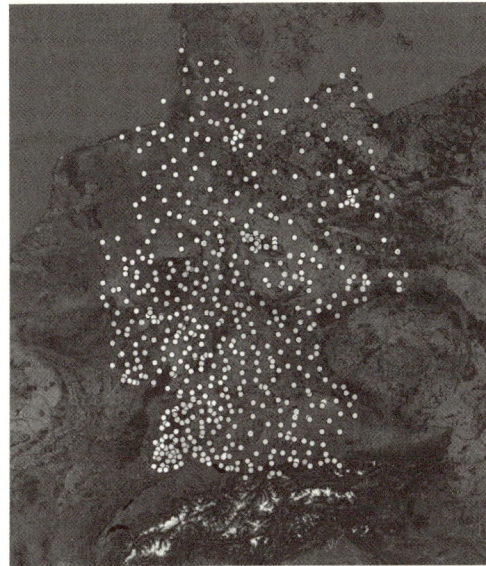

Abbildung 6

DWD-Karte 2019

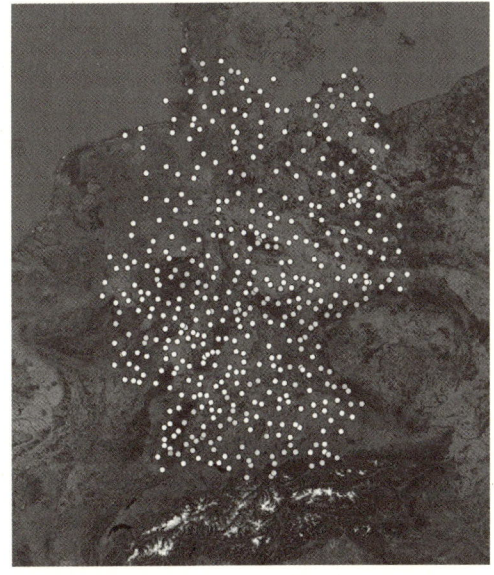

Abbildung 7

Liste der Vulkanausbrüche

In der folgenden Liste finden sich die bekannten Vulkanausbrüche der letzten 4.000 Jahre mit einem VEI größer als 4. Der VEI – Volcan Eruption Index – ist wie folgt definiert:

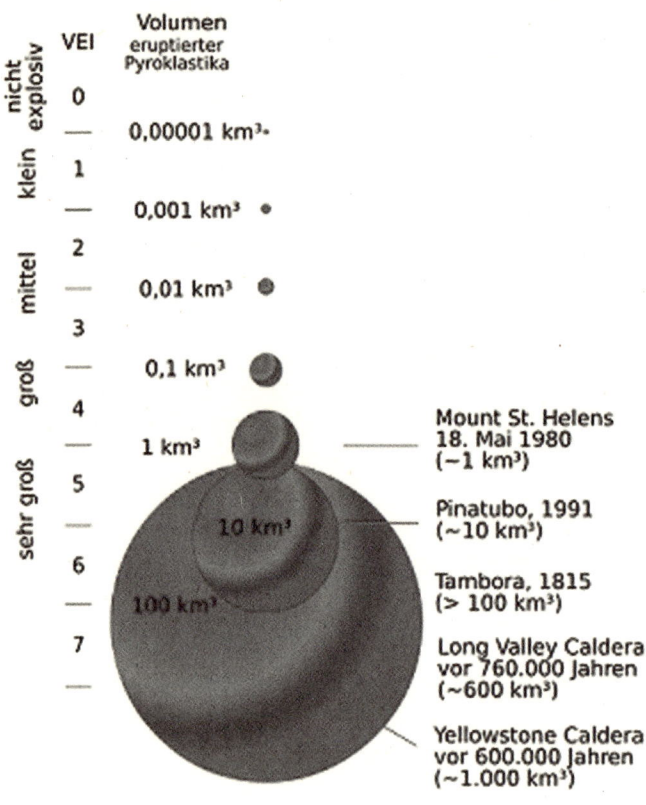

Ausbruch	Vulkan	Region	VEI
1628 v. Chr.	Santorin	Griechenland	7
24. August 79 um 13 Uhr (oder eher zwei Monate später im Herbst)	Vesuv	Kampanien, Italien	5
232 n. Chr.	Taupo	Nordinsel (Neuseeland)	6
zwischen 450 und 545 n. Chr.	Ilopango	El Salvador, Zentralamerika, eventuell weltweite Auswirkungen	6,9
934 oder 939 n. Chr.	Katla	Eldgjá, Island	5
946 n. Chr.	Paektusan	Changbai-Gebirge im Grenzland zwischen VR China und Nordkorea	nahezu 7
1257 n. Chr.	Samalas	Lombok, Indonesien	7
1452/53 ?	Kuwae	Vanuatu	6+
28. Juni 1563	Água de Pau	São Miguel, Azoren, Portugal	≈ 5
1586	Kelut	Java, Indonesien	5
1593	Raung	Java, Indonesien	5
17. Februar 1600	Huaynaputina	Peru	6
2. September 1625	Katla	Island	5
3. September 1630	Furnas	São Miguel, Azoren, Portugal	5
16. Dezember 1631	Vesuv	Kampanien, Italien	5
31. Juli 1640	Komagatake	Hokkaidō, Japan	5
26. Dezember 1640	Mount Parker	Mindanao, Philippinen	5
16. August 1663	Usu	Hokkaidō, Japan	5
23. September 1667	Tarumae	Hokkaidō, Japan	5
20. Mai 1673	Gamkonora	Halmahera, Indonesien	≈ 5
1680	Tongkoko	Sulawesi, Indonesien	5

Datum	Vulkan	Ort	VEI
16. Dezember 1707	Fuji	Honshū, Japan	5
11. Mai 1721	Katla	Island	5
19. August 1739	Tarumae	Hokkaidō, Japan	5
17. Oktober 1755	Katla	Island	5
29. September 1759	El Jorullo	Michoacán, Mexiko	5
8. Juni 1783	Laki-Krater	Grímsvötn, Island	4+
1795	Mount Westdahl	Unimak Island, Aleuten, Alaska	5
1812	Tambora	Sumbawa, Indonesien	7
8. Oktober 1822	Galunggung	Java, Indonesien	5
20. Januar 1835	Cosigüina	Nicaragua	5
18. Februar 1854	Schiwelutsch	Kamtschatka, Russland	5
1. Januar 1875	Askja	Island	5
20. Mai 1883	Krakatau	Sundastraße, Indonesien	6
10. Juni 1886	Mount Tarawera	Nordinsel (Neuseeland)	5
24. Okt 1902	Santa María	Guatemala	6
28. März 1907	Ksudatsch	Kamtschatka, Russland	5
06. Juni 1912	Novarupta	Alaska-Halbinsel, USA	6
17. Jan 1913	Colima	Jalisco, Mexiko	5
13. Jan 1914	Fukutoku-Okanoba	Kazan-rettō, Japan	5
1916	Cerro Azul	Chile	5
08. Januar 1933	Iriomote	Ryūkyū-Inseln, Japan	≈ 5
20. Februar 1943	Sewergin	Charimkotan, Kurilen, Russland	5
22. Oktober 1955	Paricutín	Michoacán, Mexiko	5
18. Februar 1963	Besymjanny	Kamtschatka, Russland	5
27. März 1980	Agung	Bali, Indonesien	5
28. März 1982	Mount St. Helens	Washington (Bundesstaat), USA	5
02. April 1991	El Chichón	Chiapas, Mexiko	5
08. August 1991	Pinatubo	Luzon, Philippinen	6
24. Oktober 2002	Cerro Hudson	Chile	5

Die Politisierung des Klimas

Globale Erwärmung: Wie alles begann
Von Richard Courtney

Imaginäres Risiko

Alle verfügbaren Beweise deuten darauf hin, dass eine vom Menschen verursachte globale Erwärmung eine physische Unmöglichkeit ist, aber wenn die vorhergesagte Erwärmung tatsächlich ausgelöst würde, brächte sie vermutlich Nettovorteile. Es gibt jedoch ein weit verbreitetes imaginäres Risiko zu dieser Erwärmung, und die Politik reagiert darauf. Reaktionen auf eingebildete Risiken sind oft extrem und gefährlich. Zum Beispiel kann jemand, der Angst vor Mäusen hat und eine Maus sieht, als Reaktion darauf auf einen Stuhl springen, wodurch der Stuhl beschädigt und er selbst verletzt wird. Es hat keinen Sinn, dem Verletzten zu sagen, dass Mäuse harmlos sind, weil Angst irrational ist und daher nicht durch rationale Argumente überwunden werden kann.

Es ist zu erwarten, dass eingebildetes Risiko gegen Ende des zwanzigsten Jahrhunderts (Ende des zweiten Jahrtausends) weit verbreitet sein wird. Propheten des Untergangs erschienen immer dann auf der Bildfläche, wenn sich ein Jahrhundert dem Ende näherte. Sie verkündeten stets, dass »das Ende der Welt nah ist«, es sei denn, die Menschen würden ihre Verhaltensweisen ändern und große Entbehrungen akzeptieren. Die Geschichte deutet also darauf hin, dass Schrecken wie die globale Erwärmung oder Ähnliches derzeit zu erwarten sind.

Die Verfechter der These der globalen Erwärmung fordern eine Reduzierung des CO_2-Ausstoßes, was einer Reduzierung des Energieverbrauchs gleichkommt. Die Energiewirtschaft hat jedoch mehr zum Wohle der Menschheit beigetragen als alles andere seit der Erfindung der Landwirtschaft. Verfechter der Klimaerwärmungsthese fordern häufig den Einsatz von »erneuerbaren Energien« als Ersatz für fossile Brennstoffe. Dies ist jedoch ein Aufruf zur Rückkehr zur vorindustriellen Gesellschaft: Die industrielle Revolution fand statt, als fossile Brennstoffe Biomasse und Windkraft ersetzten. Es ist physikalisch unmöglich, dass Wind- und Sonnenenergie den Energiebedarf der Industrieländer decken, und die Völker der Entwicklungsländer bestehen auf ihrem Recht, sich ebenfalls zu entwickeln.

Die einstigen Schicksalspropheten lagen alle falsch, daher ist zu erwarten, dass die heutigen Schwarzmaler ihre Argumente verteidigen werden. Und das wird besonders dann der Fall sein, wenn sie etwas angreifen, das für die Menschheit so eindeutig vorteilhaft ist wie die Verwendung fossiler Brennstoffe. Doch da eingebildete Risiken nicht rational sind, wird man nichts Vernünftiges erwarten können. Die simple Tatsache, dass es physikalisch unmöglich ist, dass CO$_2$-Emissionen eine vom Menschen verursachte globale Erwärmung verursachen, hat keinen Einfluss auf die imaginäre Angst vor der globalen Erwärmung. (Es ist eine simple Tatsache, dass eine Maus keine Menschen fressen kann, aber manche Menschen versuchen, sich beim Anblick einer Maus auf einen Stuhl zu retten.)

Einige Verfechter der globalen Erwärmung profitieren von einem guten Einkommen aus der Angst vor der globalen Erwärmung und sind zu Propagandisten der globalen Erwärmung geworden, um ihre Interessen zu vertreten. Dazu gehören einige Forscher, die Forschungsstipendien erhalten, sowie einige Umweltorganisationen, die Spenden benötigen. Sie verdienen ihren Lebensunterhalt, indem sie die Angst vor der vom Menschen verursachten globalen Erwärmung fördern. Ihr Verhalten ähnelt dem der »Schlangenölverkäufer« im 19. Jahrhundert. Schlangenölverkäufer verkauften Schlangenöl, für dessen Herstellung keine echten Schlangen erforderlich waren. Propagandisten der globalen Erwärmung verkaufen Angst vor der vom Menschen verursachten globalen Erwärmung, und dazu ist keine echte vom Menschen verursachte globale Erwärmung erforderlich.

Der Erfolg der Propaganda zur globalen Erwärmung hat einige Beobachter dazu veranlasst zu argumentieren, dass das imaginäre Risiko in der Wahrnehmung der Öffentlichkeit auf eine Verschwörung zurückzuführen ist (z. B. Böttcher, 1996). Doch eine Betrachtung der Ursprünge der Angst vor der globalen Erwärmung bestätigt die Existenz einer solchen Verschwörung nicht. Bestimmte Interessen stimmten einfach überein und unterstützten sich gegenseitig. Und eine Übereinstimmung von Interessen hat gewöhnlich eine stärkere Wirkung als eine Gruppe von Verschwörern. Der Ursprünge dieser Angst sind politisch und haben zu politischen Grundsätzen geführt, aufgrund derer nun ein ernsthafter wirtschaftlicher Schaden für die ganze Welt droht.

Die Ursprünge der Angst vor der globalen Erwärmung

Die Hypothese der vom Menschen verursachten globalen Erwärmung besteht seit den 1880er Jahren. Es war eine obskure wissenschaftliche Hypothese, dass die Verbrennung fossiler Brennstoffe das CO_2 in der Luft erhöhen würde, wodurch der Treibhauseffekt verstärkt wird, der wiederum die globale Erwärmung verursacht. Vor den 1980er Jahren wurde diese Hypothese gewöhnlich als Kuriosum angesehen, da die Berechnungen aus dem 19. Jahrhundert darauf hinwiesen, dass die globale Durchschnittstemperatur bis 1940 um mehr als 1° C gestiegen sein sollte, was jedoch nicht der Fall war. 1979 wurde Margaret Thatcher (jetzt Lady Thatcher) Premierministerin des Vereinigten Königreichs, und sie verlieh dieser Hypothese einen politisch wichtigen internationalen Status.

Frau Thatcher wird heute oft als große britische Politikerin angesehen: Sie hat ihre politische Partei (die Conservative Party) bei drei Parlamentswahlen zum Sieg geführt, sie leitete die Geschicke Großbritanniens während des Falkland-Krieges, sie ersetzte einen Großteil des britischen Wohlfahrtsstaates durch monetaristische Wirtschaft und privatisierte die meisten verstaatlichten Wirtschaftszweige in Großbritannien. Diesen Ruf hatte sie jedoch noch nicht erlangt, als sie 1979 an die Macht kam. Damals war sie die erste weibliche Führerin eines großen westlichen Staates, und sie wollte von den politischen Führern anderer großer Länder ernst genommen werden. Dieser Wunsch schien schwer erreichbar zu sein, da ihre einzige Regierungserfahrung als Bildungsministerin (als Juniorministerin) in der 1974 zusammengebrochenen Heath-Administration bestand. Sie hatte als Bildungsministerin nichts Bemerkenswertes erreicht, blieb jedoch der britischen Öffentlichkeit als diejenige in Erinnerung, die die Ausgabe von Milch an Schulkinder beendet hatte (sie war im Volksmund als »Milk Snatcher Thatcher« bekannt.)

Der britische UN-Botschafter Sir Crispin Tickell schlug eine Lösung des Problems vor. Er wies darauf hin, dass fast alle internationalen Staatsmänner wissenschaftliche Analphabeten sind, wohingegen ein wissenschaftlich gebildeter Politiker jede Gipfeldebatte zu einem Thema gewinnen könne, das augenscheinlich von wissenschaftlichen Erkenntnissen abhängt. Und Frau Thatcher hatte einen Bachelor of Science in Chemie. (Dies ist wahrscheinlich der wichtigste Punkt in der gesamten Frage der globalen Erwärmung: dass Frau Thatcher einen Abschluss in Chemie hatte). Sir Crispin wies darauf hin, dass die britische Premierministerin eine herausragende Rolle spielen könnte, wenn ein »wissenschaftliches« Thema internationale Bedeutung erlangen würde, und dies könnte ihr wiederum Glaubwürdigkeit für ihre Ansichten zu anderen Weltangelegenheiten verschaffen. Er schlug vor, dass Frau Thatcher sich bei jedem Gipfeltreffen für die These der globalen Erwärmung einsetzt. Sie tat es, und die Taktik funktionierte. Frau Thatcher erlangte schnell den gewünschten internationalen Respekt, und Großbritannien wurde zum Hauptverfechter der These der globalen Erwärmung. Die Einflüsse, die dies ermöglichten, sind in Abbildung 1 und den folgenden Absätzen beschrieben.

Abbildung 1: Einflüsse, die in Großbritannien zu einem imaginären Risiko zur globalen Erwärmung führten

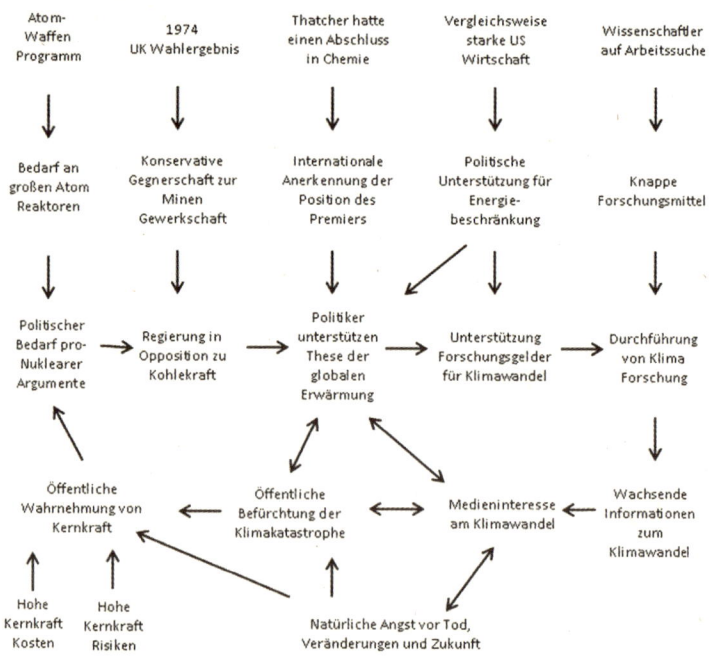

Politiker aus Übersee begannen, die Kampagne von Frau Thatcher zur Kenntnis zu nehmen, wenn auch nur, um zu versuchen, dass die Gipfeltreffen nicht weiter durch sie gestört würden. Sie machten ihre Beamten auf die Angelegenheit aufmerksam und baten sie um eine Einschätzung. Diese berichteten, dass die »globale Erwärmung« – obwohl wissenschaftlich zweifelhaft – von wirtschaftlicher Bedeutung sein könnte. Die USA sind die mächtigste Volkswirtschaft der Welt und der intensivste Energieverbraucher. Wenn alle Länder »CO_2-Steuern« oder andere anteilige Reduzierungen der industriellen Aktivität einführen würden, würde jedes Nicht-US-Industrieland einen wirtschaftlichen Vorteil gegenüber den Vereinigten Staaten erzielen. Deshalb äußerten viele Politiker aus vielen Ländern gemeinsam mit Frau Thatcher Besorgnis über die globale Erwärmung, und ein politischer Zug setzte sich in Bewegung. Frau Thatcher hatte ein internationales politisches Problem angesprochen und war damit zu einer einflussreichen internationalen Politikerin geworden.

Frau Thatcher hätte das Thema der globalen Erwärmung ohne die Unterstützung ihrer Partei nicht voranbringen können. Und ihre Partei war bereit, ihr diese Unterstützung zu geben. Nach den Parlamentswahlen von 1979 waren die meisten Kabinettsmitglieder Regierungsmitglieder, die 1974 ihr Amt verloren hatten. Sie machten die Nationale Union der Minenarbeiter (NUM) für ihre Niederlage von 1974 verantwortlich. Sie suchten deshalb nach einer Ausrede für die Reduzierung des britischen Steinkohlenbergbaus, um damit die Machtstellung der NUM zu dezimieren. Kohlekraftwerke stoßen CO_2 aus, Atomkraftwerke jedoch nicht. Die globale Erwärmung lieferte eine Ausrede, um die Abhängigkeit Großbritanniens von Kohle zu verringern und durch Atomkraft zu ersetzen.

Und die Conservative Party wollte noch aus einem anderen Grund eine große britische Atomindustrie. Die großen kerntechnischen Anlagen der Branche waren für das britische Atomwaffenprogramm erforderlich, und die oppositionelle Labour Party war gegen die Pläne der Conservative Party, die nukleare Abschreckung des Vereinigten Königreichs mit Trident-Raketen und U-Booten zu verstärken. Leider hatten die Unfälle auf Three Mile Island und in Tschernobyl das Vertrauen der Öffentlichkeit in die Nukleartechnologie beschädigt. Dann enthüllte die Privatisierung der britischen Stromversorgungsindustrie die überraschende Erkenntnis, dass die Kosten des britischen Atomstroms das Vierfache der britischen Kohlekosten betrugen. Die globale Erwärmung war die einzige verbleibende Ausrede für die unpopulären Atomkraftwerke, die für Atomwaffen benötigt wurden. Frau Thatcher musste in aller Öffentlichkeit zeigen, dass sie im eigenen Land Geld ausgibt, wenn ihre internationale Kampagne glaubwürdig sein sollte.

Zu Beginn ihrer Kampagne zur globalen Erwärmung – und auf ihre eigene Initiative hin – wurde das britische Hadley Centre für Klimavorhersage und -forschung gegründet, und die Wissenschafts- und Technikforschungsräte wurden ermutigt, der Finanzierung klimabezogener Forschung Vorrang einzuräumen. Dies kostete nichts, da das Forschungsbudget des Vereinigten Königreichs nicht aufgestockt wurde. Tatsächlich sank es sogar, da es an anderer Stelle gekürzt wurde. Das Hadley Centre konnte seine Bedeutung jedoch aufrechterhalten und ist jetzt die Betriebsstelle für die wissenschaftliche Arbeitsgruppe des IPCC (Arbeitsgruppe 1). Die Arbeit der meisten Wissenschaftler hängt von Geldern ab, die ganz oder teilweise von den Regierungen bereitgestellt werden. Außerdem konkurrieren alle Wissenschaftler um einen Anteil an dieser begrenzten Ressource. Die verfügbaren Forschungsgelder schrumpften, und die globale Erwärmung war für die Regierungen zu einem »wissenschaftlichen« Thema von größtem Interesse geworden. Aus diesem Grund bezog sich jeder Fall, in dem eine Unterstützung beantragt wurde, auf die globale Erwärmung, wann immer dies möglich war. In vielen Bereichen kann eine Menge wissenschaftliche Arbeit unter dem Deckmantel betrieben werden, dass eine Beziehung zur globalen Erwärmung besteht. Zu den Aktivitäten, die mit dieser Methode gefördert wurden, gehören Biologie, Meteorologie, Informatik, Physik, Chemie, Klimatologie, Ozeanographie, Bauingenieurwesen, Verfahrenstechnik, Forstwirtschaft, Astronomie und verschiedene andere Disziplinen. Die meisten britischen Universitäten und einige kommerzielle Forschungseinrichtungen erhalten heute Mittel für diese Arbeit.

Ein großer Gruppenzwang hält Wissenschaftler davon ab, potenzielle Quellen für Forschungsgelder zu gefährden. Ein besonderer Druck – der Verlust der zukünftigen Karriere – besteht darin, zu vermeiden, die tatsächliche wissenschaftliche Wahrheit der globalen Erwärmung als Erster zu verkünden und damit die Forschungsfinanzierung der Kollegen zu beschädigen. Das Versäumnis, die wissenschaftliche Wahrheit zu verkünden, bedeutet jedoch nicht, dass viele Wissenschaftler an die Hypothese der globalen Erwärmung glauben. Auf dem Höhepunkt der globalen Erwärmung führte Greenpeace International 1992 eine Umfrage unter den 400 führenden Klimatologen der Welt durch. Greenpeace hatte gehofft, die Ergebnisse dieser Umfrage im Vorfeld des Rio-Gipfels bekanntmachen zu können, doch als die Umfrage abschlossen war, wurden nur wenige Ergebnisse veröffentlicht. Im Rahmen der Umfrage waren nur 15 Klimatologen bereit, zu sagen, dass sie an die globale Erwärmung glauben, obwohl alle Klimatologen wegen ihres Arbeitsplatzes auf diese Aussage angewiesen sind. Auch die Leipziger Erklärung bestreitet die Behauptungen des IPCC über die vom Menschen verursachte globale Erwärmung. Sie wurde nach der Leipziger Klimakonferenz im November 1995 erarbeitet und von über 1.500 Wissenschaftlern aus aller Welt unterzeichnet.

Das Problem der globalen Erwärmung ist politisch. Das Thema löste den »Erdgipfel« aus, an dem im Juni 1992 in Rio de Janeiro mehrere Staatschefs teilnahmen, und es war der Grund für den Kyoto-Gipfel in Japan im Dezember 1997. Die Regierungen haben verschiedene Gründe für ihr Interesse an der globalen Erwärmung. Jede Regierung hat ihre eigenen spezifischen Interessen an der globalen Erwärmung, doch die Motive sind in allen Fällen wirtschaftspolitischer Art. Allgemein gesagt befürchten die USA den Verlust ihrer wirtschaftlichen Macht an andere Nationen, während dies von genau diesen Nationen gewünscht wird. Die allgemeine Einführung von »CO_2-Steuern« oder eine andere allgemeine proportionale Verringerung der industriellen Aktivität würde den anderen Nationen einen relativen Nutzen bringen. Doch wenn einige Länder solche Änderungen übernehmen würden, ginge damit leider ein Anstieg ihrer Herstellungs-, Transport- und Energiekosten einher, was wiederum ihre wirtschaftliche Wettbewerbsfähigkeit und ihre industrielle Leistungsfähigkeit gegenüber allen anderen Ländern verschlechtern würde.

Entwicklungsländer können sich jedoch keine technologischen und wirtschaftlichen Weiterentwicklungen leisten, von denen sie profitieren würden, und gleichzeitig in dieser Wachstumsphase die Zunahme ihrer CO$_2$-Emissionen reduzieren. Deshalb bemühen sie sich um Technologietransfers und wirtschaftliche Hilfe von den Industrieländern.

Die Presse will ihre Druckerzeugnisse verkaufen und die Fernsehsender wollen Zuschauer gewinnen. Die Bedrohung durch eine weltweite Katastrophe eignet sich hierfür hervorragend, und die Aussagen und Handlungen von Politikern sowie die starke Zunahme von wissenschaftlichen Veröffentlichungen haben dazu geführt, dass die Erderwärmung heute quasi als Dogma verstanden wird. Die Medien begannen, die schlimmsten Horrorvorstellungen zu verkünden. Zum Beispiel wurden massive Überschwemmungen aufgrund abschmelzenden Polareises vorhergesagt, und eine britische Fernsehsendung ging so weit, zu behaupten, dass die Eisbären aussterben würden, weil ihr Lebensraum verschwinden würde. Die Öffentlichkeit verlässt sich darauf, dass die Medien sie mit Informationen versorgen, und so glaubt man heute dem Horrorszenario der globalen Erwärmung, weil einem nur eine Seite der Geschichte gezeigt wurde. Die Politiker reagierten auf die Besorgnis der Bürger, und dies führte dazu, dass das Handeln der Politiker allmählich Unterstützung in der Bevölkerung fand.

Auf den ersten Blick ist die globale Erwärmung ein Umweltproblem, und viele Umweltschützer schlossen sich dieser Bewegung an. Die Regierungen boten Geld an, und die Öffentlichkeit machte sich Sorgen über die globale Erwärmung. Jedem Umweltproblem, das irgendwie mit der globalen Erwärmung in Verbindung gebracht werden konnte, wurde nachgesagt, dass es in diese Problematik verwickelt sei. Das Interesse der Umweltschützer wurde jedoch durch die Auswirkungen dieses Themas geweckt. Entgegen der allgemeinen Überzeugung haben die Umweltschützer das Bewusstsein für die globale Erwärmung nicht geweckt, sondern darauf reagiert. Die Umweltorganisationen waren schlicht und ergreifend ein Teil der allgemeinen Öffentlichkeit und beschlossen, das Thema zu nutzen, als es sich für sie als nützlich erwies.

Abbildung 2. Positive Rückmeldungen, die das in Großbritannien vermutete Risiko einer globalen Erwärmung stützen.

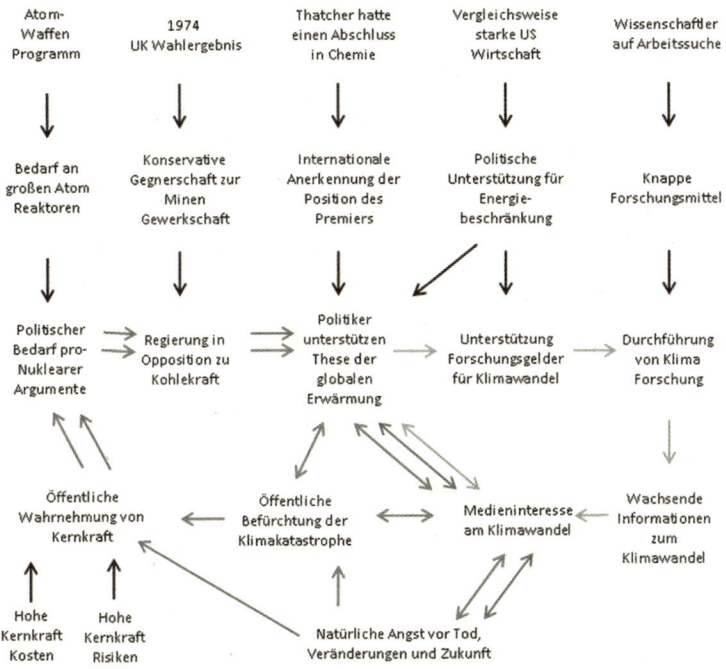

Die verschiedenen Aspekte der globalen Erwärmung begannen nun, sich gegenseitig zu stärken. Das System enthält zahlreiche positive Rückkopplungsschleifen, die wichtigsten sind in Abbildung 2 dargestellt. Ein wichtiger Systemverstärker ist, dass die Politik das Thema unterstützt. Die Situation wird dadurch angeheizt, indem sie bei jedem Durchlaufen der in Abbildung 2 gezeigten Schleife weitere politische Zustimmung erhält.

Die britische Regierung verlor das Interesse an der globalen Erwärmung, als John Major Frau Thatcher als Premierminister ersetzte. Die Fördergelder der Regierung zur Erforschung der globalen Erwärmung begannen zu versiegen. Britische Wissenschaftler begannen daraufhin, sich gegen die Hypothese der globalen Erwärmung auszusprechen. Es schien, dass das Problem eines natürlichen Todes sterben würde. Dann kam es im Oktober 1992 zur

»Kohlekrise«, als die Öffentlichkeit gegen das Ausmaß der Grubenschließungen protestierte. Dies führte dazu, dass die britische Regierung eine neue Ausrede für die Schließung von Kohlebergwerken finden musste. Die globale Erwärmung war für dieses Ziel geeignet, und so stellte die Regierung 16 Millionen Pfund für eine Werbekampagne zur Verfügung, die die Panik vor der globalen Erwärmung schürte und stellte die Förderschwerpunkte für die Klimaforschung wieder her.

Anfang Mai 1997 verlor die Conservative Party die Unterhauswahl an die Labour Party, und Tony Blair wurde britischer Premierminister. Das Vereinigte Königreich hatte das Thema »globale Erwärmung« ins Rollen gebracht, und eine Änderung der britischen Politik hätte möglicherweise erhebliche Auswirkungen auf das weit verbreitete eingebildete Risiko gehabt, doch zu diesem Zeitpunkt hatte sich das Thema »globale Erwärmung« bereits verselbständigt. Viele Länder hatten eine eigene Politik zur globalen Erwärmung, 122 von ihnen hatten auf dem Rio-Gipfel eine Absichtserklärung zur Reduzierung der CO_2-Emissionen unterzeichnet, und der Kyoto-Gipfel war geplant. Großbritannien war eines der wenigen Länder, die seit dem Rio-Gipfel ihre CO_2-Emissionen gesenkt hatten, weil man Kohlekraftwerke durch Gaskraftwerke ersetzt hatte. Dies verhalf Großbritannien zu Autorität in dieser internationalen Angelegenheit, und Blair verpflichtete die neue britische Regierung zu strengen Maßnahmen zur Senkung der CO_2-Emissionen.

Die Regierungspolitik zur globalen Erwärmung

Die vom Menschen verursachte globale Erwärmung ist zu einem wichtigen internationalen politischen Thema geworden. Das imaginäre Risiko hat sich zu einem echten Risiko in Form von Regierungsvorschlägen zur Eindämmung der CO_2-Emissionen entwickelt. Auf dem Gipfeltreffen von Rio 1992 wurden Maßnahmen zur Begrenzung der Emissionen vorgeschlagen, und auf dem Gipfeltreffen von Kyoto im Dezember 1997 sollen verbindliche Vereinbarungen getroffen werden, mit denen die Nationalstaaten verpflichtet werden sollen, die Beschränkungen einzuhalten. Obwohl es keine realen und potenziellen Risiken für die globale Erwärmung gibt, werden die

Auswirkungen der Beschränkungen reale und schwerwiegende wirtschaftliche Schäden verursachen.

Jedes industrielle und wirtschaftliche Wachstum erfordert eine umfassende und zuverlässige Energieversorgung. Alles, was die Energieversorgung hemmt, mindert die Wirtschaftstätigkeit. In Kyoto werden die Regierungen unter Druck gesetzt werden, ihre CO_2-Emissionen weit unter das Niveau von 1990 zu senken. Dies erfordert eine Reduzierung der Kraftstoffversorgung und damit der Wirtschaft. Die Auswirkungen wären weitaus schwerwiegender als bei der »Ölkrise« in den 1970er Jahren, da die Einschränkung des Verbrauchs fossiler Brennstoffe stärker wäre, da die Steigerung der Energiekosten größer wäre, und weil der Energiebedarf seit damals gestiegen ist.

Bereits jetzt haben sich die OECD-Länder (Europa, Japan und die USA) grundsätzlich darauf geeinigt, das »Berliner Mandat« zu verabschieden, wonach jeder seine CO_2-Emissionen bis zum Jahr 2010 um 15 % unter das Niveau von 1990 senken muss. Das US-Energieministerium (DoE) schätzt, dass dadurch die US-amerikanischen Inlandsenergiepreise um 80 bis 90 % und der Kohlepreis für die US-amerikanischen Verbraucher um 300 % steigen würden. Die DoE-Studie stellt außerdem fest, dass das Berliner Mandat die weltweiten CO_2-Emissionen nicht reduzieren würde. Energieintensive Branchen wären gezwungen, die USA zu verlassen und an Standorte zu wechseln, an denen die Emissionsbeschränkungen nicht existieren oder nicht durchgesetzt werden. Dies könnte sogar zu einer Erhöhung der Emissionen führen, da es an weniger kontrollierten Standorten wahrscheinlich weniger energieeffiziente Industrien gibt. Die DoE-Studie führt weiter aus, dass diese Ergebnisse nicht spezifisch für die USA sind, sondern für jedes Industrieland gelten.

Die Aussagen der US-amerikanischen DoE-Studie werden von einer ähnlichen Studie unterstützt, die von der deutschen Regierung in Auftrag gegeben wurde. Darin werden die Folgen für die Erfüllung des Berliner Mandats für Deutschland mit rund 500 Milliarden US-Dollar an Kosten und dem Verlust von 250.000 Arbeitsplätzen veranschlagt.

Doch nicht nur die Industrieländer würden leiden. Die Wirtschaft jedes Landes ist dem Einfluss der Entwicklung der Weltwirtschaft ausgesetzt. Die wirtschaftliche Störung in den Industrieländern würde die Wirtschaftstätigkeit überall beeinträchtigen. Die größten Auswirkungen wären in den Industrieländern zu verzeichnen, da deren Volkswirtschaften am größten sind. Die schlimmsten Folgen hätten jedoch die ärmsten Völker der Welt zu tragen (Menschen, die vom Hungertod bedroht sind, werden von der gestörten Wirtschaft ihres Landes ausgehungert).

Eine vernünftige Bewertung geeigneter Strategien würde eine Kosten-Nutzen-Analyse beinhalten, aber ein eingebildetes Risiko ist eben nicht vernünftig. Alle vorgeschlagenen Maßnahmen zum imaginären Risiko der vom Menschen verursachten globalen Erwärmung würden den Hunger und die Armut steigern und gleichzeitig die wirtschaftliche Entwicklung auf der ganzen Welt hemmen. Und die CO$_2$-Emissionen würden nicht reduziert, sondern könnten dadurch sogar erhöht werden. Die Politiker akzeptieren die Vorhersagen von Klimamodellen als Vorhersagen für die Zukunft, und sie handeln, um diese Zukunft zu ändern. Dies ähnelt dem Verhalten von Menschen, die Horoskopen glauben, welche ein Unheil für die Zukunft vorhersagen und die deshalb Situationen vermeiden, in denen ein solches Unheil geschehen kann.

Mein Lehrerstudium: Haltung, Haltung über alles

Von Luise Witt.

Noch immer ist das herausragende Wahlergebnis der Grünen in Deutschland besonders bei der jungen Generation unter 30 in aller Munde. Die Ursachen hierfür mögen schon anderweitig diskutiert worden sein. Als angehende Lehrerin erlebe ich jedoch die Auswirkungen der Biotope Schule und Uni als Mitverursacher eines solchen Wahlergebnisses. Täglich erlebe ich die Ausbildung des neuen pädagogischen Nachwuchses hautnah und wie Indoktrination aufgezogen wird.

Haben Sie sich einmal die Zeit genommen, um über Ihre Demokratiekompetenz nachzudenken? Und dabei nicht vergessen, Ihre weiße, privilegierte Sichtweise zu reflektieren? Bisher bewegten mich diese und viele weitere äußerst progressive Fragen nicht im Geringsten. Ich hoffte, die Beantwortung solcher Fragen den Politik- und Genderstudenten überlassen zu können. Leider weit gefehlt: Heutzutage sind solche Fragen auch in einem Lehramtsstudium omnipräsent. Als Lehrer soll ich im Unterricht nicht nur fachliches und methodisches Wissen und Können vermitteln, sondern – zumindest in Berlin und Brandenburg – auch Kompetenzen, die angeblich für die Lebensgestaltung in einer diskriminierungsfreien, demokratischen und vielfältigen Gesellschaft unabdingbar sind. Module wie »Demokratiepädagogik« sind somit selbstverständlicher Bestandteil meines Studiums. Schließlich soll sichergestellt werden, dass die Schüler von heute und morgen die Fragen der Zeit »demokratisch kompetent« beantworten können.

Haltung aufbauen und festigen – so könnte kurz und knapp das Ziel der Lehrveranstaltung »Demokratiepädagogik« und vieler weiterer lauten. Für uns Lehrer leitet sich daraus die Aufgabe ab, demokratische Werte und politische Urteilsfähigkeit zu vermitteln sowie die Widerstandskraft und Zivilcourage der Schüler in Hinblick auf antidemokratische Tendenzen in der Gesellschaft zu stärken. Die Schüler sollen eine Meinung entwickeln und diese auch vertreten, sollen Partizipation erlernen und einüben. Doch was hinter dieser breitgelatschten Phrase verborgen bleibt, ist der Zusatz: »die richtige Meinung und Partizipation«. Blicke ich hinter die Fassade, ist es meine Aufgabe, die Schüler anzuleiten, »politisch korrekt« zu denken und zu handeln. Deutlich wird für mich, dass sich diese Partizipation nicht nur auf Events wie »Fridays for Future« beschränken soll, sondern die Ermutigung mit einschließt, sich als »ehrenamtliche Helfer« in diversen Organisationen mit den »richtigen« Zielen zu betätigen. Die erschreckenden Auswirkungen dieser »Handlungskompetenz«, mitbedingt durch äußere Ermutigung und fehlende Maßregelung, werden wir noch verstärkt beobachten können.

Zu einem Softwareingenieur dressiert

Unbestritten ist es wichtig, dass junge Menschen dazu angeregt werden, sich mit großen und kleinen Fragen ihrer Zeit zu befassen. Jedoch sind die Methoden und versteckten Ziele dieses Unterfangens sehr fraglich. Willige Hilfe zur Umsetzung der politischen Agenda – so könnte ich das Ziel knapp zusammenfassen. Metaphorisch gesprochen werde ich das Gefühl nicht los, zu einem Softwareingenieur dressiert zu werden, der den Kindern später das allgemeine, gleiche und politisch korrekte Betriebssystem aufspielen soll.

Ausführlich werden uns die Prinzipien des Beutelsbacher Konsenses zur politischen Bildung an Schulen – wie etwa das Neutralitätsgebot – von 1976 nähergebracht. Selbstverständlich wird heutzutage nicht vergessen zu erwähnen, dass dies alles nur für demokratische Meinungen gilt. Kurz gesagt sollen wir so lange neutral sein, wie der Rahmen des politisch Korrekten nicht gesprengt wird. Darüber hinaus ist die Meinungsfreiheit, ein demokratisches Grundrecht, ein Menschenrecht, offensichtlich nicht mehr zu schützen.

Einen Eindruck, wie uns die Notwendigkeit von »Demokratiepädagogik« nähergebracht wird, können Sie beim Lesen des folgenden Auszugs aus dem Manifest »Haltung zählt« des Bayrischen Lehrer- und Lehrerinnenverbandes erhalten:

*»Wir beobachten, wie unsere Gesellschaft gespalten und Menschen emotional aufgehetzt werden sollen. Extreme Gruppierungen und Personen, insbesondere Repräsentanten der Rechtspopulisten und Rechtsextremen, tragen zu dieser Verrohung des Umgangs maßgeblich bei. Damit wird der Boden bereitet für Zwietracht, Verfolgung und physische Gewalt. [...] Wir wollen, dass unsere Kinder in einer weltoffenen Gesellschaft leben. Unsere Kinder sollen Respekt, Wertschätzung und Interesse für die anderen Menschen erleben und leben – **unabhängig davon**, welcher Religion sie angehören, welche Hautfarbe sie haben, welche Muttersprache sie sprechen und **welche Meinung sie vertreten**. Als besorgte Lehrerinnen und Lehrer appellieren wir deshalb an alle, unsere Gesellschaft vor Spaltung, Brutalität, Rücksichtslosigkeit und Radikalisierung zu schützen und so unsere Demokratie zu bewahren. Lassen wir uns nicht einschüchtern und setzen wir uns selbstbewusst und kompromisslos ein.«* (Hervorhebungen von Luise Witt)

Sammelpass für mehr Vielfalt

Und damit sichergestellt wird, dass wir bereits über die richtige Haltung verfügen und diese »selbstbewusst und kompromisslos« umsetzen, wenn wir an die Schule kommen, wird an der Uni nichts dem Zufall überlassen. Projektwochen gegen Rassismus und für die Seenotrettung, Plakatausstellungen für die Demokratie und die Vielfalt auf Arabisch, Vorlesungsabende mit allseits politisch korrekten Themen von der interkulturellen Kommunikation bis hin zur Polyamorie und »sexuellen Vielfalt« – das alles ist mittlerweile Alltag. »Extremismusprävention«, Flucht, Migration, Islam und Inklusion sind einige der häufigsten Schlagwörter der Zeit. Thematisch und didaktisch bereichernde Veranstaltungen muss ich suchen, es sei denn, ich möchte mich in »irgendwas mit Diversity« weiterbilden. Ganz spitzfindig wurde ein Sammelpass eingeführt, mit dem ich mich zu dem Besuch der politisch korrekten Veranstaltung beglückwünschen lassen kann. Noch ist der Fakt, dass ich keinen Sticker in diesem Heftchen besitze, nur stigmatisierend, nicht studienentscheidend. Doch wer weiß, wie lange noch?

Während oberflächlich alle in Buntheit und Vielfalt schwelgen, wacht über allem die Erinnerung an die dunkle Geschichte Deutschlands. Indem zu jedem Thema, das nicht diskutiert werden soll, eine totschlagende Verbindung zur Zeit des Nationalsozialismus oder Kolonialismus gezogen wird, ist jeder kritischen Auseinandersetzung ein Riegel vorgeschoben, sei es in der Demokratiepädagogik oder der Inklusionsvorlesung. Während uns NS-Propagandavideos gezeigt werden, wird gleichzeitig unterstrichen, dass sich unser heutiges Demokratie-, Inklusions-, Etcetera-Verständnis als Lehre aus diesen schrecklichen Zeiten entwickelt hat. Und sofort wird jegliche Kritik an Themen wie grenzenloser Inklusion unmöglich, wenn man nicht öffentlich auf die Stufe mit »unmoralischen Populisten« gestellt werden möchte. Wir Lehramtsstudenten argumentieren mittlerweile nur noch entsprechend der politisch korrekten Vorgaben. Die Phrasen kenne ich mittlerweile auswendig:

Sind alle gleich hübsch, friedlich und talentiert?

Eine deutsche Kultur gibt es nicht mehr, wir sind alle bunt, wir »Weißen« sind privilegiert, egozentrisch und uns unserer ehemaligen historischen und kolonialen Rolle zu wenig bewusst. Warum sind in unseren Hausarbeiten immer nur hauptsächlich weiße Männer im Literaturverzeichnis? Da brauchen wir unbedingt eine Frauen- und Diversity-Quote! Warum thematisieren wir vor allem die europäische Kunstgeschichte und nicht die afrikanische? Wäre es da nicht leichter, sämtliche Kategorien abzuschaffen? Am besten nennen wir alles Kunst, was jemand als solche ansieht. Schön, dass wir dadurch keine Bezeichnungen mehr brauchen. Weg mit den diskriminierenden Wertungen und Kategorisierungen! In jedem Fall ist es die Entscheidung meines Gegenübers, sich subjektiv einer Kategorie zuzuordnen oder Dinge zu klassifizieren. Ich bin diskriminierend und verletzend, wenn ich seine Klassifikationen nicht anerkenne. Alles ist gleichwertig; alle Menschen gleich begabt, nur vielleicht etwas anders begabt. Aber darüber sprechen wir nicht, sondern nennen es »nicht durchschnittlich«. Schließlich sind Behinderungen sozial konstruiert. Sind nicht alle Menschen gleich hübsch, friedlich und talentiert?

Es sind diese dekadenten Wohlstandsdiskussionen, genährt durch eine moralische und persönliche Hypersensitivität, die zunehmend den universitären Diskurs erobern. Die subjektive und moralische Sichtweise wird über wissenschaftliche Erkenntnisse gestellt. Wichtig ist, dass keine Gefühle verletzt werden und die politische Korrektheit stimmt. Objektive Realitäten werden sprachlich bis zur Unverständlichkeit verklausuliert oder gleich verschwiegen. Begriffe wie »schwere geistige Behinderung« sollen nicht mehr verwendet werden. Stattdessen soll der Begriff »(weit) unter dem Durchschnitt« verwendet werden. Was auch immer dies heißen mag. Jegliche Ausarbeitungen lesen meine Kommilitonen und ich nun nicht mehr nur wegen der Rechtschreibung Korrektur, sondern auch wegen der politisch korrekten Wortwahl. Wer nicht gendert, verstößt gegen das Gesetz (der rechtlich bindende »Leitfaden für die sprachliche Gleichbehandlung von Frauen und Männern in der Amts- und Rechtsprache in Mecklenburg-Vorpommern«), wer die »falschen« Begriffe benutzt, wird zurechtgewiesen, dessen Vorträge werden unterbrochen. Uns fehle die nötige »Problematisierungskompetenz«.

Auch Mitteilungen und Gruppenchats werden fleißig in drei Geschlechtsformen geschrieben. Natürlich ist dies nicht in allen Seminaren gang und gäbe, doch gerade geisteswissenschaftliche Domänen sind dafür prädestiniert, Gefühle und Rollenbilder über den thematischen Inhalt zu stellen. Bei Gruppenarbeiten werde ich dort zunächst gefragt, wie ich mich gefühlt habe und wie ich die Ausprägung der sexuellen Rollenbilder empfunden habe.

Unser diskriminierendes Verhalten im Sitzkreis reflektieren

Doch wozu führt all dies? Früher dachte ich noch, dass die Uni ein Ort sei, an dem wir uns mit fachlichen, theoretischen und wissenschaftlichen Aspekten eines Themas KONTROVERS beschäftigen könnten. Wo, wenn nicht an der Uni, sollten wir als Studenten die Möglichkeit bekommen, die verschiedenen Ansichten zu diskutieren, mögliche Probleme herauszuarbeiten und nach Lösungsmöglichkeiten zu suchen?

Vielmehr ist es das Ziel, dass wir uns eine »professionelle Haltung« erarbeiten sowie die herrschenden ideologischen Narrative schlucken und nicht aufmucken. Ist das Erarbeiten dieser Haltung mehr als ein Adaptieren der »richtigen, demokratischen« Werte, das Bekennen zu der »richtigen« Ideologie, die ja keine fundamentale Kritik übt? Sollen wir die Fehler nicht im System suchen, sondern bei uns selbst, in der eigenen professionellen Haltung? Uns wird eine Ideologie eingeimpft, die es uns verbieten möchte, die Geschehnisse um uns herum beim Namen zu nennen, einzuordnen und zu bewerten. Nicht das System macht Fehler, nein, unsere professionelle Haltung ist mangelhaft. Inklusion beispielsweise sei eine Frage der persönlichen Haltung. Dann werde es schon klappen. Wir sind diejenigen, die sich diskriminierend und nicht kultursensibel verhalten. Wir müssen einfach nur mehr Workshops besuchen, in denen wir unsere fehlende interkulturelle Kompetenz aufarbeiten und unser diskriminierendes Verhalten im Sitzkreis reflektieren.

Die Uni wird zu einem Biotop, das sich zunehmend von der lebensweltlichen Realität entfernt. Was wird passieren, wenn Haltung auf pädagogische Realität trifft? Wird die nächste Schülergeneration ihre Aufsätze dreifach gendern? Werden die Schüler lernen, dass alles Kunst ist und man nicht klassifizieren und werten sollte? Werden sie zu allem ja sagen, weil sie gelernt haben, jegliche kritische Argumentation mit Diskriminierung und Hetze gleichzusetzten? Werden sie nur noch moralisieren, weil sie darin bestärkt wurden, dass ihre Ansichten die einzig richtigen sind? Werden sie im Religionsunterricht das islamische Glaubensbekenntnis sprechen und in Richtung Mekka beten? Etwaige Materialvorschläge sind bereits erhältlich.

In einigen Jahren werde ich diese Fragen beantworten können. Bis dahin bleibt nur die intuitive Stimme in meinem Kopf, die sagt: Verwundern würde es mich nicht.

Kyoto Protokoll

Das Protokoll von Kyoto zum Rahmenübereinkommen der Vereinten Nationen über Klimaänderungen (kurz: Kyoto-Protokoll, benannt nach dem Ort der Konferenz Kyōto in Japan) ist ein am 11. Dezember 1997 beschlossenes Zusatzprotokoll zur Ausgestaltung der Klimarahmenkonvention der Vereinten Nationen (UNFCCC) mit dem Ziel des Klimaschutzes. Das am 16. Februar 2005 in Kraft getretene Abkommen legt erstmals völkerrechtlich verbindliche Zielwerte für den Ausstoß von Treibhausgasen in den Industrieländern fest, welche die hauptsächliche Ursache der globalen Erwärmung sind. Bis Anfang Dezember 2011 haben 191 Staaten sowie die Europäische Union das Kyoto-Protokoll ratifiziert. Die USA haben 2001 die Ratifikation des Protokolls abgelehnt, Kanada hat am 13. Dezember 2011 seinen Ausstieg aus dem Abkommen bekanntgegeben.

Teilnehmende Industrieländer verpflichteten sich, ihren jährlichen Treibhausgas-Ausstoß innerhalb der sogenannten ersten Verpflichtungsperiode (2008–2012) um durchschnittlich 5,2 Prozent gegenüber dem Stand von 1990 zu reduzieren. Diese Emissionsminderungen wurden erreicht. Für

Schwellen- und Entwicklungsländer gab es keine festgelegten Reduktions-mengen.

Nach fünf Jahre während Verhandlungen – von der UN-Klimakon-ferenz auf Bali 2007 bis zur UN-Klimakonferenz in Doha 2012 – einig-ten sich die Vertragsstaaten auf eine zweite Verpflichtungsperiode (»Kyoto II«), die 2013 beginnen sollte. Strittig waren vor allem der Umfang und die Verteilung der künftigen Treibhausgas-Reduktionen, die Einbindung von Schwellen- und Entwicklungsländern in die Reduktionsverpflichtungen so-wie die Höhe der Finanztransfers. Die zweite Verpflichtungsperiode tritt in Kraft 90 Tage, nachdem sie von 144 Mitgliedsstaaten des Kyoto-Protokolls akzeptiert worden ist. Bis zum 25. November 2017 hatten dies 94 Staaten getan.

UN-Klimakonferenz in Paris 2015

Die UN-Klimakonferenz in Paris 2015 (englisch United Nations Frame-work Convention on Climate Change, 21st Conference of the Parties, kurz COP 21) fand als 21. UN-Klimakonferenz und gleichzeitig elftes Treffen zum Kyoto-Protokoll (englisch 11th Meeting of the Parties to the 1997 Ky-oto Protocol, kurz CMP 11) vom 30. November bis 12. Dezember 2015 in Paris (Frankreich) statt. Den Vorsitz hatte der französische Außenminister Laurent Fabius. Dieser Konferenz wurde eine zentrale Bedeutung zugemes-sen, da hier eine neue internationale Klimaschutz-Vereinbarung in Nach-folge des Kyoto-Protokolls verabschiedet werden sollte.

Ursprünglich sollte die Konferenz nur bis zum 11. Dezember abgehalten werden, aber aufgrund mehrerer strittiger Punkte beschloss die Konferenz-leitung, die Verhandlungen um einen Tag zu verlängern. Am Abend des 12. Dezember wurde von der Versammlung ein Klimaabkommen beschlossen, das die Begrenzung der globalen Erwärmung auf deutlich unter 2 °C, mög-lichst 1,5 Grad Celsius im Vergleich zu vorindustriellen Levels vorsieht und das Übereinkommen von Paris genannt wird.

Um das gesteckte 1,5°-Ziel erreichen zu können, müssen die Treibhausgasemissionen weltweit zwischen 2045 und 2060 auf null zurückgefahren werden und anschließend ein Teil des zuvor emittierten Kohlenstoffdioxids wieder aus der Erdatmosphäre entfernt werden (Carbon Dioxide Removal). Erreichbar ist das gesteckte Ziel zudem nur mit einer sehr konsequenten und sofort begonnenen Klimaschutzpolitik, da sich das Zeitfenster, in dem dies noch realisierbar ist, rasch schließt (Stand 2015). Soll das 1,5°-Ziel ohne Einsatz der CCS-Technik erreicht werden, muss die Verbrennung fossiler Energieträger bis ca. 2040 komplett eingestellt werden und die Energieversorgung – d.h. Strom, Wärme und Verkehr – in diesem Zeitraum vollständig auf erneuerbare Energien umgestellt werden.

Der Bundesverband Erneuerbare Energie begrüßte das Abkommen als »starkes Signal« und forderte, den Zielen auch konkrete Maßnahmen zu deren Umsetzung folgen zu lassen. Der WWF Deutschland bewertete das Abkommen als »wegweisend in vielerlei Hinsicht«. Paris habe die Erwartungen Vieler übertroffen. Anfang 2016 forderten BUND, Deutscher Naturschutzring, Greenpeace, die Klima-Allianz Deutschland, Misereor und der WWF, die Klimaschutzziele der Europäischen Union anzuheben, da diese nicht im Einklang mit dem Pariser Abkommen stünden.

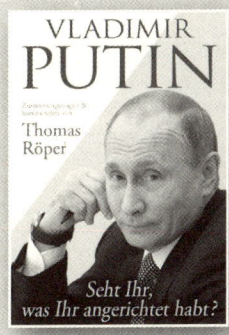
In den westlichen Medien wird viel über Putin geschrieben. Aber Putin kommt praktisch nie selbst zu Wort und wenn doch, dann stark verkürzt. Man kann Putin mögen oder auch nicht, aber man sollte wissen, was Putin selbst zu den drängendsten Fragen unserer Zeit sagt, um die Entscheidung darüber treffen zu können.

Thomas Röper lebt seit 1998 überwiegend in Russland, spricht fließend Russisch und lässt den russischen Präsidenten Vladimir Putin selbst in diesem Buch in ausführlichen Zitaten zu Wort kommen.

Sehen Sie, was Putin zu den drängendsten internationalen Problemen sagt, ob zu Syrien, der Ukraine, der weltweiten Flüchtlingskrise, zu dem Verhältnis zu Europa und Deutschland oder auch zu Fragen der Pressefreiheit. Putins Aussagen einmal komplett zu lesen, anstatt nur Zusammenfassungen oder aus dem Zusammenhang gerissene Ausschnitte zu lesen, ergibt eine interessante Sicht auf die Probleme der heutigen Welt.

Das Ergebnis ist eine schonungslose Kritik an der Politik des Westens, wenn Putin die Dinge mal mit Humor und mal mit bitterem Ernst deutlich beim Namen nennt, denn – egal ob dies gut oder schlecht ist – er ist kein Diplomat und findet sehr deutliche und unmissverständliche Worte. Putin redet nicht um den heißen Brei herum und nach dieser Lektüre kann jeder für sich entscheiden, wie er zu Putins Thesen steht. Aber um diese Entscheidung treffen zu können, muss man erst einmal wissen, was Putin tatsächlich selber sagt und denkt. Und ob seine Positionen einem gefallen oder nicht, eines ist unstrittig: Seine Positionen sind seit 18 Jahren unverändert. Machen Sie sich selbst ein ungefiltertes Bild von dem, wofür Präsident Vladimir Putin steht!

Das vorliegende Buch "Das Pippi Langstrumpf Syndrom" betrachtet den Einfluss von Geopolitik auf die vergangenen etwa 120 Jahre.

Dabei wird klar, dass gerade Deutschland ein Spielball internationaler Mächte war und ist. Darüber hinaus spielen die USA in dieser Welt eine Rolle, die nur bei einer umfassenden Betrachtung der wesentlichen Aktivitäten über die vergangenen Jahrzehnte vollständig transparent wird.

Unsere Medienlandschaft sowie das Bildungssystem sind zum Teil durch internationale Verträge, aber auch durch unser Selbstbild nicht in der Lage, ein vergleichbares Szenario zu vermitteln.

Im Licht der geschilderten Ereignisse ist ein politisches Umdenken dringend erforderlich, wenn Europa nicht auf dem Altar imperialer Interessen geopfert werden soll.

Thomas Röper
Ukraine Krise
2014
Das erste Opfer des
Krieges ist die Wahrheit

€ 25,95

Festeinband, 660 S.

ISBN 978-3-941956-78-0

Zu bestellen bei:

J. K. Fischer-Verlag

Im Mannsgraben 33
63571 Gelnhausen

Tel.: 06051 474740
Fax: 06051 474742

info@j-k-fischer-verlag.de

Der „neue Kalte Krieg", von dem seit 2014 immer wieder die Rede ist, kam nicht von ungefähr. Er hat eine Entstehungsgeschichte und die liegt in den Ereignissen in der Ukraine im Jahre 2014.

In seinem zweiten Buch geht Thomas Röper, der seit fast 20 Jahren in Russland lebt, Russland und die Ukraine sehr gut kennt, die Sprache spricht und ein erfolgreiches Buch über den russischen Präsidenten Putin geschrieben hat, den Ereignissen des Jahres 2014 auf den Grund.

Das Ergebnis ist ein Werk, das auf 660 Seiten und mit fast ebenso vielen Quellenverweisen die Ereignisse des Jahres 2014 chronologisch und bis ins kleinste Detail verfolgt. Außerdem wird in dem Buch analysiert, wie die Medien in Ost und West damals über die jeweiligen Ereignisse berichtet haben.

War der Maidan ein Volksaufstand oder ein von den USA orchestrierter Regimechange? Was geschah auf der Krim und handelte es sich um eine Annektion durch Russland? Warum kam es zum Bürgerkrieg in der Ukraine, der bis heute fast täglich Menschenleben kostet? Wer hat die malaysische Boeing des Fluges MH17 abgeschossen?

Zu diesen und vielen anderen Fragen und Themen gibt das Buch fundierte, detaillierte und mit überprüfbaren Quellen hinterlegte Antworten.

Die Ereignisse des Jahres 2014 beeinflussen unser Leben bis heute und sind der Grund für den „neuen Kalten Krieg" zwischen Russland und dem Westen. Lesen Sie in diesem Buch in aller Ausführlichkeit, wie es so weit kommen konnte, dass wir uns wieder vor einem atomaren Weltkrieg fürchten müssen.

www.j-k-fischer-verlag.de

Giftcocktail Körperpflege: Der aktualisierte und erweiterte Verlags-Bestseller

Wissenschaftsautorin Marion Schimmelpfennig räumt erneut mit den Lügen der Kosmetikbranche auf. Auf der Basis aktueller Forschungsergebnisse nimmt sie die Inhaltsstoffe ein zweites Mal unter die Lupe und erläutert auf leicht verständliche Weise (und mit wissenschaftlichen Belegen), weshalb diese Substanzen gefährlich sind. Sie erläutert, weshalb Glycerin nicht in Pflegeprodukte gehört und was es mit dem angeblichen „Säureschutzmantel" der Haut auf sich hat. Die Liste der bedenklichen Inhaltsstoffe zum Nachschlagen im Anhang des Buches wurde deutlich erweitert. Erstmals werden 111 Kosmetikunternehmen bewertet – neben Natur- und Bio-Kosmetik auch naturnahe Kosmetik, Wirkstoffkosmetik und „Doctor Brands". Nur 14 Unternehmen erhielten die Auszeichnung „empfehlenswert", wobei nicht jeder ausgezeichnete Hersteller auch über Naturkosmetik-Zertifikate verfügt. Das mit großem Abstand schlechteste Unternehmen ist der zertifizierte russische Naturkosmetik-Hersteller „Natura Siberica", der zum Beispiel gegen das EU-Kosmetikrecht verstößt. Marion Schimmelpfennig untersucht darüber hinaus zahlreiche beliebte Baby- und Kinderprodukte: Die schlechtesten Produkte stammen von „Penaten".

Während Zahnmediziner und Forscher weltweit noch rätseln, was die Ursache für die neue Volkszahnkrankheit MIH (Molar Incisor Hypomineralisation; auch „Kreidezähne") ist, liefert die Autorin überzeugende Beweise aus einer noch laufenden EU-weiten (und von Behörden ignorierten) Studie: Die Indizienkette zeigt klar, dass MIH eine der direkten Folgen der Aufnahme von Glyphosat über die Ernährungskette ist.

In den Kapiteln zu Glyphosat, Aluminium und Fluorid findet man wissenschaftlich basierte Detox- bzw. Ausleitungsempfehlungen.

Gemeinsam mit Gabriela Nedoma, Expertin für selbstgemachte Naturkosmetik, liefert sie dem Leser ein breites Spektrum vernünftiger Alternativen für gesunde und preiswerte Körperpflege zum Selbermachen.

Dem Buch beigefügt ist ein Faltblatt, das den Besuch beim Zahnarzt erleichtert. Wer keine Fluoridbehandlung möchte, wird häufig mit Argumenten abgespeist, die man spontan nicht so einfach entkräften kann. Mit den Ausführungen im Faltblatt können Sie diese Diskussion besser bewältigen.

Worin besteht der Giftcocktail? Er besteht darin, dass sich diese Substanzen im Körper anreichern und oft Mengen erreichen, die schwere Erkrankungen verursachen können. Er besteht darin, dass sich die Wirkung gleichzeitig vorhandener unterschiedlicher Stoffe nicht nur addiert, sondern zu einer exponentiellen Verstärkung führen kann. Und er besteht darin, dass diese Stoffe mit anderen Substanzen – entweder aus demselben oder einem anderen Produkt – im Körper chemisch reagieren können. Welche Reaktionen dies sind und zu welchen Krankheiten sie führen können, ist nicht bekannt. Das Ganze ist ein Giftcocktail mit eingebauter Zeitbombe. Wann das System – Ihr Körper – kippt, weiß niemand.

Lassen Sie sich von der Kosmetikindustrie nicht länger für dumm verkaufen. Nehmen Sie Ihre Gesundheit selbst in die Hand. Sie wissen ja – zu jedem Spielchen gehören immer zwei: der eine, der es versucht – und der andere, der es zulässt.

Gerne senden wir Ihnen unseren kostenlosen Katalog zu.
Sie erreichen uns unter:
Tel.: 06051 / 47474 0
Fax: 06051 / 47474 1

oder Sie können den Katalog auch über unsere Homepage
www.j-k-fischer-verlag.de
bestellen.